싸우는 여성들의 미술사

* 이 도서의 국립중앙도서관 출판예정도서목록(CIP)은 서지정보유통지원시스템 홈페이지(http://seoji.nl.go.kr)와 국가자료종합목록 구축시스템(http://kolis-net.nl.go.kr)에서 이용하실 수 있습니다(CIP제어번호: CIP2020022045)

일러두기

- 책과 잡지, 신문 등 정기간행물은 《 》, 영화와 음반, 예술 작품, 개별 문학 작품, 논문은 〈 〉, 노래와 시는 ' '로 표기하였습니다.
- 본문에 나오는 인명, 지명을 비롯한 고유명사의 표기는 국립국어원 외래어 표기법 규정을 따랐습니다. 다만 이미 굳어진 외래어, 통념적으로 널리 사용하는 외래어는 관용대로 표기하였습니다.

싸우는 여성들의 미술사

김선지 지음

Propenzia de Rossi
Marietta Robusti
Elisabetta Sirani
Johan Zoffany
Berthe Morisot
Mary Cassatt
Sofonisba Anguissola
Lavinia Fontana
Artemisia Gentileschi
Clara Peeters
Judith Leyster
Maria Sibylla Merian
Rosa Bonheur
Paula ModersohnBecker
Suzanne Valadon
Hannah Hch
Joanna Koerten
Anna Maria Garthwaite
Rose Bertin
Karin Larsson
Gertrude Jekyll

은행나무

차례

2부
편견과 억압을 담대한 희망으로 바꾸다

3부
경계를 넘어 새로운 세계를 창조하다

걸출했던 여성 거장들을 찾아서

스페인 프라도 미술관의 한 수석 큐레이터 부인이 미술관 전시실을 둘러보다가 남편에게 이렇게 물었다고 한다. "도대체 여성 화가들은 어디에 있는 거죠?" 페미니스트 미술사학자 린다 노클린Linda Nocklin은 〈왜 위대한 여성 미술가는 없는가?〉라는 에세이에서 미켈란젤로, 렘브란트, 피카소 같은 여성 거장은 왜 탄생하지 못했는지 의문을 제기했다. 그리고 뉴욕에서는 흉측한 고릴라 가면을 쓴 여성 미술가 그룹 게릴라 걸스Guerrilla Girls가 "여자가 메트로폴리탄 미술관에 들어가려면 발가벗어야 하는가?"라고 쓴 포스터를 시내 곳곳에 붙이며 시위를 했다.

그동안 우리는 남자들로 가득 채워진 미술사에 조금의 의심도 품지 않았다. 위대한 예술가들의 이름을 한번 떠올려보라. 렘브란트, 벨라스케스, 루벤스, 마네, 모네, 고흐, 피카소, 로댕……, 거의 대부분 남성들이다. 여성 예술가들은 왜 없을까? 여성은 남성에 비해 예술적 능력이 떨어지는 걸까?

사실 미술사가 남자들로만 채워진 데는 여성에게는 너

무나 억울한 사연이 숨어 있다. 오랫동안 인간 사회는 남성 중심 가부장 체제로 운영돼왔다. 남자들은 정치, 종교, 예술, 철학, 과학, 문학 등 거의 모든 분야의 중심에 있었고, 여성들은 제아무리 훌륭한 재능을 갖고 있더라도 제대로 능력을 발휘할 수 없었다. 남성 중심 사회는 여성을 모든 공적 영역에서 배제해왔다. 이러한 차별 사회에서 뛰어난 재능을 가진 여성들은 역사에 이름을 남기지 못한 채 사라졌다. 어떤 여성 화가나 과학자, 문학가도 남성이 이룬 명성을 성취한 적이 없었다.

19세기 낭만주의 시인 셸리의 부인 메리 셸리Mary Shelley는 유명한 소설《프랑켄슈타인》을 쓴 작가지만, 여자가 쓴 소설은 팔리지 않는다는 출판사의 권유에 따라 이 소설을 익명으로 세상에 내놓아야 했다.《프랑켄슈타인》은 출간 즉시 엄청난 찬사를 받으며 베스트셀러가 되었지만, 10여 년 후 그녀가 용기를 내 자신의 이름으로 다시 출간하자 여자가 쓴 작품이라 그런지 형편없다는 혹평을 받았다.

로잘린드 프랭클린Rosalind E. Franklin은 DNA의 구조를 밝히는 데 결정적 역할을 한 여성 화학자이다. 그러나 과학계 역시 최근까지 여성이 뛰어난 연구 성과를 발표하더라도 그 연구를 진지하게 받아들이지 않았다. 결국, 왓슨과 크릭이 그녀의 최신 연구 결과를 바탕으로 DNA의 이중 나선 구조를 밝혔고 노벨 의학상을 받는 쾌거까지 이루었다. 남성 과학자들에게 자신의 연구를 도둑맞은 프랭클린은 서른일곱 살에 무명으로 죽었다.

그런가 하면 최초의 여의사 엘리자베스 블랙웰Elizabeth Blackwell은 의과대학에 여러 차례 지원했지만 번번이 퇴짜를 맞았다. 19세기까지만 해도 의과대학은 여학생을 받지 않았다. 그녀는 우여곡절 끝에 뉴욕의 제네바 의과대학에 들어갔는데, 그녀가 입학할 수 있었던 것은 어처구니없게도 여학생 입학에 대한 남학생 찬반 투표 결과에 따른 것이었다. 남학생들은 여자가 학교에 입학하는 건 어차피 불가능하다고 여겨 장난으로 찬성표를 던졌던 것이다. 블랙웰은 입학 후에도 여자는 의사가 될 수 없다고 생각한 교수들과 남학생들의 비웃음과 따돌림 속에서 홀로 공부해야 했고, 졸업 후에는 고용해주는 병원이 없어 스스로 무료 진료소를 열고 여성과 어린이를 돌보는 데 평생 헌신했다.

미술계의 현실도 다르지 않았다. 여성 화가들은 미술사에서 오랫동안 배제되고 소외되어왔다. 린다 노클린이 지적했듯 오랜 가부장 사회가 만든 성차별적 가치관 때문이다. 예술가 지망생들은 화가나 조각가가 되기 위해 전문적으로 기술을 연마하고 훈련해야만 했다. 미켈란젤로와 레오나르도 같은 르네상스 예술가들은 10대 초부터 유명한 예술가의 작업장에서 수습 기간을 거쳤다. 그러나 당시의 정조 관념상 여성은 남성 예술가의 작업장에서 사적인 수업을 받을 수 없었다. 당연히 화가로서 훈련을 받기도 어려웠다. 이 작업장들이 훗날 미술 교육 기관인 아카데미가 되었는데, 역시 남성 위주로 운영되었다. 더구나 대부분의 유럽 도시에서는 여성이 누드 데생 수업을 받을 수 있는 예술 길드나 아카데미에 들어가는 것을 금지하는 법까지 있었다. 중세나 르네상스 시대의 여성 예술가들 대부분이 화가의 딸이거나 화가 집안 출신인 것은 이 때문이다. 그들은 아버지나 남자 형제의 작업실에서 미술 기법을 배울 기회가 있었던 것이다.

또한 여성들은 자수나 공예 같은 가정용품이나 실용적 생산품, 혹은 꽃 그림 같은 수채화나 정물화 분야에서만 활동해야 했다. 이러한 소규모 작품들은 감성적이고 아마추어적인 여성에게 적합한 영역으로 취급받았다. 반면 미술의 최상위 자리에 군림했던 회화와 조각은 남성의 영역으로 인식되었고 위대한 미술 분야로 추대받았다. 당연히 여성의 작품은 남성의 회화나 조각 작품에 비해 이류 혹은 열등한 것으로 여겨졌다.

심지어 아르테미시아 젠틸레스키나 앙겔리카 카우프만처럼 규모가 큰 역사화에 도전한 여성들조차 사후에는 미술사에서 재빨리 그 이름이 지워졌으며, 틴토레토의 딸인 마리에타 로부스티의 작품은 아버지의 이름으로 남았다. 더구나 여성 화가들은 어머니, 아내라는 결혼 생활의 책무를 하면서 작품을 제작해야 하는 이중 부담으로 인해 동시대 남성 화가들에 비해 작품 수가 적었고 크기도 작았다. 그러나 미술사가들은 절대적으로 불리한 출발선에 선 남성과 여성 화가의 상황을 고려하지 않은 채 작품 수와 크기, 분야 등 모든 면에서 우위에 있는 남성 화가에게 특권을 부여해왔다.

사실, 고대 그리스 로마 시대부터 중세, 르네상스, 바로크 시대를 거쳐 오늘날까지 훌륭한 여성 화가는 언제나 존재해왔다. 그러나 많은 화가가 뛰어난 재능을 지니고도 남성이 권력을 장악했던 미술계에서 빛을 보지 못했다. 기술을 가진 장인에 지나지 않았던 중세의 예술가 개념에서 천부적인 재능과 학식을 겸비한 존재로 탈바꿈한 르네상스의 예술가상도 남성에게만 해당되는 것이었다. 간혹 뛰어난 여성 화가가 등장하더라도, 그들은 예외적이며 특별한 존재라고 생각했다.

이러한 고정관념은 최초의 미술 비평서인 조르조 바사리의《르네상스 미술가 평전》에 실린 13명의 여성 예술가에 대한 서술 태도에서도 엿볼 수 있다. 그는 남성 예술가는 타고난 창조력을 가진 반면, 여성은 그저 성실함이라는 덕성으로 훌륭한 작품을 만들 수 있었다며 여성 예술가들을 폄하했다. 르네상스 시대의 여성 인식은 대표적 휴머니스트인 보카치오의 말에서도 드러난다. 그는 여성을 남성보다 열등한 존재로 보았고, 여성은 온순하고 정숙해야 하며 집안일을 잘해야 한다고 말했다. 믿기 어렵겠지만, 이런 사고방식은 당시 보편적인 여성관이었다. 이는 여성을 자연의 결점 혹은 오류로 보았던 중세 여성관의 연장이었다.

17세기 바로크 시대에도 별반 다를 것이 없었고, 18세기 근대 자본주의 체제와 계몽주의는 여성에 대한 왜곡된 시각을 더욱 견고하게 했다. 근대 자본주의는 바깥일을 하는 남성과 가정을 돌보는 여성이라는 역할 분담을 공고히 했다. 인간의 이성과 과학 정신을 중시한 계몽주의는 남성의 가부장적 가치관을 옹호하는 데 오히려 이용되었으며, 여성의 가치나 권리를 신장하는 데 별 도움이 되지 못했다. 이런 식의 성차별적 가치관이 여성 미술가에 대한 인식에 영향을 준 것은 당연한 일이다.

19~20세기 초반까지도, 여성 예술가들은 주류 남성 예술가와 밀접한 관계를 유지해야 성공하는 경우가 대부분이었다. 인상주의의 수장이었던 마네에게 후원을 받은 베르트 모리조, 드가의 오랜 예술적 동료로서 그의 도움으로 전시회에 작품을 출품했던 메리 카사트의 경우가 대표적 예다. 이렇듯 여성 미술가들은 열악한 환경에서 스스로 생존해야 했다.

오늘날은 어떨까? 현대사회는 과거 어느 때보다 여성의 사회적·정치적 지위가 높아졌고, 여성 예술가들의 활동도 활발하다. 그러나 여전히 여성 예술가의 작품은 남성 예술가에 비해 덜 주목받고, 덜 전시되며, 더 낮은 가격에 팔린다. 미술 시장의 양성 불평등을 조사한 한 리포트에 따르면, 미술사의 명저로 칭송받는 H. W. 잰슨의 《서양미술사》에는 여성 화가의 이름이 단 한 번도 등장하지 않았다고 한다. 이러한 지적을 받고 잰슨은 훗날 몇몇 여성 화가를 개정판에 끼워 넣었을 정도로, 최근까지도 미술계 성차별은 심각했다.

현재 전 세계 미술관 및 갤러리에서 남성 미술가 대 여성 미술가 전시회 비율은 70:30이라고 한다. 지금도 이런데, 하물며 여성의 사회 활동이 극도로 제한받은 가부장 시대에 여성이 예술가로 산다는 것은 얼마나 힘든 일이었는지 짐작할 수 있을 것이다.

린다 노클린이 시작한 미술사에서 여성 소외에 대한 논의는 1980년대 '게릴라 걸스'에 의해 다시 불이 붙었고 이러한 페미니즘 미술가 및 미술사학자들의 움직임에 부응해 미술관들도 행동하기 시작했다.

사실 여성 미술가들의 작품을 소홀히 하고 전시에서 누락시킨 미술관 역시 차별의 미술사를 만든 암묵의 협조자였다. 베키오 궁에서 우피치를 거쳐 피티 궁까지 연결된 바사리 회랑 Vasri Corridor에는 16세기부터 오늘날까지 1700명의 유명 예술가의 자화상이 전시돼 있는데, 그중 단 7퍼센트만이 여성 예술가의 자화상이다. 페미니즘 미술사학자들은 바사리 회랑의 현실은 여성 미술가가 전체 미술가의 7퍼센트만 존재했던 게 아니라 그들의 활동이 제대로 인정받지 못한 채 역사의 뒤안길로 사라졌기 때문이라고 목소리를 내고 있다.

최근 수십 년간, 세계의 유명 미술관과 페미니즘 미술사학자들은 여성 차별의 역사를 인식하고 위대한 예술 작품을 남기고도 역사에서 이름이 사라진 여성 미술가의 작품을 발굴해 재평가하고 있다. 프라도 미술관은 2019년 르네상스 여성 미술가 라비니아 폰타나와 앙귀솔라의 전시회를 열었다. 우피치 미술관은 피렌체의 여성 미술가 단체와 협력해 역사에서 사라진 여성 예술가의 자리를 되찾는 노력을 하고 있으며, 루브르 박물관은 현대 여성 화가를 발굴하는 기획전에 주목해왔다. 벨기에 왕립 미술관과 프라도 미술관은 공동으로 17세기 정물화가 클라라 페테르스의 단독 전시회를 기획했다. 젠틸레스키의 작품을 다수 소장한 런던 내셔널 갤러리 또한 젠틸레스키의 첫 대규모 회고전을 기획 중이다. 미술관은 오랫동안 여성 미술가들의 존재를 부정해왔다. 그러나 고루하고 보수적이었던 미술관은 지금 서서히 변하고 있다.

이 책에서는 르네상스부터 20세기 초 현대 미술의 태동까지 미술사에서 사라진 여성 예술가의 삶과 예술을 살펴보려고 한다. 또한 미술의 범주를 미술사에서 중심 역할을 해온 회화와 조각에서 패션, 공예, 디자인 분야까지 확장해 각 분야에서 뛰어난 업적을 남긴 여성 예술가를 포함해 서술해보고자 한다. 르네상스 이래 시작된 회화, 조각과 공예, 자수, 디자인 간의 위계질서는 여성을 미술의 주류에서 배제한 주요 원인이기 때문이다. 따라서 탁월한 화가와 조각가뿐 아니라 패션과 직물 디자인, 공예, 정원 디자인, 인테리어 디자인 분야에서 걸작을 남긴 여성들이 미술사의 무대로 불려 올려질 것이다.

부디 이 책이 난관을 묵묵히 넘으며 자신의 길을 개척한 여성 예술가들에게 관심을 갖는 계기가 되기를 바라며, 그녀들이 싸워온 견고한 성차별의 벽을 허무는 데 작은 힘이라도 보탤 수 있기를 바란다.

Properzia de Rossi
Marietta Robusti
Elisabetta Sirani
Judith Leyster
Johan Zoffany
Berthe Morisot
Mary Cassatt

1부

가부장 수레바퀴 아래에서 예술혼을 불태우다

조각, 그 금녀의
문을 두드리다

●

프로페르치아 데 로시

15~16세기, 이탈리아를 비롯한 유럽 지역에서 여성들은 예술가로서의 지위를 거의 인정받지 못했다. 당시 사람들은 여성이 지성과 인격이 부족한 열등한 존재이기 때문에 진정한 예술적 성취를 이룰 수 없다고 믿었다. 따라서 여성들은 요리, 청소, 육아 등 가정생활의 의무를 다하는 것이 최선이라고 생각했다. 결혼하지 않은 여자는 행실이 음탕하고 불순하다고 여겨졌으며, 기혼녀보다 사회적으로 훨씬 낮은 지위에 있었다. 미술 아카데미 입학도 허락되지 않았다. 화가를 아버지로 둔 아주 소수의 여성만이 아버지나 개인 교습을 통해 그림 훈련을 할 수 있었고, 그마저도 역사화나 종교화에 비해 미술의 하위 영역에 위치하는 초상화, 수채화에 국한되었다.

그러나 이런 척박한 환경에도 불구하고 몇몇 여성 미술가의 재능은 놀라우리만큼 특출났다. 바로 프로페르치아 데 로시가 그랬다.

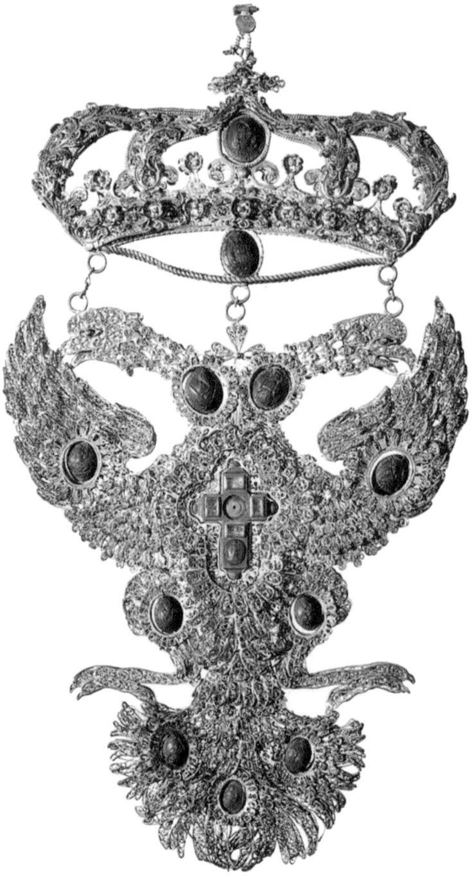

프로페르치아 데 로시, 〈그라시 가문의 문장〉
1510~1530년, 치비코 중세 박물관, 볼로냐

경이로운 씨앗 조각을 만든 여자

옆의 작품을 보라. 과일 씨앗에 새긴 놀랄 만큼 정교한 조각. 이 믿기 힘든 씨앗 조각의 주인공은 프로페르치아 데 로시Properzia de' Rossi, 1490~1530이다. 볼로냐 도시 전체에 그녀의 이름을 알린 이 작품은 귀족 그라시 가문Grassi family의 문장으로, 11개의 복숭아 씨앗을 섬세하게 조각해 만든 특별한 은세공품이다.

씨앗 조각은 다른 지역에서는 드물게 나타나기는 했지만 볼로냐에서는 전례가 없던 것이어서 데 로시는 단숨에 미니어처리스트로서 명성을 얻었다. 11개 씨앗 중 하나는 '자비의 마돈나Madonna of mercy'인데, 마돈나의 활짝 펼친 망토 안에 100여 개의 아주 작은 얼굴들이 조각되어 있어 미니어처 중 미니어처이다.

데 로시는 왜 대리석이 아닌 과일 씨앗에 조각을 한 것일까? 아마도 대리석 같은 전통 조각 재료는 비용이 비쌌기 때문에 가정에서 나오는 쓰레기를 재활용한 것 같다. 그녀는 살구, 복숭아, 체리 등 과일 씨앗에 아주 복잡하고 세밀한 미니어처 작업을 했다. 체리씨 한 개에 수백 개의 얼굴을 새긴 펜던트 작품도 제작했다. 르네상스 시대의 화가이자 건축가, 최초의 미술사가인 조르조 바사리Giorgio Vasari는 그녀의 씨앗 조각에 대해 엄청난 인내심을 가지고 작업한 경이로운 작품이라며, 작은 인물 형상들은 극도의 정교함으로 생기 있게 표현되었다고 극찬했다. 데 로시는 씨앗 조각뿐 아니라 금속과 대리석 조각 모두에 능했다.

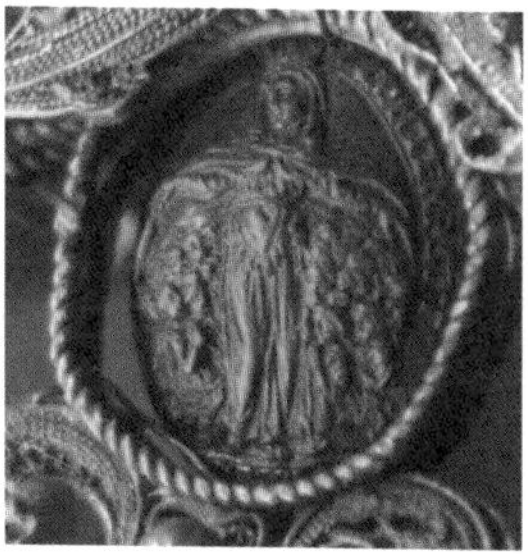

〈그라시 가문의 문장〉 중
'자비의 마돈나' 세부 모습

조각, 그 금녀의 문을 두드리다

바사리가 극찬할 만큼 데 로시는 성공한 미술가였지만 지금 그녀의 이름은 사람들에게 너무나 낯설다. 그녀는 어떤 사람이었을까? 데 로시는 이탈리아 볼로냐에서 태어난 르네상스 시대 최초의 여성 조각가이다. 그녀 이전에는 여성이 조각을 한 사례가 없었고, 이후에도 여성 조각가를 찾기 힘들다.

미술가 집안에서 태어나지 않은 이상 미술가가 되기 힘들었던 시대에 든든한 집안 배경이 없었던 그녀가 미술가가 되는 것은 무척이나 어려웠다. 그러나 데 로시는 당시로서는 비교적 진보적이었던 볼로냐 출신이어서, 그나마 다른 지역 여성 미술가들보다 나은 처지에 있었다.

볼로냐는 중세 시대 최초로 대학이 설립되는 등 오랫동안 진보적 도시로서 학문과 예술의 부흥을 이끌었다. 여성에게도 다른 이탈리아 도시보다 평등한 사회적 환경을 제공했다. 특히 볼로냐는 여성 예술가들이 활발하게 활동하도록 독려했고, 결과적으로 많은 여성 미술가를 배출했다.

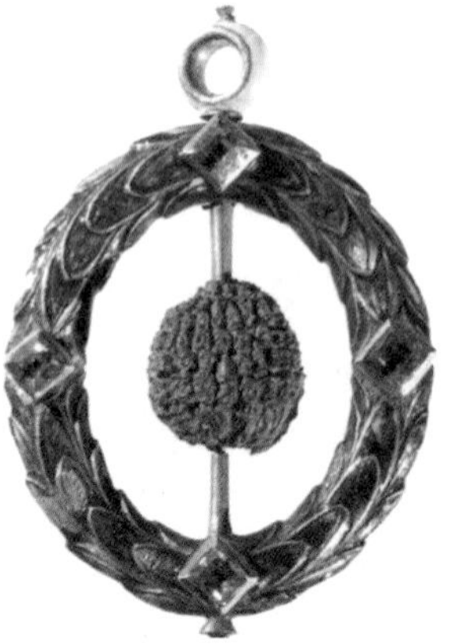
체리씨로 만든 펜던트

데 로시는 귀족 집안은 아니나 부유한 공증인 집안에서 태어났다. 그녀의 아버지는 다방면에 재능이 많았던 딸을 볼로냐 대학에 입학시켰다. 대학에서 그녀는 마르칸토니오 라이몬디Marcantonio Raimondi 밑에서 드로잉과 회화를 배웠다. 볼로냐의 저명한 예술가였던 라이몬디는 라파엘로와 비슷한 양식의 드로잉과 판화 작품을 제작했는데, 데 로시 역시 그를 통해 르네상스 미술과 라파엘로의 영향을 받았을 것으로 추정된다.

데 로시는 볼로냐 대학에서 그림, 시, 회화, 음악 등 다양한 공부를 했으나, 그녀를 사로잡은 것은 조각이었다. 그러나 조각은 여성에게 부적합하다는 것이 사회적 통념이었다. 그림을 그리는 여성은 있어도 조각을 하는 여성은 없었다. 조각은 거친 망치와 끌로 작업해야 하는 데다 육체적 힘이 요구되어 남성이 독점한 분야였다. 일반적으로 여성은 육체적 힘과 지적 활력이 부족해 조각에 어울리지 않는다고 생각했고, 조각가가 되려면 남자 견습생으로 북적이는 작업장에서 수년간 수습과 훈련을 받아야 했는데, 정조가 중요시된 당시 여성에게는 이러한 과정이 금지되었다. 르네상스 시대 여성이 할 수 있던 예술 작업이라고는 공예, 태피스트리와 자수, 수채화 등이 전부였다. 이것들은 남자에게만 허락된 회화, 조각, 건축에 비해 하찮고 열등한 영역으로 여겨졌다.

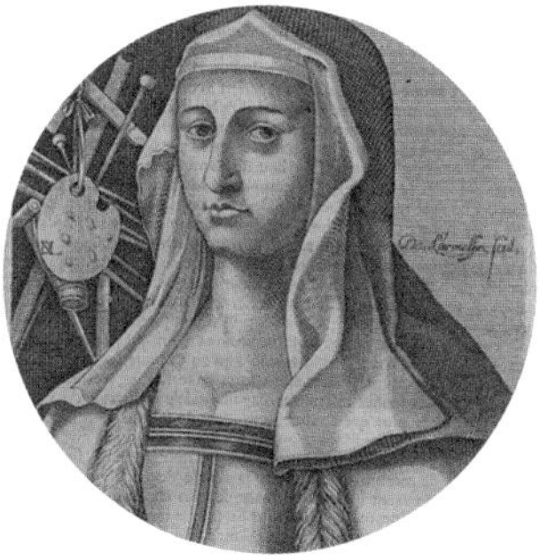

데 로시의 동판화 초상

또한, 그 시대의 존경받는 여성이란 성당에 다니며 겸손과 순종, 부덕을 보여주는 참하고 조용한, 개성을 드러내지 않는 여성들이었다. 아무리 볼로냐가 진보적 도시라 할지라도 여성들은 전통적 여성상에서 벗어나기 힘들었다.

그러나 데 로시는 시대적 가치에 순응하는 전형적인 르네상스 여성이 아니었다. 그녀는 미술가가 되겠다는 치열한 욕망을 감추지 못했고, 그것도 여성에게 금기시된 조각가가 되기를 원했다. 여성 미술가 자체가 매우 드물었던 시대에 '여성 조

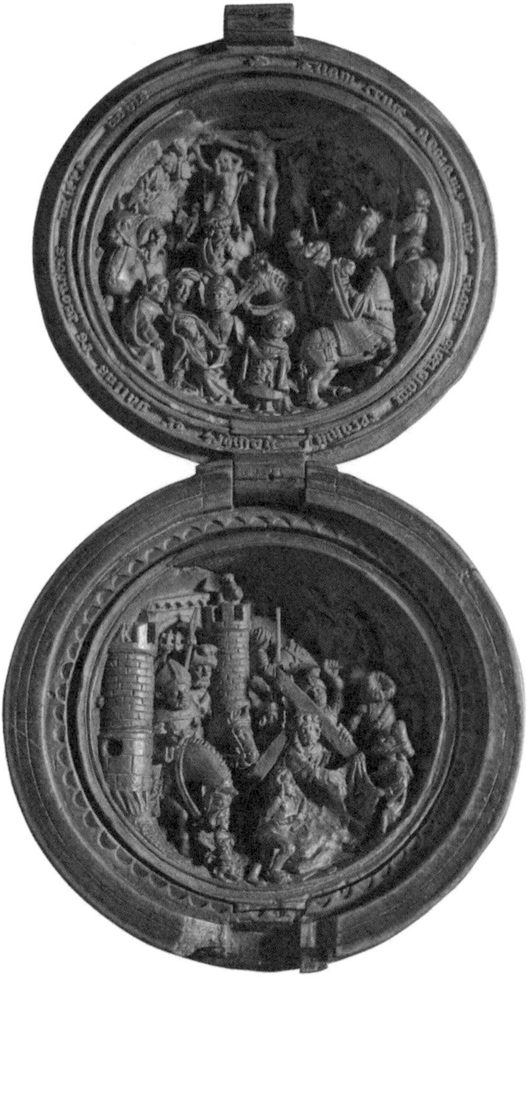

프로페르치아 데 로시, 〈십자가에 못 박힌 그리스도〉
1510~1530년, 치비코 중세 박물관, 볼로냐

각가'의 존재란 전대미문, 그야말로 예외 중의 예외였다.

서른 살 무렵, 그녀는 마침내 볼로냐 산 페트로니오 성당의 파사드facade♦ 조각 공모전에 입상한다. 여기서 데 로시는 〈요셉과 보디발의 아내〉를 비롯한 역작들을 창조해 씨앗 미니어처 조각가가 아닌 대리석 조각가로서 이탈리아 전체에 명성을 떨쳤다.

그녀는 어떻게 대리석 조각에 필요한 전문적 기술을 습득했을까? 데 로시가 어떤 방법으로 조각 기술을 익혔는지에 대해서는 기록이 없어 정확히 알 수는 없지만, 아마도 씨앗 조각을 통해 필요한 기술을 연마했던 것 같다. 뜻이 있는 곳에 길이 있다고 했던가? 데 로시는 여자는 조각을 할 수 없다는 편견에도 불구하고 조각가의 꿈을 키웠고, 남자들처럼 대리석이나 청동으로 정상적인 조각 기술을 익힐 수 없자 씨앗에 조각을 하기 시작했던 것이다. 그리고 마침내 자신이 그토록 원하던 조각가가 되었다.

데 로시의 출세작 〈요셉과 보디발의 아내〉

〈요셉과 보디발의 아내〉는 데 로시의 대표작이다. 요셉이 이집트 파라오의 경호대장인 보디발 아내의 유혹을 뿌리치는 구약성서 이야기를 묘사한 조각 작품인데, 요셉을 붙잡으려는 관능적인 여인의 욕정과 이를 뿌리치는 남자의 굳건한 의지가 대조를 이루고 있다. 요셉을 잡기 위해 쭉 뻗은 여인의 팔뚝에서는 섬세하게 묘사된 불끈 솟은 근육을 볼 수 있다. 균형 잡힌 근육

♦ 건물에서 출입구가 있는 정면부

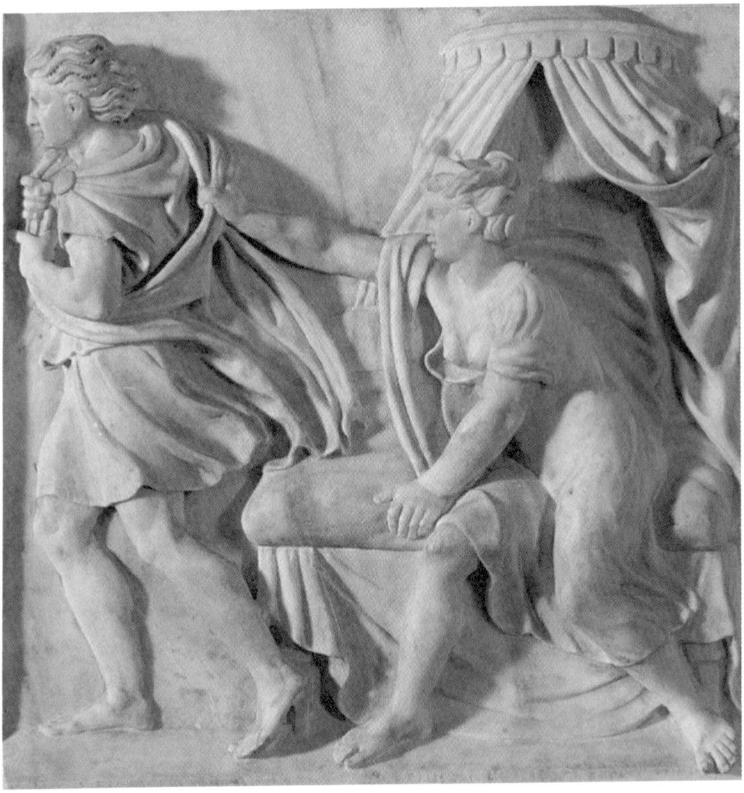

프로페르치아 데 로시, 〈요셉과 보디발의 아내〉
1525~1526년, 대리석, 산 페트로니오 성당 박물관, 볼로냐

의 묘사와 기술적으로 훌륭하게 표현된 고전적 의상은 데 로시가 고대 그리스 로마 시대의 고전 조각에 대해 잘 알고 있었음을 보여준다.

그녀는 16세기 이탈리아에서 대리석으로 작업한 최초의 여성 조각가였을 뿐 아니라, 르네상스 미술에서 매우 중요했던 누드 데생에도 숙달했다. 당시에 여성이 누드 데생에 능숙하다는 것은 그리 간단치 않은 문제였다. 남성의 몸을 그리고 연구한다는 것 자체만으로 사람들에게 질타와 비난을 받아야 했기 때문이다. 그러나 그녀는 해부학적 지식과 인간 신체 근육의 움직임, 심지어 남성의 몸에 대해서도 잘 이해하고 있었다.

한편, 〈요셉과 보디발의 아내〉에서는 라파엘로를 연상시키는 수직과 대각선의 리드미컬한 구성, 코레조 그림에 흐르는 부드러움, 미켈란젤로 작품에서 봤던 해부학적으로 정확한 근육 묘사를 엿볼 수 있다. 데 로시가 르네상스 거장들로부터 영향을 받았음을 말해주는 것이다.

데 로시는 거장들의 여러 장점을 수용해 자신만의 독특한 양식으로 완성했다. 수많은 이탈리아 르네상스 미술 거장들과 동시대인으로서, 그들처럼 사실적인 묘사를 위해 노력했고, 인체에 대한 충분한 지식을 가졌으며, 정밀하게 조각할 수 있는 기술적 능력도 있었다. 그녀가 갖추지 못한 조건이라곤 한 가지, 바로 그녀가 남자가 아닌 '여자'였다는 점이다.

성질이 매우 나쁜 여자, 혹은 성차별 사회의 희생자?

안타깝게도 우리는 데 로시의 삶과 예술에 대해 매우 빈약한 사실만 알고 있다. 그러나 몇 안 되는 조각 작품만으로도 데 로시

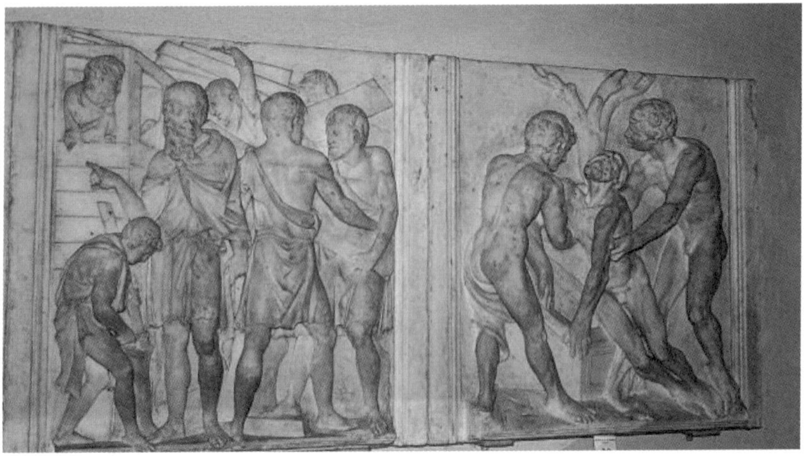

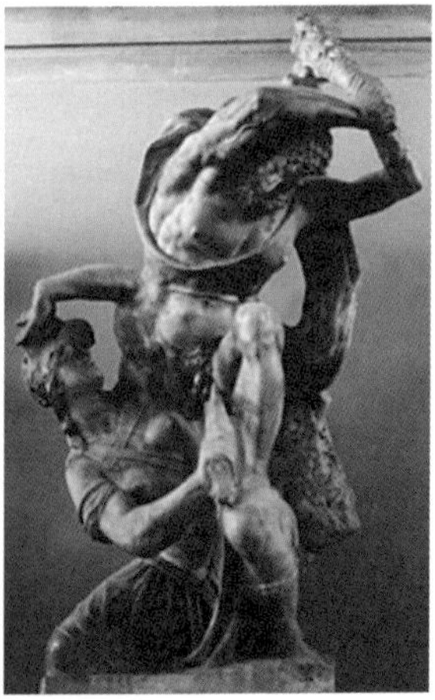

프로페르치아 데 로시, 〈노아의 방주 건설〉
대리석, 산 페트로니오 성당, 볼로냐

프로페르치아 데 로시, 〈아마존과 헤라클레스〉
대리석, 베키오 궁, 피렌체

가 여성 미술가를 하찮게 여기던 당시 사회에서, 특히 남성이 지배했던 조각 분야에서 그들을 능가하는 뛰어난 조각가였음을 알 수 있다.

데 로시는 바사리의 그 유명한《르네상스 미술가 평전》에도 오른 몇 안 되는 여성이었다. 그러나 그녀에 대한 바사리의 평가는 다분히 이중적이었다. 바사리는 그녀의 씨앗 조각이 기적을 보여준 작품이라고 인정하면서도, 조각은 여성이 할 예술은 아니라고 단언했다. 또〈요셉과 보디발의 아내〉가 젊은 귀족 안톤 갈레아조 말바시아에게 버림받은 데 로시의 자화상이라고 해석했다. 실연의 상처를 표현한, 극히 감상적인 작품이라고 폄하한 것이다.

그러나 일설에 따르면, 데 로시는 실연을 당하지 않았다고 한다. 그녀의 연인은 데 로시가 죽은 뒤에도 몇 년 동안이나 그들의 사랑을 소중히 여겨 결혼하지 않았다. 따라서 바사리의 주장은 신빙성 없는 소문에서 비롯된 것에 불과하며, 여성은 감정에 취약하다는 편견에 근거한 여성관을 피력한 것이라고 생각된다. 훌륭한 조각 작품을 두고도 작가가 여성이라는 이유만으로 선입견에 빠져 작품을 공정하게 비평하지 못한 우를 범한 것이다.

불행하게도, 이러한 성차별적 사회 가치관은 데 로시의 삶 자체를 비극적으로 끝마치는 데 일조했다. 사실 15~16세기 유럽에서 여성 미술가와 남성 미술가가 예술적 재능만으로 동등하게 평가받는 것은 애초에 불가능한 일이었다. 그녀를 높이 평가했던 바사리마저도 데 로시를 여성으로서는 예외적이라는 의미로 '기적'이라고 표현했다.

데 로시에 대한 바사리의 전기 외에 별다른 사료를 찾지 못하던 미술사학자들은 우연히 볼로냐의 옛 범죄 기록 문서에서 그녀에 대한 예기치 못한 정보를 발견했다. 데 로시는 재판소에 두 번 출두했는데, 첫 번째는 이웃집 정원을 훼손시킨 죄로, 두 번째는 화가 아미코 아스페르티니의 집에 무단 침입해 그의 얼굴에 물감을 던지고 눈을 할퀸 폭행죄로 소환되었다. 여성이 조각가라는 직업을 가진 데다가 범죄 행위의 피의자였기 때문에, 당시 그녀는 체제에 대한 반항아 혹은 말썽을 일으키는 골치 아픈 여자 정도로 여겨졌을 것이다. 법정 기록에도 '성질이 매우 나쁜 여자'라고 적혀 있다.

그녀는 특히 동료 화가 아미코 아스페르티니와 사이가 좋지 않았는데, 그가 그녀의 명성을 시기해 근거 없는 험담을 하고 다녔기 때문이다. 당시에는 여성이 인체 해부학에 능통하면 방탕한 증거라고 생각했다. 그는 데 로시가 남성의 육체에 대해 잘 아는 것은 성적으로 난잡하고 행실이 나쁘기 때문이라고 비방했다. 이 때문에 데 로시는 평판이 나빠졌고 그녀의 작품은 남성 미술가보다 훨씬 저렴한 값에 팔렸다. 바사리도 그녀의 작품이 아주 헐값에 팔렸다고 말했는데, 이는 아미코 아스페르티니가 중간에서 농간을 부렸기 때문이라고 했다. 아스페르티니는 당시 볼로냐를 이끄는 핵심 화가 중 하나였는데, 자신의 위치를 이용해 사회적으로 취약한 데 로시를 모함하고 나쁜 소문을 냈던 것이다.

이런 사실로 미루어 볼 때, 그녀가 폭행죄를 지은 것은 성격 문제라기보다는 여성에게 절대적으로 불공평했던 사회적 상황과 능력 있는 여성 미술가를 질투하고 적대시했던 남성 미술가들의 부당한 행동을 향한 분노로 볼 수 있다.

개방적이고 진보적인 여성관을 갖고 있었던 볼로냐에서조차도, 여성들은 여전히 전통적인 부덕과 여성다움을 강요받고 있었다. 르네상스 시대 남성 미술가들이 이전보다 훨씬 향상된 예술가로서의 지위와 인간적 자유를 누렸던 것을 생각해볼 때 참으로 안타까운 일이다.

남자들은 여성 예술가들이 창의성과 천재성을 갖고 있지 못하다며, 공공 커미션은 뛰어난 창작 능력이 있는 남성 예술가들이 맡아야 한다고 주장했다. 이렇게 완고한 사회적 분위기 속에서, 데 로시는 그녀를 끌어내리려는 남성 경쟁자들과의 불화, 부당한 대우로 인해 평생을 고군분투했다. 1530년 무렵에는 명예 실추로 모든 공공 작업에서 손을 떼야 했다.

결국, 데 로시는 무일푼에 흑사병까지 걸려 가까운 친구나 친척도 없이 마흔 살에 세상을 떠났다. 전 이탈리아에 명성을 떨쳤고, 한때 볼로냐 사람들에게 찬사를 받았던 출중한 조각가였지만, 그녀의 말로는 한없이 비참했다. 그녀가 금녀의 문을 두드렸기 때문일까?

아버지의 그림자에 가려진 초상화의 귀재

●

마리에타 로부스티

마리에타 로부스티Marietta Robusti, 1560~1590는 르네상스 시대 베네치아 화가 틴토레토Tintoretto로 알려진 자코포 로부스티Jacopo Robusti의 딸이다. 별칭인 틴토레토가 '염색공의 아들'이란 뜻이었기 때문에, 그녀도 '작은 염색공 소녀'라는 뜻의 '라 틴토레타'로 불렸다.

여성이 미술 교육을 받기 어려웠던 시대에 화가가 되려면 마리에타 로부스티처럼 화가를 아버지로 둔 여성들이 절대적으로 유리했다. 화가 집안에서 태어난 여성은 아버지나 남자 형제를 통해 제약적이나마 그림을 배울 수 있었다. 그녀 역시 아버지의 작업장에서 견습 기간을 거쳤고, 그 시대 회화 작업장에서 일반적이었던 분업 형태로 아버지의 그림 작업을 도왔다.

틴토레토의 비밀 병기는 그의 딸 마리에타?

틴토레토의 작업장에는 수많은 석고 조각 모형들이 있어 마리에타는 일찍부터 인간 신체를 해부학적으로 연구하고 모사했다. 하지만 초상화가로서 명성과 인기를 누렸을 뿐 제단화 같은 종교화는 하나도 주문받지 못했다. 당시 스케일이 큰 종교화나 역사화는 남자 화가들 몫이었다. 물론 아버지의 작업장에서 조수로 일하는 동안 틴토레토와 함께 제단화 작업을 했을 것이다. 그러나 그녀가 기여한 것은 전부 아버지의 이름에 묻혔다.

그 때문일까? 마리에타에 대한 기록은 매우 적다. 틴토레토의 전기 작가인 카를로 리돌피Carlo Ridolfi가 쓴《틴토레토의 일생》과 피렌체 시인인 라파엘로 보르기니Raffaello Borghini가 쓴 예술가들의 전기에서 짧게 언급된 것이 마리에타에 대한 정보를 얻을 수 있는 유일한 자료이다.

마리에타는 틴토레토의 일곱 자녀 중 장녀로, 남동생 도메니코 로부스티, 마르코 로부스티와 함께 아버지 작업장에서 조수로 일했다. 당시 화가들은 임금을 절약하고, 자식들에게 작업장을 물려주기 위해 가족 구성원을 고용하는 게 일반적이었다. 리돌피는 마리에타와 틴토레토가 보통의 부녀지간보다 훨씬 친밀한 관계였으며, 마리에타가 열다섯 살 무렵까지 소년처럼 옷을 입고 아버지와 함께 그림을 주문받으러 유럽 곳곳을 다녔다고 기록했다. 틴토레토는 재능이 뛰어난 마리에타를 자식 중에서 가장 아꼈고, 아들들과 함께 드로잉과 채색을 가르쳤다. 물론 틴토레토가 죽은 뒤 작업장을 물려받은 건 아들 도메니코였다.

미술 신동이었던 마리에타는 열네 살에 초상화로 명성을 떨쳤다. 베네치아의 귀족들은 너 나 할 것 없이 줄지어 그녀에게 초상화를 주문했다. 심지어 그녀의 초상화는 신성 로마 제국의 막

시밀리안 2세와 스페인의 펠리페 2세의 관심을 끌어, 두 사람 모두 그녀를 궁정화가로 채용하고 싶어 했다.

그러나 틴토레토는 딸과 계속 공동 작업하기를 원했고 마리에타가 이 제안을 거절하도록 종용했다. 게다가 그녀가 서른이 될 때까지 결혼조차 허락하지 않았다. 틴토레토는 나중에서야 자신이 죽을 때까지 한 집에서 함께 살아야 한다는 조건으로, 마리에타를 부유한 베니스 금세공인 마리오 아우구스타와 결혼시켰다. 틴토레토가 딸에게 얼마나 집착하고 의지했는가를 알 수 있는 대목이다.

그러나 그 때문에, 그녀의 재능은 아버지의 가부장적 통제 아래 시들었고, 좀 더 넓은 세계로 나가 꽃 피울 기회를 잃게 되었다.

만약 그녀가 궁정화가가 될 기회를 받아들였다면 미술사에 이름을 남겼을지 모른다. 그러나 16세기 가부장 체제에서 여성은 스스로 삶의 방향을 결정할 자유가 없었다. 마리에타 역시 선택의 여지없이 아버지 요구를 받아들여야 했다. 마리에타가 아버지 작업장에서 일하는 15년 동안, 그녀는 수많은 그림 주문을 받았고 화가로서 엄청난 인기를 얻었지만, 틴토레토는 그녀가 예술가로서 경력을 확장하는 것을 원하지 않았다.

그녀의 전기 작가들은 틴토레토의 과도한 집착이 딸을 사랑한 탓도 있지만, 마리에타가 작업장의 주요 수입원이었기 때문이라고 입을 모은다. 마리에타는 아이를 낳다가 서른 살의 나이로 요절했고, 4년 후 틴토레토도 세상을 떠났는데, 많은 미술사학자들은 그가 딸의 죽음에 너무 상심한 것이 사망 원인이었다고 말한다. 실제로 마리에타가 사망한 후 틴토레토의 창작 능력은 급격히 떨어졌다고 전해진다.

그러나 페미니스트 미술가 그룹인 게릴라 걸스는 그가 딸을 떠나보낸 슬픔 때문에 의욕을 잃은 게 아니라, 자신의 비밀 병기를 잃어 작업장을 더 이상 유지할 수 없었기 때문에 창작력이 쇠퇴한 것이라고 신랄한 비판을 가한다.

리돌피나 보르기니 같은 전기 작가들이 마리에타를 어떻게 언급했느냐를 보면, 당시 사회가 여성 미술가를 어떻게 바라봤는지 알 수 있다. 보르기니는 마리에타가 아름답고 우아한 외모와 음악적 재능을 가진 것을 언급한 후, 그림도 매우 잘 그렸다면서 화가로서의 재능은 부수적으로 소개했다. 리돌피 역시 그녀가 하프시코드를 아주 훌륭하게 연주하고 노래를 잘 불렀으며 다른 여성에게서는 보기 힘든 미덕을 지녔다고 여러 차례 찬양한 반면, 그녀의 예술적 재능에 대해서는 겨우 한 번 언급했다. 16세기 이탈리아에서 여성 화가의 예술적 재능은 사람들에게 이차적 관심이었다.

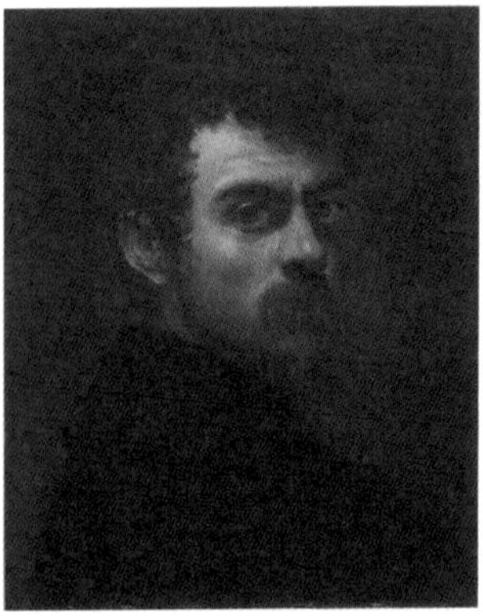
틴토레토의 자화상

남성 미술가들은 예술성만으로 평가받을 수 있었던 반면 여성 미술가들에게는 외모와 음악적 소양이 필요했다. 왜일까? 르네상스 시대 아름다운 외모는 내적 미덕을 드러내는 거울로서 여성을 평가하는 중요 요소였다. 따라서 여성 미술가를 평가할 때도 창작력보다는 외모, 음악적 재능, 여성의 부덕이 더 고려되었다.

짙게 드리웠던 아버지의 그늘

마리에타는 많은 초상화를 그렸으나 현재까지 전해지는 작품은 매우 적다. 더구나 그녀 스스로 서명을 한 작품은 고작 한 개에 불과해 대부분 틴토레토나 다른 남성 화가의 작품으로 전해져왔다. 그녀의 초상화가 당대 누린 엄청난 인기와 수년간 매일 아버지 작업장에서 일한 것을 고려할 때, 현재 그녀의 작품이 몇 개 남지 않았다는 것은 매우 이상한 일이다. 마리에타는 그야말로 미술사에서 사라진 여성 화가의 대표적 예라고 할 수 있다.

사실 그 시대에는 거장 화가의 작업장에서 일하는 미술가들은 그림의 덜 중요한 부분을 담당하는 단순한 조수로 여겨졌다. 특히 틴토레토는 조수들이 맡은 부분을 자기 스타일로 손질해 출시하는 전략을 쓴 것으로 알려져 있다. 따라서 마리에타가 작업한 부분도 이런 식으로 묻혔을 가능성이 많다. 또한 마리에타의 그림들은 틴토레토의 양식과 비슷했다. 그녀의 재능은 아버지에 견줄 만큼 비상해서 전문가들조차 둘의 작품을 분간하기가 쉽지 않다. 게다가 '거장 틴토레토'의 작품이라고 해야 높은 가격에 판매할 수 있었기 때문에 마리에타의 많은 작품들이 틴토레토의 이름으로 시장에 내놓아졌을 것이다.

이런 식으로, 재능 있는 여성 화가들은 능력을 제대로 펼치지도 인정받지도 못하고 미술사의 뒤안길로 사라졌다. 그리고 그들의 삶과 예술적 성취는 남성 미술가 중심의 미술사에서 재빨리 잊혔다. 그러나, 비록 미술사에서 이름은 지워졌지만 탁월했던 많은 여성 미술가들이 존재했음은 분명한 사실이다.

오늘날 미술사학자들은 알려지지 않은 르네상스의 여성 미술가들을 계속 발굴하고 있다. 그중 마리에타와 동시대를 산

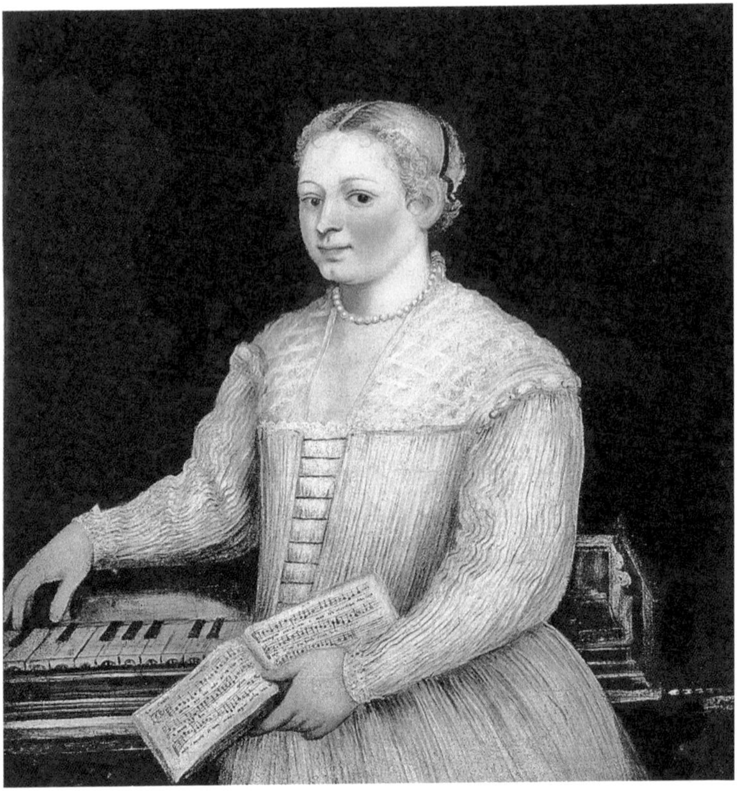

마리에타 로부스티, 〈자화상〉
1580년, 캔버스에 유채, 93.5x91.5cm, 우피치 미술관, 피렌체

소포니스바 앙귀솔라도 있는데, 이른 나이에 죽은 마리에타와 달리 소포니스바 앙귀솔라는 18년 동안 스페인 펠리페 2세의 궁정화가로 일하며 엄청난 명성을 얻고 화가로서도 성공적인 삶을 살았다.

만약 마리에타가 더 오래 살았더라면, 그리고 궁정화가로 일했다면, 혹은 앙귀솔라처럼 헌신적인 아버지를 가졌거나, 아버지에게 순종하지 않는 독립적인 성격을 가졌더라면 앙귀솔라가 누린 것과 비슷한 명예와 지위를 얻었을 것이다.

〈자화상〉은 하프시코드 앞에서 악보를 들고 있는 마리에타의 자화상이다. 마리에타는 음악에도 재능이 뛰어나 성악과 하프시코드 연주 교육을 받았고, 아버지가 작업하는 동안 옆에서 노래하거나 연주하면서 아버지의 기분을 맞추었다고 한다.

이 그림은 우피치 미술관에 소장된 마리에타의 그림 두 점 중 하나로 바사리 회랑에 전시되어 있다. 다행히 피렌체 메디치가는 여성 화가들의 작품을 다수 수집했다. 우피치 미술관 창고에는 마리에타 작품을 비롯해 르네상스 시기의 많은 여성 미술가의 작품이 소장되어 있다. 피렌체에 위치한 여성 예술가 단체는 최근 우피치 미술관과 협력해 여성 화가들의 작품을 창고에서 꺼내 재조명하는 작업을 진행 중이다.

〈소년과 함께 있는 노인의 초상〉은 그동안 틴토레토가 남긴 초상화 중 가장 훌륭한 초상화로 알려져왔다. 그러나 이 그림은 틴토레토가 아닌 마리에타의 작품일 가능성이 크다. 1934년 미술사가 에리카 티제 콘라트가 'MR'이라는 서명을 써넣은 마리에타의 유일한 작품인 이 그림을 마리에타 로부스티의 작품으로 귀속시키려 시도했으나, 그녀의 제안은 받아들

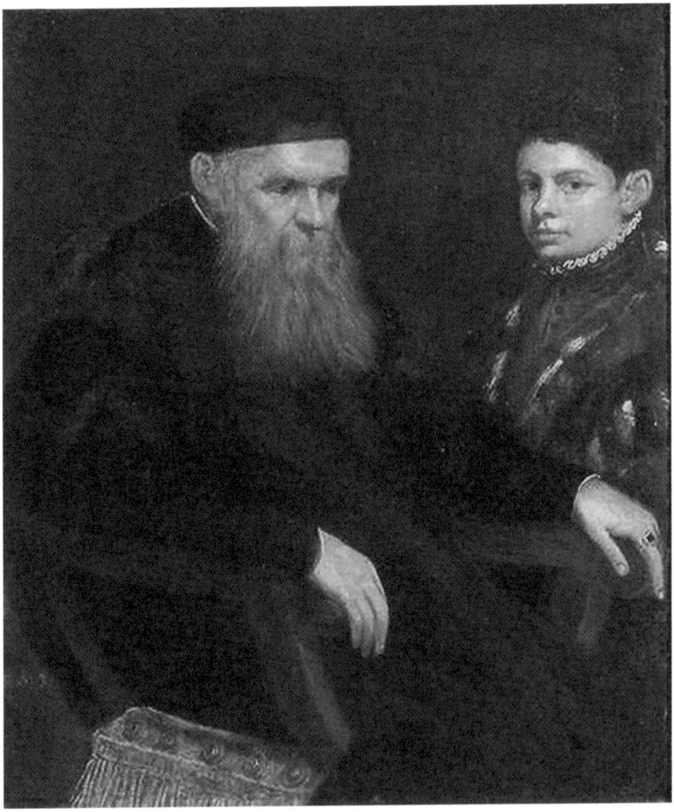

마리에타 로부스티, 〈소년과 함께 있는 노인의 초상〉
1585년, 캔버스에 유채, 103x83cm, 빈 미술사 박물관, 빈

여지지 않았다. 지금도 이 그림은 빈 미술사 박물관에서 틴토레토의 작품으로 전시되고 있다. 마리에타는 살아서도 죽어서도 아버지의 그늘에서 벗어나지 못한 셈이다.

이밖에도 리돌피와 보르기니가 마리에타의 작품으로 언급한 〈오타비오 스트라다의 초상〉과 〈두 남자의 초상〉이 대체로 마리에타가 그린 것으로 인정되고 있으나 여전히 논란의 여지로 남아 있다.

마리에타의 미스터리

마리에타는 틴토레토가 가장 신임하고 아낀 자식이었지만 남자 형제들이 미술가로서 격려를 받고 날개를 펴는 동안 자신을 드러내지 않은 채 '새장 속 새'와 같은 처지로 지냈다. 따라서 현재 그녀의 작품으로 밝혀진 것은 일부 초상화 말고는 거의 없다. 재능과 명성도 여성에 대한 사회적 억압 앞에서는 그녀를 자유롭게 하지 못했던 것이다.

마리에타 외에도 알려지지 않은 수많은 여성 화가들이 있지만, 몇몇 소수를 제외하고는 대부분 기록이 남아 있지 않아 그 존재를 확인할 길이 없다. 당시 대부분의 여성 화가들은 생전에 작품에 대한 인정이나 보상을 거의 받지 못했고, 작품 역시 쉽게 소실되었다. 설령 작품이 남아 있더라도 대부분 다른 남성 화가의 작품으로 잘못 알려지곤 했다.

마리에타는 16세기 초상화로 국제적 명성을 얻었던 드문 여성 미술가였고, 틴토레토의 작업장에서 어떤 남자 조수들보다 중요한 역할을 했다. 그러나 명성에 비해 알려진 작품이 거의 없

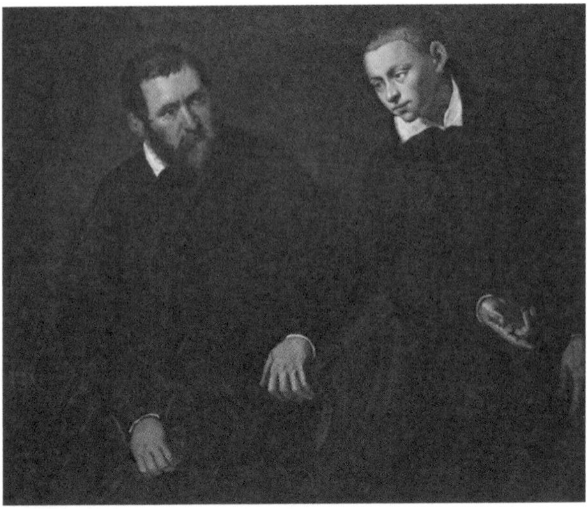

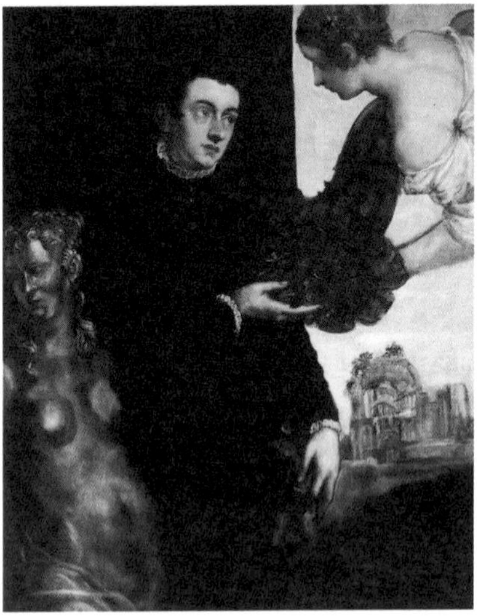

마리에타 로부스티, 〈두 남자의 초상〉
16세기 말, 캔버스에 유채, 99.5x121cm,
드레스덴 미술관, 드레스덴

마리에타 로부스티, 〈오타비오 스트라다의 초상〉
1567~1568년, 캔버스에 유채, 128x101cm,
암스테르담 국립 박물관, 암스테르담

는 이 현실의 괴리는 많은 미술사가들을 '마리에타의 미스터리'에 도전하게 만들었다. 그 결과 틴토레토 작품으로 알려진 그림이 속속 마리에타 그림으로 밝혀지고 있다.

늦었지만 지금처럼 마리에타의 작품에 대해 연구를 이어나간다면 언젠가 짙게 드리웠던 아버지의 그늘을 벗고 르네상스 미술사에서의 그녀의 위치도 새롭게 자리매김할 수 있을 것이다.

여성 영웅들을 캔버스에 소환한

‘여자 라파엘로’

●

엘리자베타 시라니

지금으로부터 400여 년 전, 스물일곱 살의 젊은 나이에 갑자기 죽음을 맞이한 여성 화가. 그녀의 장례식 날, 볼로냐 도시 전체는 수많은 사람들의 애도 물결로 인산인해를 이루었다. 그녀를 추모하는 시와 음악이 흘러나왔고, 실물 크기의 조각상으로 장식된 화려한 시신 안치대 앞에서는 그녀가 초상화를 그려준 귀부인들이 충격과 상심 속에서 눈물을 흘리고 있었다.

여느 왕후장상이나 유명 인사 못지않게 성대하게 치러진 이 장례식의 주인공은 엘리자베타 시라니Elisabetta Sirani, 1638~1665였다. 그녀는 우아하고 고전적인 그림, 상냥하고 좋은 성품, 갑작스러운 요절까지 라파엘로와 비슷한 점이 많아 '여자 라파엘로'로 불리어졌다.

시라니는 화가의 딸이었다. 뛰어난 종교화가 귀도 레니Guido Reni의 제자였던 아버지 지오반니 안드레아 시라니Giovanni Andrea Sirani로부터 전문적으로 그림을 배웠다. 귀도 레니는 화려하고 복잡한 바로크 양식의 특징을 고전적이고 절제된 표현으로 순화시켰는데, 이 화풍은 시라니에게도 이어졌다. 귀도 레니 특유의 부드러운 색채, 차분한 분위기 때문에 간혹 그녀 작품이 귀도 레니 작품으로 잘못 알려지기도 했지만, 그녀는 독창적이고 대담한 자신만의 스타일을 개발한 화가다.

아버지가 병이 들자 시라니는 가족의 작업장을 맡았고, 코시모 3세 데 메디치Cosimo III de Medici를 비롯한 왕족, 귀족, 상인, 학자들의 후원을 받았다. 당시 볼로냐는 제약적이긴 했지만 타 도시보다 진보적이었고, 이탈리아 전역의 여성 미술가를 합친 숫자보다 더 많은 여성 미술가가 활동하고 있었다. 그녀 역시 여성 미술가의 활동이 활발했던 볼로냐 출신이었고, 그중에서도 단연 독보적인 여성 화가였다. 그녀의 작업장은 외교관과 정치 지도자들이 직접 방문할 정도로 명소였다.

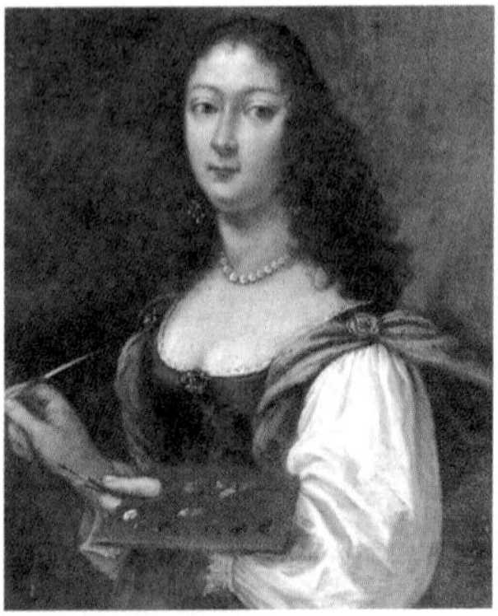

엘리자베타 시라니, 〈자화상〉
1660년, 구리 위에 유채,
시립 고고학 박물관, 볼로냐

에로티시즘 코드로 그려진 여성 영웅들

시라니의 작품은 역사, 성서, 알레고리, 초상화 등 다양한 영역에 걸쳐 있다. 그녀는 역사화를 전문적으로 그린 여성 화가였고, 이는 정물화나 초상화 위주로 작업한 동시대 여성 화가들과는 매우 다른 점이었다.

젠틸레스키와 마찬가지로, 시라니 역시 유디트와 참회하는 막달라 마리아, 그리고 브루투스의 아내 포르티아 등 역사 속 여성 영웅들을 소재로 작품을 제작했다. 그러나 시라니의 유디트는 젠틸레스키의 유디트와는 많이 달랐다.

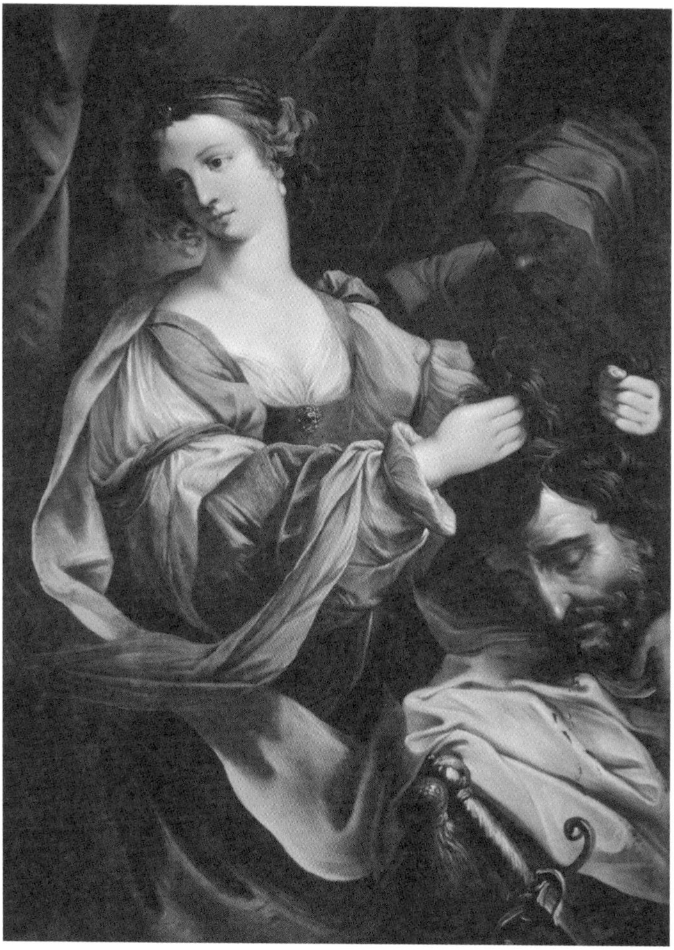

엘리자베타 시라니, 〈홀로페르네스의 목을 들고 있는 유디트〉
1665년, 캔버스에 유채, 129.5x91.7cm, 월터스 미술관, 볼티모어

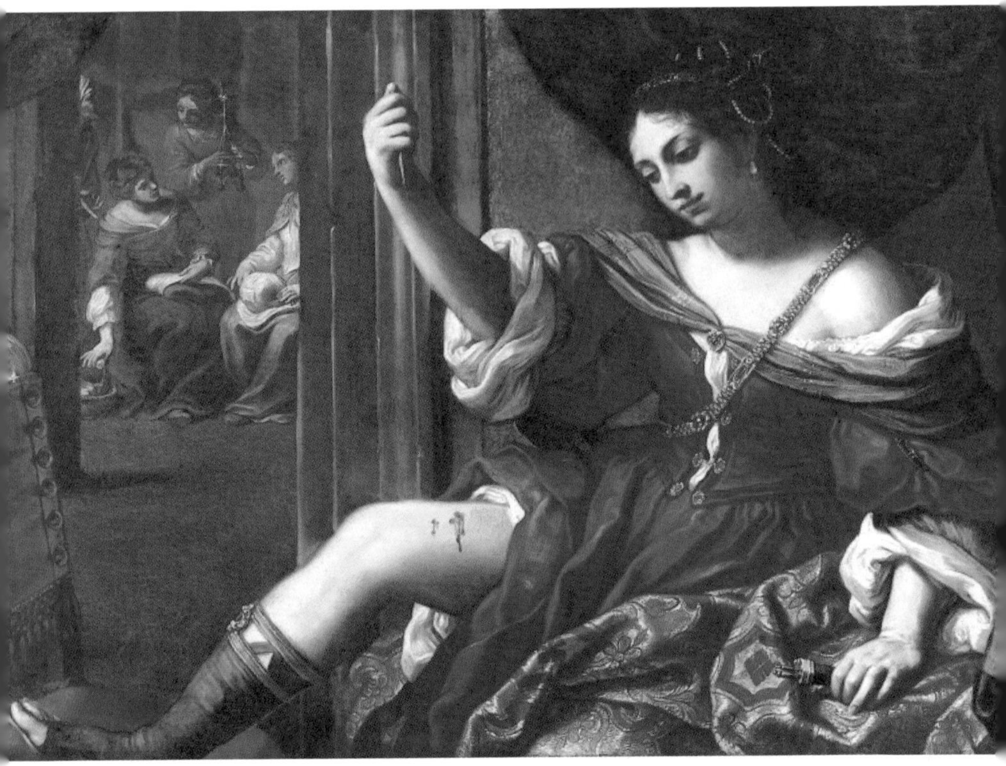

엘리자베타 시라니, 〈허벅지에 상처를 내는 포르티아〉
1664년, 캔버스에 유채, 101x113cm, 개인 소장, 볼로냐

젠틸레스키는 실제 모델을 써서 그렸기 때문에 인물의 현실감이 뛰어났고, 목을 베는 장면도 선혈이 낭자하게 아주 사실적으로 묘사했다. 반면, 시라니의 유디트는 사실적이기보다는 이상적인 고전주의 양식으로 그려졌다. 강인하고 튼튼한 팔뚝, 냉혹하고 단호한 얼굴로 표현된 젠틸레스키의 유디트와 대조적으로, 시라니의 유디트는 여성스럽고 나긋나긋하며 아름답기까지 하다. 사실 많은 화가들이 '유디트와 홀로페르네스'를 주제로 작품을 남겼지만, 젠틸레스키의 유디트만이 날것 그대로의 폭력성을 드러냈다.

〈허벅지에 상처를 내는 포르티아〉 역시 여성 영웅의 이미지를 보여준다. 포르티아는《플루타르크 영웅전》♦에 나오는 인물이다. 시라니는 포르티아의 에피소드를 알 만큼 고전 문학에 대해 해박했다. 포르티아는 줄리어스 시저를 암살한 브루투스의 아내로, 시저를 암살하려는 남편의 계획을 알고 있었다. 그러나 브루투스는 여성이 나약하고 고민을 나눌 수 없는 존재라고 생각해 아내에게 암살 계획을 비밀에 부쳤다. 이 사실을 안 포르티아는 자신이 믿고 의지할 만한 동지라는 걸 증명하기 위해 자신의 허벅지를 칼로 찔러 피를 흘리는 단호한 결기를 보여주었다고 한다.

페미니스트 미술사가들은 이 그림이 강하고 주체적인 여성의 이미지를 표현하고 있다고 해석한다. 허벅지에 상처를 내는 포르티아는 그림 왼쪽 위 바느질을 하고 있는 여성들과 대조적이다. 남성 영웅화와 마찬가지로 용감하고 강인한 여성 영

♦ 고대 그리스의 역사가인 플루타르코스가 카이사르, 알렉산드로스 대왕, 폼페이우스 등의 고대 영웅들에 대해서 아름다운 문체로 서술한 전기

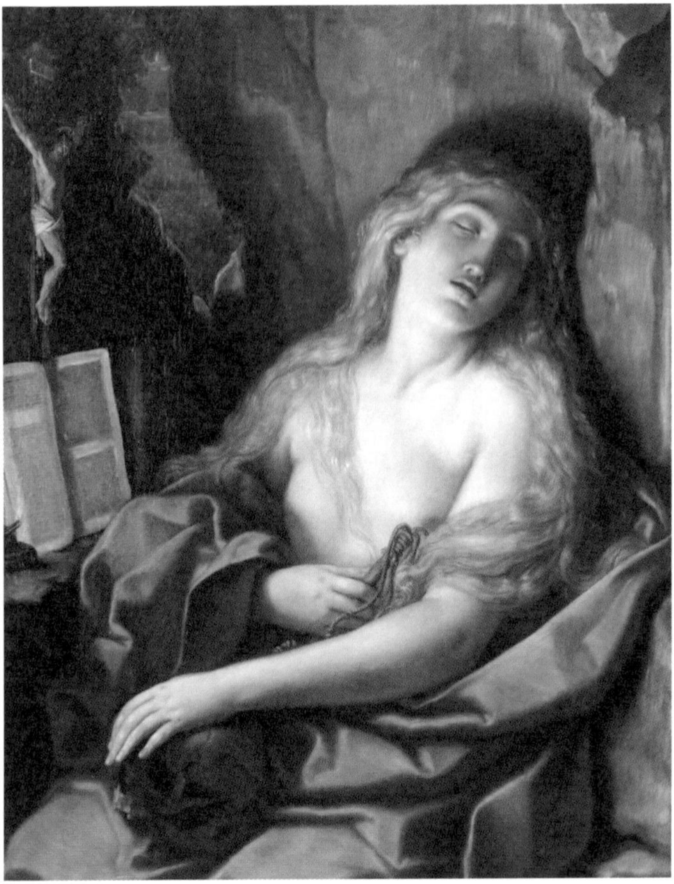

엘리자베타 시라니, 〈참회하는 마리아 막달레나〉
1663년, 캔버스에 유채, 113.4x94cm, 브장송 고고학 예술 박술관, 브장송

웅의 모습을 보여주고 있다.

그러나 한계도 있다. 포르티아의 훤히 드러난 허벅지, 옷이 흘러내린 어깨는 에로티시즘을 노골적으로 드러냈다. 또한 뾰족이 서 있는 칼, 뱀을 연상시키는 두건은 가학 피학성의 성애적 요소도 엿보인다. 17세기 회화에서는 폭력적인 동시에 성적이고 어딘가 불안한 이미지들이 만연했기 때문에, 시라니가 이런 무겁고 가학적인 그림을 그린 것은 그리 놀라운 일이 아니다. 시라니는 귀도 레니 작품의 근간이었던 어두운 성적 이미지를 이어갔지만 기교적 붓질, 빛과 어둠의 더 극적인 대조, 다채롭고 밝은 색채 등 자신만의 분명한 개성을 갖췄다. 전경에 크게 그려진 포르티아의 붉은색 드레스, 금사로 짠 비단, 선명한 푸른색 부츠는 창백하고 흰 피부와 대조를 이루면서 매우 풍부한 색감을 보여준다.

〈참회하는 마리아 막달레나〉를 보자. 성서 속에는 여러 명의 마리아가 있다. 마리아 막달레나는 원래 예수의 수제자로 지성이 출중한 여성이었으나, 남성 중심적인 초기 기독교는 그녀를 매춘부였던 다른 마리아와 동일 인물로 만들어버렸다. 이것이 사도 마리아가 간음의 죄인 마리아로 오랫동안 오해되어 온 사연이다. 화가들 역시 마리아를 가슴을 드러낸 금발의 매력적인 여성으로 표현하는 것이 관행이었다.

시라니도 예외는 아니었다. 애욕과 성적 매력을 상징하는 길고 풍성한 금발의 머리채, 드러낸 양 가슴, 성적 환락을 은유하는 얼굴 표정 등 마리아 막달레나를 죄를 참회하는 창녀로 묘사하고 있다. 시라니가 그린 여성들은 비록 포르티아, 마리아 막달레나, 클레오파트라 등 강인한 성품을 지닌 여성들이었지만, 그 표현 방식은 남성 화가가 여성을 보는 전통적 방식, 즉 남성의 시각을 만족시키는 성적 대상으로서의 여성을 고수했다고 할 수 있다. 남성들로 채워진 영웅 역사화에 여성의 자리를 만들었지만, 그 영웅적인 여성들조차 끝내 남성적 시선에서 벗어나지는 못한 것이다. 그러나 17세기 가부장 사회에서 살아야 했던 시라니에게 시대적·사회적 상황을 훌쩍 뛰어넘는 여성주의 시각을 요구하는 것은 어쩌면 지나친 일일지도 모른다.

여자 라파엘로가 아닌 진짜 라파엘로가 되어

시라니는 오랫동안 귀도 레니를 추종한 군소 화가로 취급되어 왔으나 최근 들어 그림에 나타나는 고유한 특징과 우아하고 숙련된 붓터치가 주목받으면서 재평가되고 있다.

특이하게도, 그녀는 화가들이 작품에 서명을 하지 않았던 시대에 자신의 서명을 남겼고 그린 날짜, 모델의 이름 등 목록도 만들어놓았다. 그동안 비평가들은 그녀의 작품으로 추정되는 일부 그림이 조잡하고 완성도가 떨어진다는 이유로 저평가했지만, 자기 그림 대부분에 서명을 했던 시라니의 습관으로 보아 비평가들이 지적한 작품은 시라니의 것이 아닐 가능성이 크다. 그녀의 작품은 거장의 풍모를 보여주는 고도의 기교를 지니고 있다. 만약 그녀가 조금만 더 오래 살았더라면, '여자 라파엘로'가 아닌 진짜 라파엘로가 되어 미술사에 좀 더 확고한 자리를 차지했을 것이다.

그러나 시라니는 오래 살지 못했다. 그녀는 따뜻한 성품, 활달한 기질에도 불구하고 평생 결혼하지 않았다. 일설에 따르면, 그녀의 아버지는 시라니가 경제적으로 가족을 부양하기를 원해 결혼을 반대했다고 한다. 열여섯의 어린 나이에 가족의 생계를 혼자 도맡아 끊임없이 작품을 창작해야 했던 시라니. 그 극심한 스트레스와 과로가 죽음을 재촉한 것은 아닐까?

실제로 그의 아버지는 매우 이기적이어서 돈을 위해 그녀에게 가능한 한 많이 그림을 그리도록 강요했고, 그녀가 얻은 수입을 모두 가져갔다. 당시만 해도 여성은 아버지와 남편의 소유물로 취급되었다. 시라니의 죽음은 볼로냐가 아무리 여성 친화적인 도시였다 해도, 가부장 사회가 여성을 어떻게 억압했는지 보여주는 하나의 상징적 사례이다. 마리에타, 그리고 그 시대 많은 여성들과 마찬가지로 그녀 역시 시대적 상황에서 자유로울 수 없었다.

전문 화가의 길을 개척한

풍속화의 대가

•

유디트 레이스테르

17세기 네덜란드는 스페인과 포르투갈에 이어 해양 강국이 되었고 경제·예술·과학 등 사회 전반이 비약적으로 발전한 황금시대였다. 사람들은 풍요롭고 활기찬 사회에서 삶의 기쁨을 마음껏 누렸다. 유디트 레이스테르Judith Leyster, 1609~1660는 바로 이 황금시대, 서민들이 먹고 마시고 노래하거나 집안일 하는 일상 활동을 캔버스에 담은 풍속화가이다.

다음 그림의 주인공이 바로 유디트 레이스테르이다. 생기 넘치는 눈빛, 스스럼없어 보이는 몸짓은 그녀가 매우 친절하고 편안한 사람이라는 인상을 준다. 화가의 입술은 마치 무엇인가를 말하려는 듯 약간 벌어져 있는데, 흡사 하던 일을 멈추고 작업실에 들어온 이를 쾌활한 표정으로 반기는 듯 보인다. 레이스테르의 표정 때문에 관람자는 수백 년의 시간을 뛰어넘어 그녀의 환대를 받는 듯한 느낌을 받는다. 이 자화상은 레이스테르 특유의 화풍이 고스란히 담겨 있는 작품이다. 그녀는 캔버스에 평범한 일상 속의 즐겁고 행복한 사람들을 담는 화가로 유명했다.

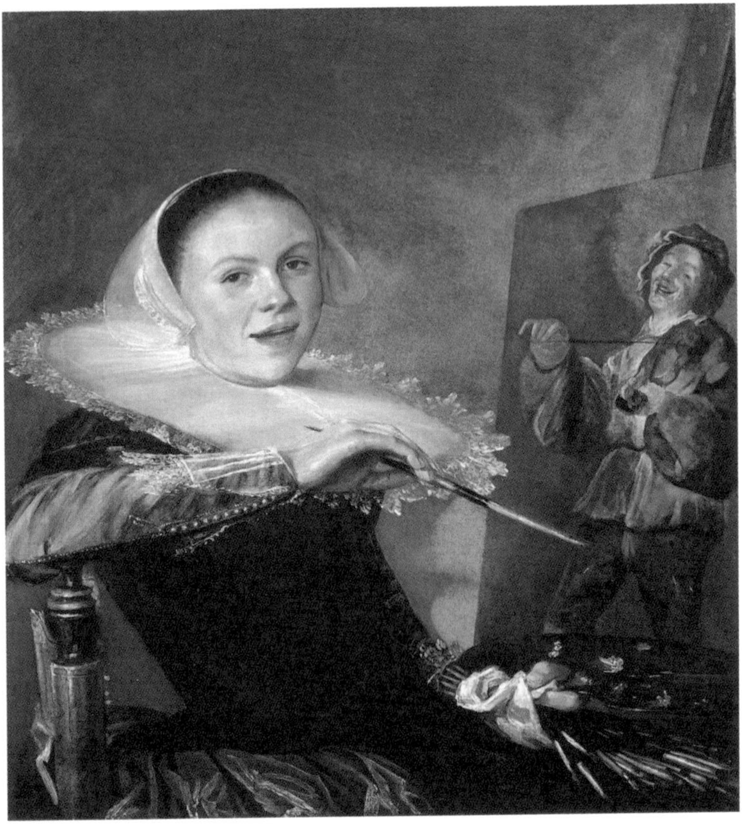

유디트 레이스테르, 〈자화상〉
1633년, 캔버스에 유채, 74.6x65.1cm, 워싱턴 국립 미술관, 워싱턴 D.C

거장의 셀피

화가가 자화상을 그릴 때는 자신이 사람들에게 어떻게 보이기를 원하는지가 그림에 드러나기 마련이다. 자신만만한 표정과 여유로운 자세. 레이스테르의 자화상에는 성공한 화가로서의 자부심과 당당함이 녹아 있다. 그녀는 17세기 당시 여성이 가입하기 힘든 하를렘의 성 루카 길드 회원으로 입성했고, 젊은 나이에 전문 화가로 이름을 날린 자신의 위치를 잘 알고 있었다. 이러한 자기 인식은 그림에도 드러난다.

자화상 속 그녀는 작업 중인데도 매우 고급스럽고 우아한 복장을 하고 있다. 레이스가 달린 넓게 퍼진 주름 칼라와 투명한 소매 장식, 고급 리넨 소재는 전형적인 중상류층 여성의 복장이다. 물감과 씨름하는 화가의 차림새라고 하기에는 불편해 보인다. 어딘가 과시적인 이 복장은 아이러니하게도, 그녀의 친근하고 사람 좋아 보이는 태도와 부조화를 이룬다.

엑스레이로 관찰한 결과, 자화상 속 캔버스의 바이올린을 연주하는 남자는 원래 여자로 그려졌다고 한다. 그녀는 자신의 자화상을 하나 더 그려 넣으려 했던 것일까? 오른손에 든 붓은 그림 속 캔버스의 바이올린 활과 거의 평행을 이루는데, 이는 회화와 음악이 서로 깊이 연관되어 있다는 것을 암시하려 한 것 같다. 또한 흥미롭게도, 그녀가 들고 있는 팔레트는 어떤 세부 묘사도 없는 거친 붓질로 처리되어 있는데, 마치 표현주의 회화의 기법을 연상시킬 정도로 현대적이다.

노래하고 웃고 즐기는 행복한 사람들

레이스테르는 베르니니와 카라바조 등이 활동한 바로크 시대의 화가이다. 그러나 이탈리아 바로크 화가들과 달리 종교화나 역사화 대신 네덜란드 서민들의 일상을 묘사했다. 이것은 북유럽 바로크, 혹은 네덜란드 바로크의 특성이기도 하다.

17세기 네덜란드는 스페인 절대 왕정으로부터 독립해 자유로운 공화국을 건설했고, 해상 무역으로 경제적 활황을 누리는 등 정치·경제·종교적으로 매우 융성했다. 이러한 시대 상황은 미술 시장에 활기를 만들고 화가들에게도 좋은 환경을 제공했다. 화가들은 교회의 후원 대신 새로이 등장한 부유한 상인 계급의 커미션을 받았고, 이는 종교화 대신 서민의 생활이 그림의 주요 소재가 되는 계기가 되었다. 부유한 상층 계급뿐 아니라 평범한 농부들도 자신의 집을 꾸미기 위해 그림을 살 정도로 당시 네덜란드에서는 미술 시장이 번창했다. 그리고 화가는 매우 존경받는 직업이었다.

레이스테르는 네덜란드 바로크 시대에 활동했던 대부분의 여성 화가들이 과일과 꽃을 그리는 정물화에 머무른 데 반해 초상화와 정물화뿐 아니라 풍속화를 통해 일상 속 사람들을 그린 독특한 화가이다. 그녀가 미술사에서 흥미로운 점은 또 있다. 당시 여성 화가 대부분이 화가의 딸로 태어나 아버지에게 가르침을 받았지만 그녀는 화가의 딸이 아니었다는 것이다.

레이스테르는 네덜란드 서부 도시인 하를렘Haarlem에서 맥주 양조업자의 팔삭둥이 딸로 태어났다. '레이스테르'라는 가족의 성은 부친이 운영한 맥주 양조장 이름 레이스테르(북극성이란 뜻)에서 따온 것이다. 그녀는 어떻게 그림을 배운 것일까? 레이스테르가 언제 어떻게 그림을 배웠는지는 알려지지 않았지만, 미술 신동으로 일찍이 그 재능이 알려졌고, 전문 화가의 길을 스스로 개척했다.

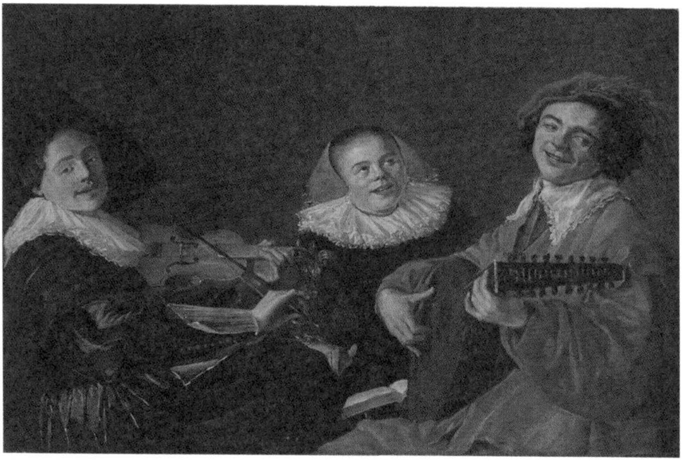

유디트 레이스테르, 〈음악회〉
1633년, 캔버스에 유채, 61x87cm, 국립 여성 예술 박물관, 뉴욕

스물네 살에는 17세기 전체를 통틀어 여성은 단 두 명만 가입할 수 있던 하를렘의 권위 있는 화가 조합에 들어갔다. 길드에 가입했다는 것은 당시 여성 화가로서는 매우 드문 일이었다. 이것은 견습생을 보유한 자신의 작업장을 가질 수 있는 자격을 부여받았음을 의미하므로, 전문 화가로서 활동하는 데 매우 중요했다.

당시 대부분의 여성들은 아버지나 형제의 작업장에서 보조로 미술 작업을 했고 자신의 이름을 걸고 그림을 그리거나 팔 수 있는 권리를 갖지 못해 무명으로 남는 일이 비일비재했다. 다른 여성 화가들에 비하면 레이스테르의 여건은 무척 좋았던 것이다. 그만큼 그녀는 화가로서 큰 명성을 누렸다.

그러나 결혼 후 그녀는 이 모든 것을 잃게 되었다. 그 시대 여성들이 그랬듯, 그녀 역시 가정에 묻혀 미술 활동에 전념하지 못했고, 점차 옛 명성을 잃었으며, 결국에는 이름을 남기지 못하고 죽었다.

레이스테르 그림은 왜 할스의 작품으로 둔갑했을까?

그녀는 작품에 자신의 이름 이니셜 'JL'과 별 마크로 구성된 모노그램을 남겼지만, 정작 그림은 화가였던 남편 얀 민세 몰레나르Jan Miense Molenaer나 프란스 할스Frans Hals 작품으로 팔려나갔다. 여성의 예술적 전문성이 남성보다 현저히 떨어진다고 인식됐던 시대이니 금전적 이익을 위해 여성 화가의 작품이 남성 화가의 작품으로 둔갑하는 일이 많았던 것이다. 이것이 그녀의 이름이 사망 후 미술사에서 사라졌던 결정적 이유이다.

프란스 할스의 작품 중 수작으로 평가되던 〈즐거운 커플〉은 19세기 말 네덜란드 미술사학자 코르넬리스 호프스테드 데 그루트에 의해 결국 레이스테르의 작품으로 판명되었다. 그런데 그토록 극찬하던 이 작품이 할스가 아닌 한 무명 여성의 그림으로 밝혀지자 미술사가들은 그림에 대한 평가를 완전히 뒤집었다. 그만큼 미술계에는 성차별이 만연했다. F와 H가 조합된 할스의 서명과 JL과 별 마크로 구성된 레이스테르의 모노그램은 전혀 비슷하지 않은데도 오랫동안 그녀의 작품이 할스의 그림으로 오해받은 것 역시 여성 화가에 대한 편견 때문이 아니었을까?

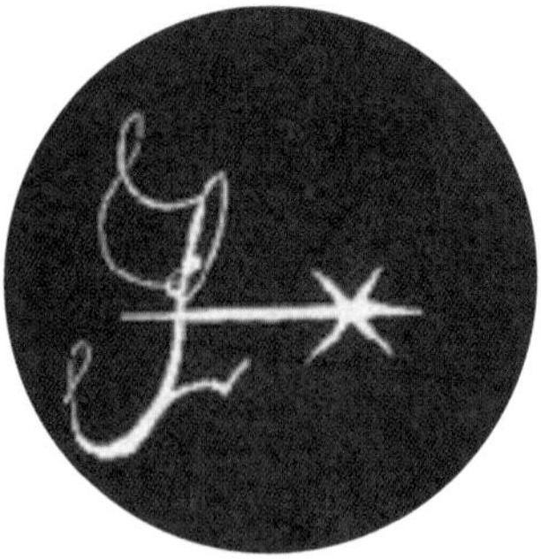

레이스테르의 모노그램

〈유쾌한 술고래〉 역시 오른쪽 위 중앙에 그녀의 독특한 모노그램이 발견되기 전까지 프란스 할스의 작품으로 알려져 있었다. 술꾼은 당시 하를렘의 전형적인 중산층 부르주아를 묘사하고 있다. 고풍스러운 베레모와 화려한 의상을 입고 이를 드러낸 채 활짝 웃는 술꾼은 맥주잔을 관람자를 향해 들고 함께 즐기자고 유혹하는 것처럼 보인다. 그러나 자세히 관찰해보면, 그의 앞에 놓인 탁자 위의 파이프, 담배, 흡연 용품 등은 이 작품이 사실 도덕성에 대해 언급하고 있음을 알 수 있다.

이 작품은 레이스테르의 수작으로 꼽히지만, 할스가 그린 같은 주제의 작품 〈즐거운 술꾼〉과 유사하다는 이유로 미술사가들은 레이스테르가 프란스 할스 양식을 모방했다고 저평가했다. 정말 그럴까?

두 그림을 비교해보자. 프란스 할스의 술꾼은 어떤가? 할스는 넓은 레이스 칼라가 달린 황토색 제복을 입고 검은 챙 모자를 쓴, 당시 민병대 장교로 보이는 이 남자를 거나하게 취한 코믹한 모습으로 표현했다. 풀린 눈과 흐트러진 수염, 왼손에 들린 맥주잔으로 보아 남자는 알딸딸한 취기에 기분이 매우 좋아 보인다. 술꾼이라는 주제는 같지만, 두 그림의 개성은 분명 다르다. 레이스테르의 술꾼이 좀 더 쾌활한 표정, 현실의 무게를 잊은 활달한 몸짓을 보여주기 때문이다.

〈즐거운 커플〉은 외견상 할스 양식의 그림으로 보였고 'Frans Hals'라는 서명까지 있어 오랫동안 프란스 할스의 작품으로 알려져왔다. 그러나 이는 한 화상이 비싼 값으로 그림을 팔기 위해 서명을 조작한 것이었다. 나중에 구매자가 바이올린 켜는 남자의 구두 아래 오른쪽에서 그동안 아무도 인지하지 못했던

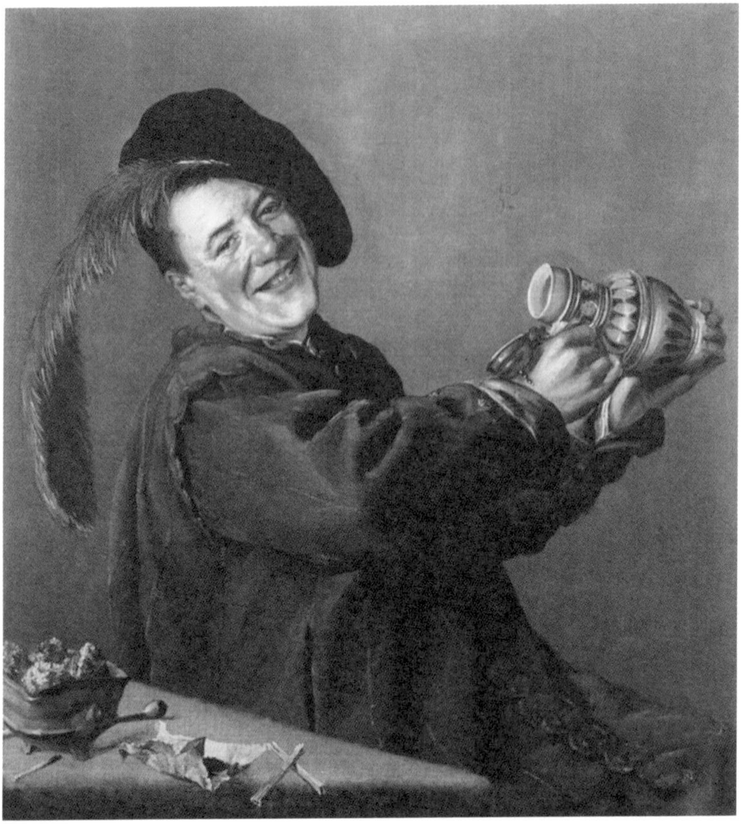

유디트 레이스테르, 〈유쾌한 술고래〉
1629년, 캔버스에 유채, 89x85cm, 암스테르담 국립 미술관, 암스테르담

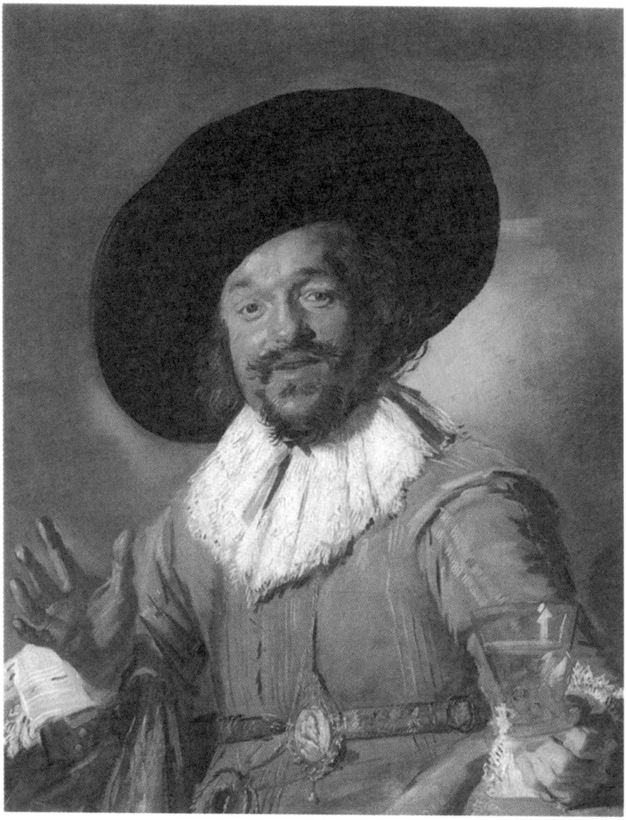

프란스 할스, 〈즐거운 술꾼〉
1628년, 캔버스에 유채, 82x66cm, 암스테르담 국립 미술관, 암스테르담

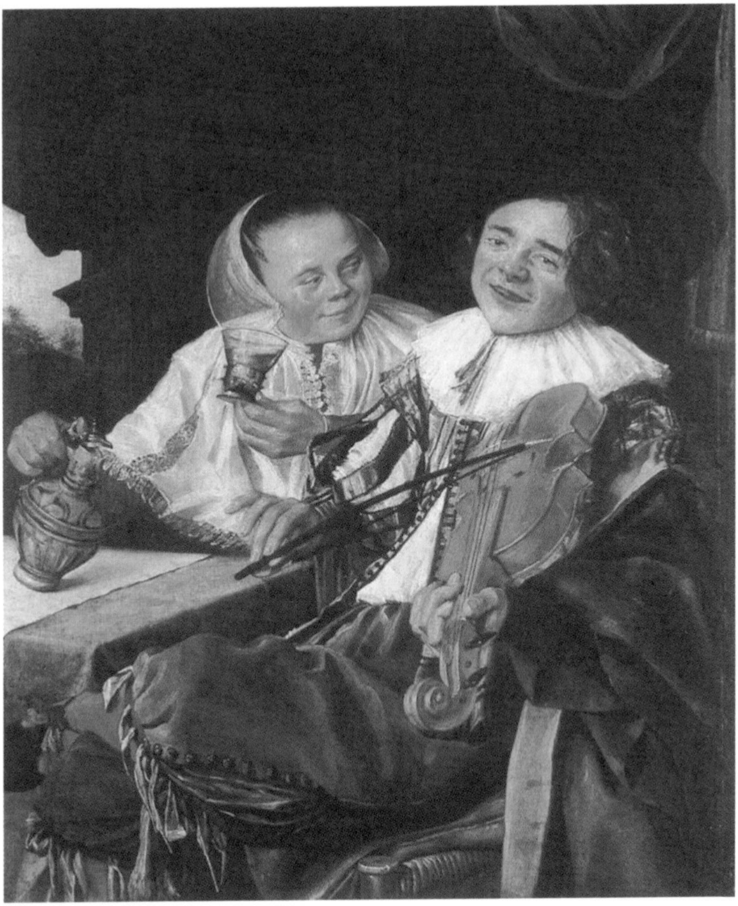

유디트 레이스테르, 〈즐거운 커플〉
1630년, 캔버스에 유채, 68x54cm, 루브르 박물관, 파리

레이스테르의 모노그램을 발견하고는 소송을 걸었다. 당시 언론 매체들은 그동안 미술전문가들이 엉터리 감정을 했다는 것을 화제로 삼았고, 미술사학자 호프스테드 데 그루트는 마침내 이 모노그램이 유디트 레이스테르를 의미한다는 것을 밝혀냈다. 'JL'은 그녀의 이름 'Judith Leyster'를 뜻하며, 별 역시 북극성이란 의미를 가진 'Leyster'를 표시한 것이다.

이 그림은 여관에서 즐거운 시간을 보내는 한 쌍을 그린 풍속화이다. 핑크빛 뺨의 어리벙벙해 보이는 여인이 술이 담긴 잔을 들고 있고, 남자는 바이올린을 켜며 노래를 부르고 있다. 술과 음악은 호색적 분위기를 고조시키는 수단이다. 레이스테르는 이러한 '유쾌한 어울림'을 주제로 술을 마시거나 음악을 연주하며 즐거운 시간을 보내는 소그룹 사람들을 그렸는데, 이것은 17세기 네덜란드 풍속화의 일반적 유형이었다. 당시 네덜란드 사람들은 확실히 다른 유럽 지역 사람들보다 삶의 풍요로움과 즐거움을 누린 듯하다.

두 화가의 기묘하고 질긴 인연

레이스테르와 프란츠 할스 두 사람의 작품은 항상 논란의 중심에 있었다. 2009년, 레이스테르 탄생 400주년 기념 추모전이 프란츠 할스 미술관에서 열렸다. 레이스테르의 작품들이 할스의 작품으로 오해되어왔고, 400년이 지나 열린 추모전조차 할스 미술관에서 열린 것을 보면 두 화가의 인연은 질기다고 할 수밖에 없다.

두 화가는 모두 유쾌한 분위기 속에서 춤추고 음악을 즐기며 술 마시는 사람들을 그렸다.

일부 비평가들은 그녀의 작품과 할스 작품의 유사성 때문에 레이스테르가 할스의 문하생이었다고 주장한다. 그러나 이를 증명할 만한 문서 기록은 없다. 할스가 그녀의 스승이었을 수도, 그저 동시대에 같은 도시에서 활동한 동료였을 수도 있다.

예를 들어, 레이스테르의 〈유쾌한 술고래〉는 분위기상 할스의 같은 제목의 그림과 매우 비슷하다. 거칠고 활기찬 붓질 처리도 서로 유사하다. 이 때문에 미술사가들은 레이스테르를 할스의 모방자로 평가 절하했지만 네덜란드 바로크 미술의 도상학과 문화가 연구되고, 17세기 미술사에 그녀가 기여한 것을 인정하면서 최근에는 이러한 평가도 바뀌기 시작했다.

사실 서민들의 일상을 그린 풍속화는 17세기 네덜란드 회화의 주류였기 때문에 두 사람의 주제가 비슷한 것은 당연하다고 볼 수 있다. 더구나 레이스테르는 카라바조 추종자들의 키아로스쿠로 기법♦과 주제에 영향을 받았다는 점에서 할스와 다르다. 그녀 작품에 나타나는 강렬한 명암은 바니타스Vanitas의 주제와 밀접하게 연관되어 있다. 즉, 즐겁게 노는 사람들의 얼굴에 드리운 그림자는 환락을 약화시키는 어둠의 측면으로 기능하는데, 이는 레이스테르의 트레이드마크 중 하나이다.

레이스테르의 그림에서 발견되는 모노그램과 독자적 스타일에도 불구하고, 그녀의 작품이 수백 년 동안 한 치의 의심도 없이 할스 것으로 여겨진 것은 미술사의 오랜 문제를 고스란히 보여준다. 남성만이 진실로 훌륭한 작품을 창작할 수 있다는 뿌리 깊은 성차별적 사고. 이 편견이 최고의 기술을 요구하는

♦ 명암 대비법

회화와 조각은 남성만이 할 수 있는 영역으로, 여성은 그보다 덜 중요한 분야인 자수와 공예, 수채화에 적합하다는 고정관념을 만들어냈다. 이것이 레이스테르의 작품이 할스의 것으로 알려진 배경이다. 그녀의 작품이 할스의 그림으로 오해받을 만큼 훌륭한데도 말이다.

18세기 유럽을
사로잡은 여인

●

앙겔리카 카우프만

독일 출신의 영국 화가 요한 조파니Johan Zoffany가 그린 〈왕립 아카데미 회원들〉에는 18세기 복장의 남자들이 누드모델을 앞에 두고 한창 미술 수업을 받고 있다. 그런데 자세히 보면 오른쪽 벽에 두 여성의 초상화가 걸려 있다. 벽에 걸린 채 수업에 참석한(?) 두 여성은 바로 앙겔리카 카우프만과 메리 모저이다.

이 그림은 1768년 설립된 영국 왕립 미술 아카데미의 누드 실기 수업에 참석한 회원들의 집단 초상화이다. 당시 앙겔리카 카우프만Angelika Kauffmann, 1741~1807과 메리 모저Mary Moser는 아카데미 창립 회원이었다. 여성이 아카데미에 들어간 것은 명백한 진일보였지만, 여전히 여자들은 누드 데생 수업에 참여할 수 없었다. 따라서 아카데미 누드 데생 수업을 묘사한 이 그림에도 벽에 걸린 초상화의 모습으로 등장했던 것이다.

오늘날에는 이러한 상황이 우스꽝스럽게 보이겠지만, 요한 조파니가 그림을 그릴 당시만 해도 극심한 성차별이 만연했다.

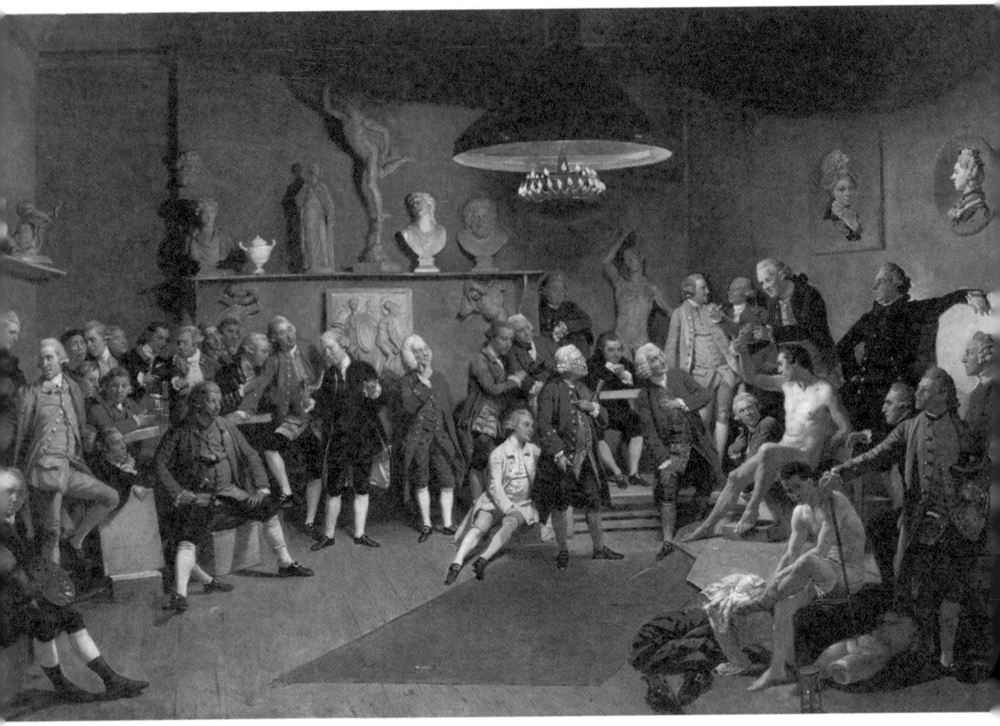

요한 조파니, 〈왕립 아카데미 회원들〉
1772년, 캔버스에 유채, 101x147.5cm, 영국 왕실 컬렉션, 런던

왜 그녀들은 벽에 걸려 누드 데생 수업에 참가했는가?

앙겔리카 카우프만은 전 유럽의 스타 예술가였다. 그녀는 18세기 가장 유명한 화가이자 역사상 가장 성공한 여성 화가로, 엘리자베타 시라니처럼 '여자 라파엘로'라고 일컬어지며 뭇사람들의 칭송을 받았다. 음악과 미술 모두에 재능이 뛰어났고, 자신의 그림들을 가구, 직물, 찻산, 그리고 장식품에 디자인하여 엄청난 수입을 올린 뛰어난 사업가였으며, 괴테를 비롯해 레이놀즈 경, 빙켈만, 러시아의 카타리나 2세, 오스트리아의 요제프 2세 등 유럽의 왕족과 귀족은 물론 그 시대 최고위층 인사들과 친분도 두터웠다. 괴테는 그녀를 두고 "세계 최고의 인물, 그녀의 재능은 달리 표현할 말이 없다"고 극찬했으며, 독일 낭만주의 운동의 선구자인 폰 헤르더는 그녀를 '유럽에서 가장 지적인 여성'이라고 치켜세웠다. 그야말로 당대 최고 지성들이 흠모한 여인이었다.

그럼에도 불구하고 오늘날 앙겔리카 카우프만의 이름은 널리 알려지지 않았다. 왜 이 위대한 여성 화가는 역사 속으로 사라진 것일까?

린다 노클린의 지적대로 개인의 문제가 아니라 사회 제도에 그 원인이 있었다. 여성은 19세기 말에 가서야 아카데미와 국립 미술 학교에 입학해 수업을 받을 수 있었고, 어렵게 입학하더라도 많은 제약이 따랐다. 요한 조파니가 그린 〈왕립 아카데미 회원들〉에조차 여성 화가는 한낱 초상화로 등장하지 않는가.

아카데미 커리큘럼의 인체 누드 데생 수업은 당시 미술 제도권 내에서는 거장이 되기 위해 반드시 거쳐야 하는 과정이었다. 화가라면 역사화와 종교화를 잘 그려야 했고, 역사화와 종교화의 필수 요소인 인물의 몸을 자유자재로 표현할 수 있어야 했다. 그러기 위해서는 인체 근육 묘사에 능숙해야 했으므로 누드 데생 수업은 필수였다. 그러나 남성 화가들이 남자 누드모델을 앉혀놓고 직접 드로잉하는 실기 수업에 앙겔리카 카우프만과 메리 모저는 아카데미 회원임에도 불구하고 여자라는 이유로 배제되었다. 이것이 의과생이 인체를 해부하며 의학을 연구할 기회를 갖지 못하는 것과 무엇이 다른가? 여성 화가들이 풍속화, 풍경화, 정물화 등 회화의 군소 영역으로 밀려나야 했던 이유가 여기에 있다.

아름답고 다재다능한 화가의 딸

앙겔리카 카우프만은 오스트리아 화가 요제프 요한 카우프만Joseph Johann Kauffmann의 딸로 태어났다. 그녀의 아버지는 자신보다 훨씬 뛰어난 외동딸의 재능을 알아보고 전폭적으로 지원했다. 자신은 평범한 실력의 화가였지만 딸을 가르치는 데는 열성을 다했다. 미술가 집안에서 종종 아버지를 뛰어넘은 화가들이 등장하는 걸 볼 수 있는데, 라비니아 폰타나, 엘리자베타 시라니, 앙겔리카 카우프만, 엘리자베스 비제 르 브룅, 피카소가 그 대표적 예다.

앙겔리카 카우프만은 열두 살 때 이미 주교나 귀족들의 초상화를 그릴 만큼 일찍부터 이름을 날린 미술 신동이었다. 교육열이 높았던 부모는 딸에게 음악과 미술 수업을 받게 했다. 아버지는 딸에게 직접 그림을 가르쳤고 더 나은 미술 선생들을 찾아 수업을 받도록 했다. 몰락한 귀족 출신으로 교양이 높았던 어머니는 영어, 이탈리아어, 프랑스어, 독일어 등 언어와 문학, 음악을 직접 가르쳤다. 한마디로 앙겔리카 카우프만은 부모의 열성적인 교육열 덕분에 동시대 여성 화가들이 경험할 수 없었던 배움의 기회를 누릴 수 있었다.

후원자를 찾아 유럽 곳곳을 옮겨 다니던 당시 화가들과 마찬가지로 그들 부녀도 스위스와 오스트리아를 비롯해 이탈리아의 밀라노와 베니스, 나폴리, 볼로냐, 피렌체를 두루 여행했고 마침내 로마에 정착했다. 그녀는 아버지를 따라 이탈리아의 여러 도시를 여행하면서 고대 조각상과 르네상스 거장들의 작품들을 관찰하고 모사할 기회를 갖게 됐는데, 이는 여성에게는 쉽게 주어지지 않은 경험이었다. 이때 그녀는 인체 구조와 근육을 연구했던 것 같다. 또한 각지를 여행하면서 문화와 정치 분야의 유력 인물들을 두루 만나게 되었고, 이것은 그녀가 예술적·사회적 관계망을 형성하는 데 도움을 주었다. 그리고 이 시기 새로운 미술 사조인 신고전주의 화가들을 만나 영향을 받으면서 이후 신고전주의 양식을 고수하게 되었다.

당시 유럽의 귀족 계층에서는 그랜드 투어Grand Tour라 하여 이탈리아를 비롯한 유럽 각국을 여행하며 경험과 교양을 쌓는 것이 유행이었는데, 앙겔리카는 그랜드 투어를 온 영국인들의 초상화를 그리면서 스무 살 무렵에 이름을 날렸다. 여러 언어를 구사한 그녀는 미모와 사교성으로 단박에 고객의 인기를 얻었다. 1766년에는 영국대사 부인인 레이디 웬트워스를 따라 런던으로 이주해 영국 사교계에 소개되었다. 여기서 그녀 특유의 매력과 재능으로 여러 유력 인사들과 친교를 맺었고, 영국 왕실의 총애도 받았다.

그녀의 〈자화상〉을 보자. 가슴이 깊게 파인 드레스에 실크 띠를 두른 모자를 쓰고, 곱실거리는 머리카락을 어깨 위에 부드럽게 늘어뜨린 젊고 우아한 여성. 이 여성이 비범한 운명

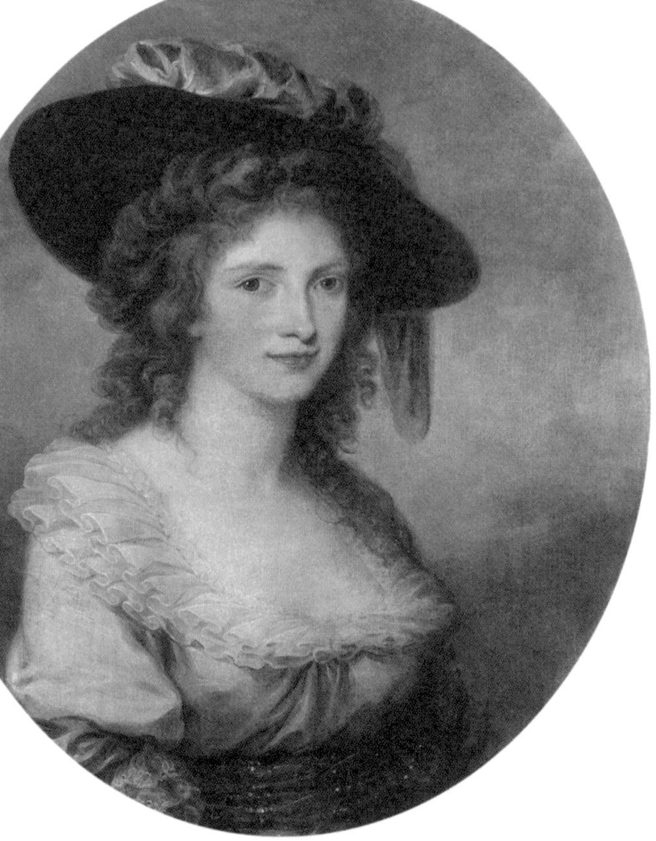

앙겔리카 카우프만, 〈자화상〉
1780~1785년, 캔버스에 유채, 76.5x63cm, 에르미타주 미술관, 생 페테르스부르크

을 타고난 앙겔리카 카우프만이다. 카우프만은 여러 점의 자화상을 그렸다. 화가인 아버지의 미술 교육 외에 어떤 공식적인 교육도 받지 못한 그녀는 순전히 자신의 재능과 거장들의 작품 모사만으로 화가로서 큰 성공을 거두었다. 〈자화상〉은 18세기 후반 초상화의 특징이었던 타원형 틀과 부드러운 파스텔 톤 색채를 보여준다. 조심스럽고 지적인 눈빛, 입가의 옅은 미소는 일반적인 여성 초상화와 다른, 인물의 개성적 요소를 표현하고 있다.

그림뿐 아니라 성악에도 재능이 뛰어나 이미 10대에 가수로 데뷔한 그녀는 오페라 가수와 화가 사이에서 갈등을 겪었지만, 결국 더 험난했던 화가의 길을 선택했다. 당시에는 여성이 직업을 갖는다는 것 자체가 평범한 일이 아니었다. 더구나 미술은 여성에게 어울리지 않는 것으로 여겨졌다. 그러나 그녀는 아내, 어머니로서만 살았던 여성들의 보편적 삶에서 벗어나 자신의 길을 개척했다. 그리고 행운이 따랐는지 많은 사람들이 그녀에게 호감을 갖고 계속 그림을 그릴 수 있도록 도움을 주었다. 그녀 자신의 재능과 사교적인 성격, 주변의 도움, 아버지의 헌신적 지원이 3박자를 이루어 성공의 길로 인도한 것이다.

레이놀즈 경과 카우프만의 스캔들

세력과 재산을 가진 카우프만의 친구 중 가장 확고하게 그녀를 지원한 사람은 영국 미술계에서 강력한 영향력을 행사한 조슈아 레이놀즈 경Sir Joshua Reynolds이었다. 그는 상냥하고 젊은 데다 재주까지 뛰어난 카우프만을 '앙겔리카 아가씨'라고 부르며 호감을 보였고, 그의 도움으로 1768년 불과 스물일곱의 나이에

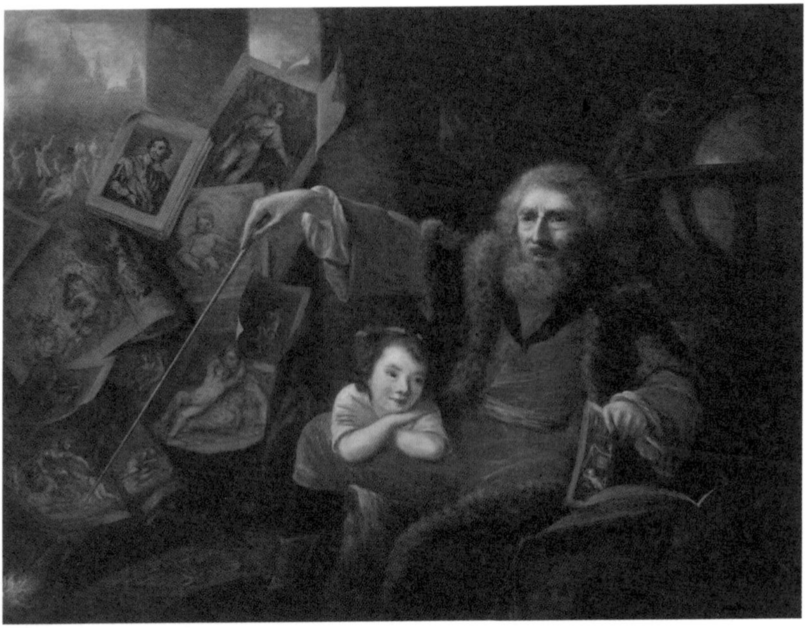

나타니엘 혼, 〈마법사〉
1775년, 나무에 유채, 94x76.5cm, 테이트 갤러리, 런던

로열 아카데미의 창립 회원이 되었다. 로열 아카데미가 카우프만 이후 1936년까지 무려 168년 동안 여성에게 '금녀의 철옹성'이었음을 볼 때, 그녀의 입성은 기적에 가까운 것이었다고 할 수 있다.

화가로서 명성을 떨치고 인정받은 만큼, 카우프만은 사생활에서 숱한 논란과 비난에 휩싸였다. 특히 그녀의 친구이자 멘토였던 레이놀즈 경과의 우정은 두 사람이 불륜 관계라는 루머로 이어지기도 했다.

로열 아카데미 동료였던 나타니엘 혼Nathaniel Hone은 두 사람의 관계를 풍자하는 〈마법사〉라는 그림을 그려 루머에 불을 지폈다. 그림 속의 노인과 어린 소녀는 레이놀즈 경과 카우프만을 상징하며 불륜을 암시하고 있다. 나타니엘 혼은 원래 카우프만의 누드 캐리커처를 그림 왼쪽 윗부분에 그렸었는데, 그녀가 아카데미에 항의한 후 제거되었다. 당시에 성공한 여성이 어떤 대우를 받았는가에 대한 좋은 예이다.

역사화에 도전하다

카우프만은 많은 장르의 그림을 그렸지만, 무엇보다 자신이 역사화가로 인식되기를 원했다. 역사화는 회화의 범주에서 가장 우월하고 지적인 분야였기 때문이다. 당시 미술 아카데미는 미술가들을 단순 기술자나 아마추어 견습공이 아니라 학식 있는 이론가로 양성해 사회적 지위를 높이려고 했다. 또한 역사화와 종교화를 회화의 최고 분야로 두고, 초상화, 풍속화, 정물화, 풍경화 순서로 미술 분야의 위계질서를 세웠다.

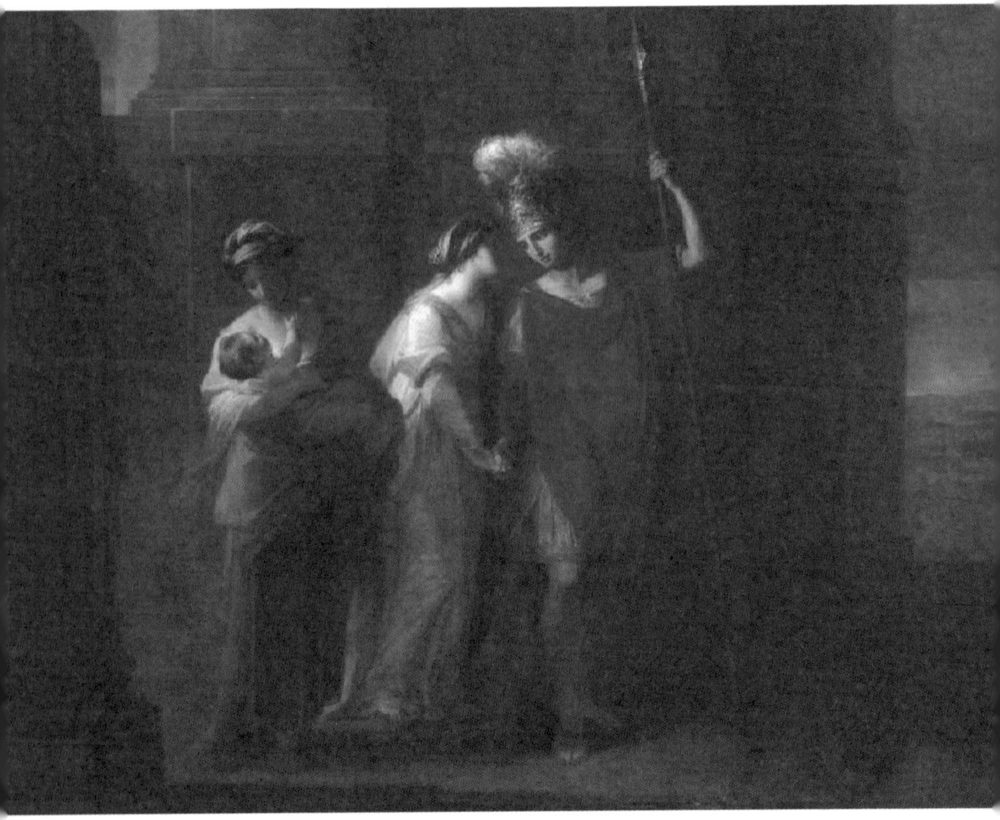

앙겔리카 카우프만, 〈안드로마케와 이별하는 헥토르〉
1768년, 캔버스에 유채, 134.5x178cm, 살트램, 데번

당연히 자신의 능력에 대한 자의식이 강했던 카우프만은 역사화를 그리고 싶어 했고, 역사화가 남성에 의해 독점되어 여성은 덜 중요한 분야로 밀려나는 것에 불만을 가졌다.

영국에서 그녀는 여왕의 초상을 비롯해 수많은 초상화를 그렸지만, 서사 시인인 베르길리우스와 호메로스 작품 속 이야기를 그리는 역사화에 관심이 더 많았다. 복잡한 알레고리와 서사, 고결하고 도덕적인 테마를 가진 역사화를 그리려면 성서와 고전 문학, 예술 이론에 대한 깊은 교양이 요구되었고, 인체에 대한 해부학적 지식도 필수였다.

누드 데생 수업에 참여할 수 없었던 카우프만은 역사화를 그리기 위해 스스로 한계를 넘어서야 했다. 그녀는 고대 조각상과 르네상스 시대 그림, 옷을 입고 있는 모델을 관찰하면서 독학으로 해부학을 익혔다. 하지만 완벽하게 익히는 데는 제약이 따랐고, 그녀의 인체 묘사는 해부학적 정확성이 다소 떨어진다는 평가를 받았다.

〈안드로마케와 이별하는 헥토르〉는 호메로스의 서사시 〈일리아드〉의 에피소드를 묘사한 역사화다. 헬멧을 쓰고 창을 든 트로이의 왕자 헥토르가 아킬레우스와의 전투를 앞두고, 성문 앞에서 아내 안드로마케와 작별을 하고 있다. 옆에는 아무것도 모르는 어린 아들이 유모 품에 안겨 있다. 이 작품에서 카우프만은 헥토르의 영웅적 면모, 안드로마케의 슬픔, 그리고 트로이를 지키기 위해 용감하게 싸워야 하는 공적 의무와 사랑하는 처자식을 두고 죽을지도 모를 전장에 가야 하는 가장으로서의 고뇌 등을 표현하려고 했다. 그녀는 기존 남성 역사화가들과 달리 영웅의 희생담을 격렬한 전투 장면 대신 애틋한 이별 장면을 통해 친밀한 가정사의 이야기로 풀어냈다.

어쩌면 카우프만은 자신의 결점인 인체 묘사를 가리려고 격렬한 인체 움직임, 근육질 남성이 등장하는 전투 장면을 피하고, 헥토르에게 옷을 입혀 인체의 실루엣을 두루뭉술하게 표현했는지도 모른다. 그러나 해부학적 지식이 뛰어나 인체를 훌륭하게 묘사했더라도, 남자 몸에 대해 샅샅이 알고 있으니 정숙하지 못한 여자라는 비판을 피하기 어려웠을 것이다. 따라서 남자 몸을 상세히 표현해야 하는 전투 장면 대신 감상적이고 휴머니스틱한 장면으로 자신에게 돌아올 비아냥을 피하려 했던 게 아니었을까.

사실 여성 화가들이 남성 화가보다 인체 묘사에 세밀하지 못한 건 능력이 부족해서가 아니라 여성을 배제한 미술 교육 시스템, 여성 화가가 맞닥뜨려야 할 사회적 편견과 비난에 원인이 있다.

자기 인식이 명확했던 화가의 도전

카우프만의 삶과 예술은 오랫동안 미술사에 만연한 여성 화가에 대한 선입견 때문에 제대로 평가받지 못하다가 최근에서야 진지하게 조명되기 시작했다.

화가의 딸로 태어났고, 아버지의 열정적 지원 아래 유럽을 여행하며 경력을 쌓을 수 있는 행운을 가졌으므로, 그녀의 성공은 일정 부문 환경적 혜택을 받았다고도 볼 수 있다. 이 점에 대해 린다 노클린은 〈왜 위대한 여성 미술가는 없는가?〉에서 여성 미술가들이 미술사에서 소외된 사회적·제도적 원인을 분석하며 카우프만의 경우 개인적 재능보다는 특권적 배경 때문에 그나마 성공할 수 있었다고 비판적으로 분석했다. 그러나 당시 남성들이 누렸던 것에 비하면 카우프만 앞에는 그녀를 옭아매는 여러 제약이 있었다.

카우프만은 시대와 사회의 이데올로기에 타협하는 한편, 화가로서의 자기 인식이 명확했으며, 여성의 한계를 넘어 '예술가'로서 자신을 규정하려 한 현대적 면모도 갖고 있었다. 그리하여 다른 여성 화가들이 감히 엄두도 못 낼 때, 아카데미의 남성 화가들이 독점한 역사화에 과감히 도전한 여성 화가가 될 수 있었다.

여성의 공간과 세계를 그린
인상주의의 두 거장

●

베르트 모리조와 메리 카사트

우리에게 마네, 모네, 르누아르, 드가 등 남성 화가들은 거의 인상주의 회화의 동의어 같은 존재였다. 그러나 여기 우리에게 잘 알려지지 않은 인상주의 여성 화가들이 있다. 최근 페미니스트 미술사가들은 인상주의 화파에 메리 카사트Mary Cassatt, 1844~1926와 베르트 모리조Berthe Morisot, 1841~1895, 마리 브라크몽Marie Bracquemond 등 여성 화가의 이름을 올리며 그녀들의 공헌을 연구하기 시작했다.

카사트와 모리조는 부유한 계층 출신이라 그나마 전문 화가로서 활동할 수 있었다. 모리조는 프랑스 상류층의 교양 있는 부모 덕분에 전문 화가에게 미술 교육을 받았고, 카사트 역시 펜실베이니아의 부유한 사업가였던 아버지, 높은 지성을 가진 어머니 사이에서 태어나 미술 학교에서 화가 수업을 받았다. 그러나 브라크몽은 든든한 가족 배경도 없었고 그녀의 재능을 질투한 남편 탓에 작품 활동을 이어나가지 못한 채 조용히 사라졌다. 여성이 전문 화가가 된다는 것이 녹록지 않았던 시대, 평범한 환경을 가진 여성에게 화가의 길은 그야말로 가시밭길이었다.

여성의 공간과 세계를 그리다

베르트 모리조와 메리 카사트, 두 사람의 그림은 주로 가정의 일상생활, 곧 여성의 공간과 세계를 담아냈다. 인상주의 남성 화가들이 대체로 카페, 댄스홀, 극장, 대로변 같은 공공장소 풍경을 그린 것과는 사뭇 대조적이다.

19세기 후반, 파리는 대대적인 도시 계획 사업이 이루어졌고 비좁고 중세적인 도시는 넓은 대로와 공원, 극장이 있는 근대 도시로 탈바꿈했다. 대로를 따라 상점, 백화점도 생겨났다. 남성 전위 예술가들은 새로운 도시의 카페와 술집에 모여 토론하고 교유하며 밤 문화를 즐겼다. 그러나 여성 화가들은 이러한 장소에 참석할 수 없었다. 빛을 가장 중요한 요소로 여긴 인상파 화가들에게 화실 바깥에서의 작업은 무척 중요했지만, 여성들에게는 이마저 그림의 떡이었다. 그림의 주요 소재가 실내가 된 이유다.

다행히도 두 여성 화가는 남성 예술가 그룹의 핵심 인물들과 사적 교유를 나누며 작품 활동을 계속 해나갈 수 있었다. 메리 카사트는 드가의 소개로, 1874년부터 시작된 인상파전에 남성 인상파 화가들과 함께 작품을 전시했고, 마네의 제수였던 모리조도 마네 소개로 그 전시회에 참여할 수 있었다. 비록 남성 예술가의 도움을 받았지만, 여성의 사회 진출이 막혔던 시대에 모리조와 카사트는 자신이 하고 싶은 일을 위해 사적 관계망을 열정적으로 활용했다는 점에서 매우 용감하고 독립적인 여성들이었다고 할 수 있다.

바깥세상에서 남성 화가들과 어울릴 수 없었던 모리조는 자신의 집 살롱에 마네, 르누아르, 모네 등을 초대해 교류했으며, 남편의 외조로 결혼 후에도 인상주의 전시회에 매년 그림을 출품하며 작업을 계속 이어갔다. 또한 르누아르와 모네의 도움으로 작품도 판매했고, 명실공히 직업 화가로 자리매김할 수 있었다.

메리 카사트 역시 화가의 길을 반대한 아버지와의 갈등을 피해 아예 파리로 이주해 평생을 비혼으로 살며 자신이 원하는 삶을 살았다.

물론 모리조와 카사트의 작품은 주제가 가정과 여성의 세계에 집중되었다는 점에서 한계도 있다. 또한 이들이 그나마 직업 화가로서 활약할 수 있었던 것은 상류 사회 여성이었기 때문이라는 신분적 특혜도 간과할 수 없다. 그러나 어떤 유리한 상황에 놓였든, 당시 환경에서 모리조와 카사트가 보여준 용기와 예술을 향한 열정은 인정받아야 마땅할 것이다. 또한, 남성 화가들이 포착하지 못한 여성의 공간과 세계를 특유의 섬세한 감성으로 묘사한 것도 주목할 만한 일이다.

마네의 제비꽃 여인 베르트 모리조

모리조와 인상주의 대부 마네의 비밀스러운 관계는 미술사에서 가장 떠들썩한 가십이다. 모리조의 예술과 인생을 소재로 한 영화, 〈마네의 제비꽃 여인: 베르트 모리조〉에서는 유부남 마네와 모리조가 서로 사랑하지만 이루어질 수 없는 관계로 묘사되고 있다. 마네의 전기 작가들은 마네의 부인 수잔 렌호프가 원래 마네 아버지의 정부였고, 마네와 동생 외젠도 이 여성과 연인 관계였다고 추정한다. 이렇듯 복잡한 연애사를 갖고 있던 마네는 모리조에게도 연정을 느꼈다고 하는데, 기묘하게도 자신의 동생과 모리조를 결혼하도록 주선하고, 그녀가 화가로 인정받도록 도움을 준다. 모리조의 딸 줄리가 마네와의 사이에서 낳은 딸이라는 얘기가 나돌 정도로 두 사람의 관계는 설이 분분하다.

유복한 집안에서 태어난 모리조는 예술에 관심이 많은 부모 덕분에 언니 에드마와 함께 1850년대 대표적인 프랑스 풍경 화가인 장 바티스트 카미유 코로Jean Baptiste Camille Corot로부터 개인 교습을 받으며 재능을 키울 수 있었다. 당시 상류층 여성들에게 그림 수업은 일종의 교양 정도로 여겨졌으나, 이들 자매는 그 이상의 재능이 있었고 전문 화가가 되기를 원했다. 언니 에드마는 결혼과 동시에 화가의 꿈을 포기했지만, 모리조는 달랐다. 그녀는 루브르의 모사 프로그램에 등록해 거장의 작품을 모사하며 그림 훈련을 계속 해나갔고 그곳에서 마네를 만났다. 둘의 인연은 평생 지속됐다. 주류 남성 화가와 밀접한 관계를 유지해야 성공할 수 있었다는 것은 미술계에서 여성의 위치가 얼마나 척박했는지를 보여준다.

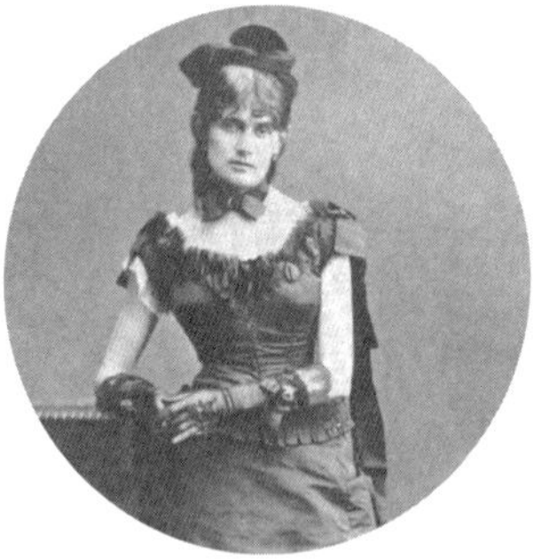
베르트 모리조

19세기는 프랑스 혁명 이후 전통적 신분 질서가 무너지고 신흥 부르주아와 시민 사회가 등장하면서 자유와 평등이라는 새로운 가치가 도래했다. 영국에서 시작된 산업 혁명으로 물질적으로도 넉넉해진 시대였다. 사람들은 정신적·물질적으로 전례 없이 풍요로운 시대를 맞이했고, 이에 맞춰 새로운 문화도 꽃피웠다. 특히 파리는 화려하고 소란한 현대 도시의 면모를 갖추면서 활기가 넘쳤다.

그러나 사람들이 '좋은 시대'라 부른 이 시대는 남성들의 것이었고, 여성들은 여전히 그 혜택을 나눠 갖지 못했다. 새로운 가치가 도래하고 있었지만 여성의 영역은 여전히 결혼 후 가정에서 제 역할을 다하는 것에 머물러 있었다.

모리조 역시 직업 화가가 되려 했을 때 부모와 친척들로부터 여성이 화가가 되는 것은 재앙이라는 소리를 들어야 했다. 어쩌면 모리조는 집안의 압박과 결혼하지 않은 여자에 대한 사회의 냉혹한 시선에서 벗어나기 위해 외젠 마네와 결혼했는지도 모른다. 결과적으로 그녀는 사회적 관습과 타협한 동시에 남편의 외조와 시아주버니의 도움, 두 마리 토끼를 잡은 영리한 여성이었다.

그러나 이렇게 의지가 강한 모리조도 평생 미술계에 만연한 성차별에서 자유롭지 못했다.

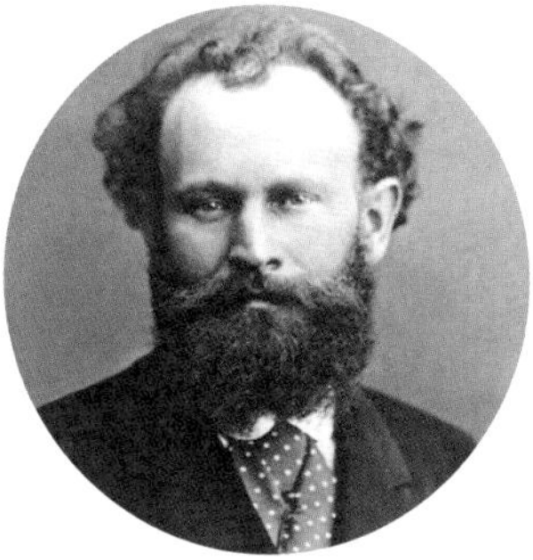

마네

"나는 여성을 자신과 동등하게 생각하는 남자가 있다고 생각하지 않는다. 그러나 나는 나 자신이 그들만큼 가치가 있다고 생각하므로 동등하게 대접받기를 원한다."

그녀의 말에서 알 수 있듯 모리조는 화가로서 남자들과 동등하게 대우받으려고 무진 애를 썼다. 모리조는 1874년부터 인상주의 화가들과 함께 앵데팡당전에 참여하기 시작했는데, 남편의 성을 따르지 않고 자신의 이름으로 출품한 것으로 보아 자의식이 강하고 앞선 시대 의식을 가진 여성이었던 것으로 보인다. 1880년 인상파 전시회에서는 비평가 알베르 울프 등 많은 이들이 모리조를 인상파 화가 중 최고로 평가하기도 했으니, 그녀의 자의식은 자신의 능력에 대한 자신감에서 나온 것인지도 모른다. 모리조의 작품이 마네의 스타일과 비슷했던 것은 사실이지만 그녀는 단순한 마네 추종자 혹은 제자가 아니었고, 서로의 예술에 대해 존경과 칭찬, 그리고 조언을 아끼지 않았던 예술적 동료였다.

색채의 거장

영국 잉글랜드 지방의 와이트 섬은 당시 영국 상류층이 선호한 휴양지였는데, 모리조는 이곳에 머물며 이젤과 물감 상자를 들고 자연으로 나가 섬의 풍경, 호텔 방에서 창문 밖으로 보이는 정경을 그리는 데 많은 시간을 보냈다.

〈와이트 섬의 외젠 마네〉는 창밖을 내다보는 외젠을 그린 것인데, 그는 따뜻한 시선으로 흰 드레스를 입은 금발머리 딸 줄리와 아내를 바라보고 있다. 모리조는 흰색을 사용해 유리창과 커튼의 투명함을 표현했고, 사각형 창을 통해 실내 공간의 정적인 요소가 외부 공간의 역동적 요소와 연결되도록 했다. 이 작품에서 보듯 모리조는 다른 색과 혼합해서 쓰든 그대로 쓰든, 그림에 투명한 느낌을 주기 위해 흰색을 광범위하게 사용했다. 그러다보니 작품에 사용하는 색채의 가짓수가 아주 적었는데도 동료 인상주의자들은 그녀를 '색채의 거장'이라고 불렀다.

〈요람〉은 모리조의 어머니와 아기 연작 첫 작품으로, 그림 속에서 요람 속 아기를 조용히 내려다보고 있는 여인은 언니 에드마이다. 턱을 괴고 지그시 아기를 내려다보는 어머니의 모성애와 책임감이 잔잔히 느껴지는 한편, 요람 커튼의 대각선과

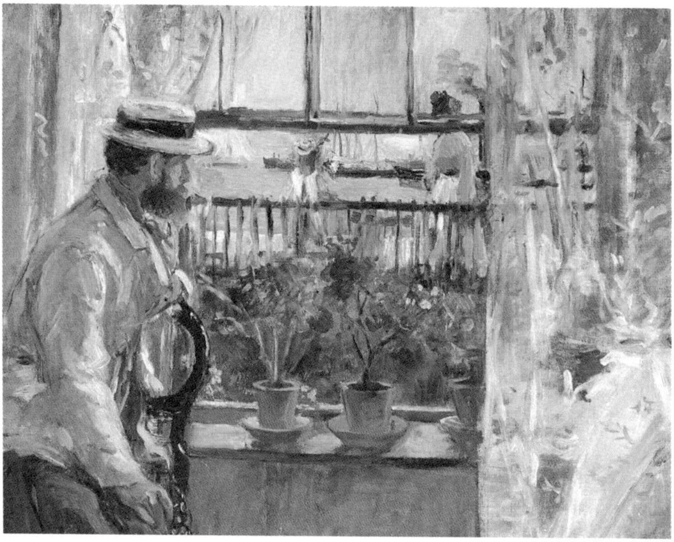

베르트 모리조, 〈와이트 섬의 외젠 마네〉
1875년, 캔버스에 유채, 36x46cm, 마르모탕 모네 미술관, 파리

뒤 커튼의 대각선, 그리고 왼쪽 가장자리가 만들어낸 좁은 공간은 그녀를 가둔 것 같은 느낌을 준다. 모성의 위대함과 가정이라는 굴레에 갇힌 여성의 박탈감이 동시에 보이지 않는가. 모리조는 주부이자 엄마로서 역할을 다하는 언니의 행복을 표현하려고 한 것일까, 아니면 꿈을 접고 가정에 갇힌 언니의 처지를 동정하는 마음이었던 걸까? 〈요람〉은 1874년 인상파전에 출품했지만, 당시에는 대중의 관심을 받지 못했다.

〈프시케〉는 일상생활을 소재로 빛의 효과에 관심을 둔 인상파 화풍의 좋은 예다. 두 개의 창문 사이에 전신을 비출 수 있는 큰 거울이 있고, 여인이 거울에 자신의 모습을 비춰보고 있다. 왼쪽 소매는 어깨를 드러내고 있고, 등 뒤 코르셋 걸쇠를 풀고 있는 것으로 보아 옷을 벗으려는 듯하다. 양쪽 창에서 들

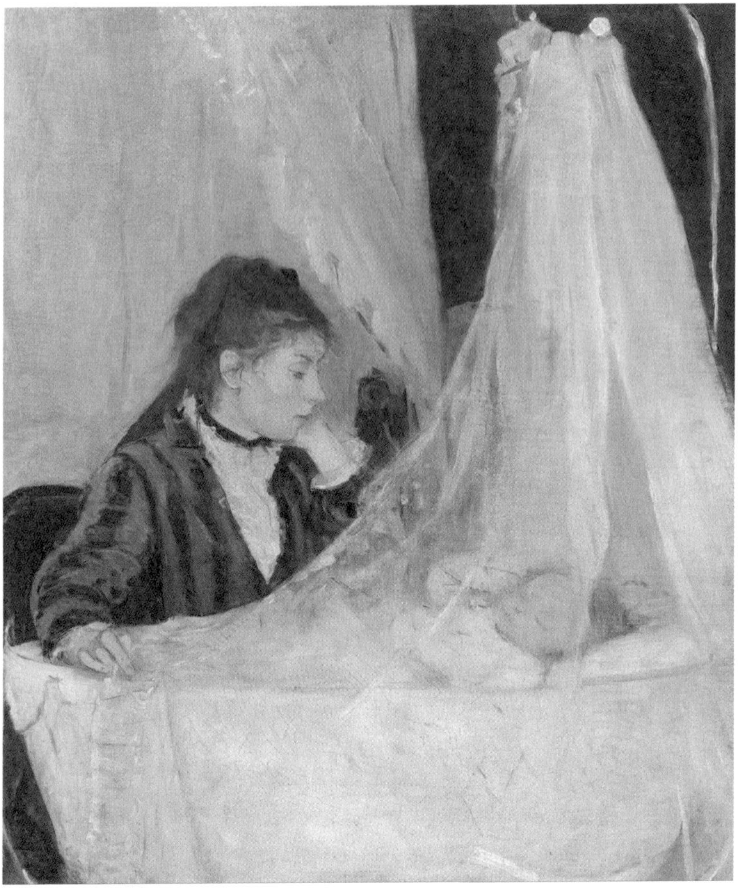

베르트 모리조, 〈요람〉
1872년, 캔버스에 유채, 54x46cm, 오르세 미술관, 파리

어오는 빛이 거울에 반사되어 다채로운 흰색의 색감을 창출해 낸다. 흡사 드가 그림 속의 발레리나를 연상시키는 그림이다. 제목 '프시케'는 거울이란 뜻을 가진 프랑스어의 '피셰psyché', 혹은 그리스 신화의 프시케와 관련지을 수 있는 이중적 의미를 갖고 있다. 미술사가 휘트니 채드윅은 이 작품을 두고 성에 눈뜨기 시작한 사춘기 소녀의 자아 인식을 표현했다고 해석하기도 했다.

모리조의 작품 주제는 그녀가 일상에서 경험하는 가족, 어린이, 여인들 같은 인물과 그 인물들이 어우러진 실내 장면들이었고 이는 메리 카사트도 마찬가지였다. 그녀의 그림은 특유의 섬세함 때문에 남성 비평가들로부터 '여성스럽다'는 딱지가 붙었지만 실외 작업을 할 수 없었던 그녀의 어쩔 수 없는 선택이었다.

카사트, 드가의 예술적 동반자

여기 한 여자와 한 남자의 사진이 있다. 여인은 모리조와 함께 인상주의 화가 그룹에서 활동한 메리 카사트이고, 남자는 에드가 드가이다. 모리조와 마네처럼, 카사트는 드가와 평생 특별한 관계를 유지했다. 모리조에게 마네가 있었다면 카사트에게는 드가가 있었다.

메리 카사트는 프랑스 인상파 화가들과 함께 활동한 미국의 여성 화가이다. 그림을 배우기 위해 필라델피아 미술 학교에 입학했지만 창의적이지 않은 미술 교육에 실망하고 이내 파리로 떠났다. 카사트는 파리에서 여성 입학이 금지된 미술 아카데미 대신 거장들의 작품을 모사하면서 독학으로 그림 훈

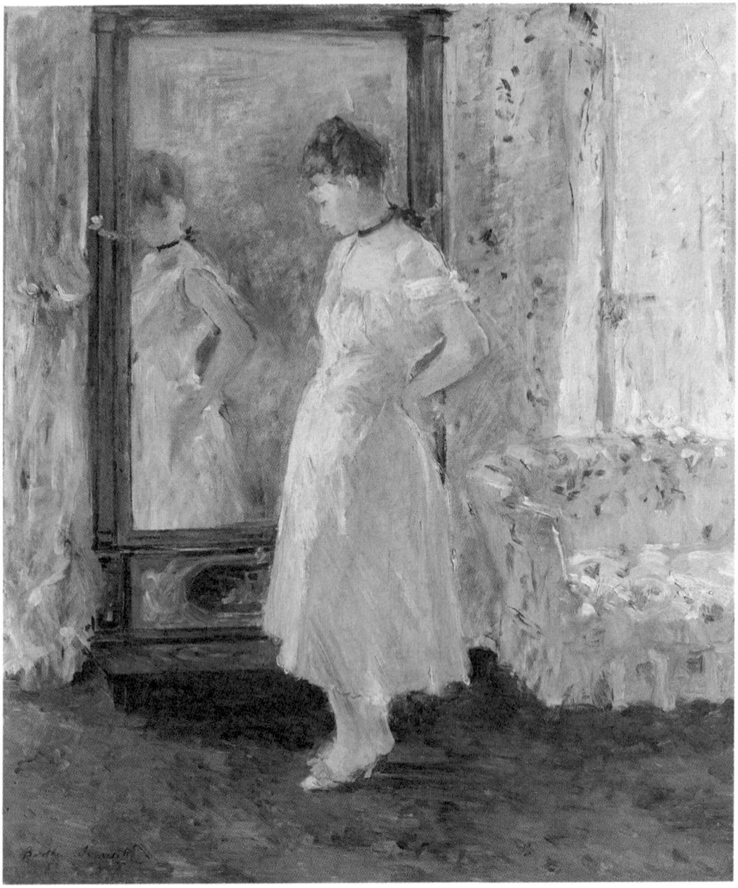

베르트 모리조, 〈프시케〉
1876년, 캔버스에 유채, 65x54cm, 티센보르네미서 미술관, 마드리드

련을 했다.

1877년, 카사트와 드가는 처음 만나는데 드가는 루브르 박물관 모사 프로그램에서 작업하고 있는 카사트에게 깊은 인상을 받아 그녀에게 인상파 화가들을 소개했고, 1879년에는 인상파 전시회에 그림을 출품하도록 다리를 놓아주었다. 드가 덕분에 그녀는 1879년부터 1886년까지 인상파전에 참여할 수 있었다. 파스텔을 잘 활용한 드가의 작품에 영향을 받아 그림에 파스텔을 쓰기도 했고, 드가에게 에칭 기법을 배웠을 뿐 아니라 데생 역시 그의 영향을 받았다. 두 사람의 작업실은 도보로 5분 거리에 있어 드가는 그녀에게 예술적 조언을 하거나 모델을 구하도록 주선해주는 등 많은 도움을 주었다.

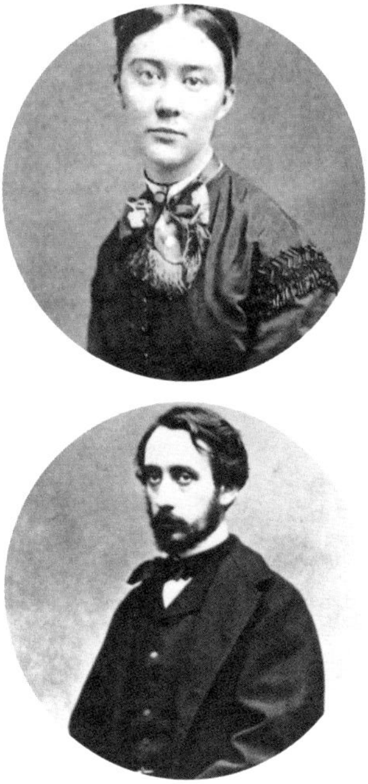
메리 카사트와 에드가 드가

미술사가와 비평가들은 카사트와 드가의 관계를 두고 멘토와 프로테제, 스승과 제자, 동료와 연인 중 어느 것이었는지 토론하고 추측해왔다. 아마도 카사트는 드가에게 동료 이상의 감정을 품었을지도 모른다. 그러나 드가는 냉소적이고 까칠한 성격으로 악명이 높은 차도남이었다. 모든 여성들에게 매너 좋고 다정다감했던 마네와는 정반대의 남자였다. 그는 어머니의 불륜으로 인해 여성 혐오에 빠져 평생 독신으로 살았다. 카사트는 그런 그에게 연인으로서의 기대는 하지 않았으리라. 그러나 여성을 혐오했던 드가도 수잔 발라동이나 메리 카사트 같은 재능 있는 여성들에게는 예술적 도움과 격려를 아끼지 않았으니 참으로 아이러니하다.

있는 그대로의 일상을 그리다

〈푸른 암체어에 앉아 있는 어린 소녀〉는 카사트의 첫 인상주의 그림이다. 부분적으로 드가의 도움을 받은 이 작품은 1879년 인상파전에 다른 10개의 작품과 함께 전시되었다. 문에서 들어오는 빛이 의자에 비추며 생기를 만들어낸다. 의자의 무늬는 거친 붓질로 매우 추상적으로 표현되어 있고, 생생한 파란색은 인상파 색채의 특징을 보여준다. 이 그림은 어린이를 살아 있는 인형이나 사랑스러운 천사로 묘사하던 전통에서 벗어나 있다. 소녀는 지루하다는 듯 다소 찡그린 표정으로 의자에 비스듬히 누워 있다. 아마도 이쯤 되면 부모에게 똑바로 앉으라는 잔소리를 들을 법한 상황이다.

그림 속 소녀는 드가 친구의 딸로, 드가가 카사트를 위해 주선한 모델이다. 스코틀랜드 타탄 문양의 숄과 흰 드레스, 양말과 반짝거리는 구두 등 잘 차려입은 차림새는 심드렁한 표정의 소녀 얼굴과 대조된다. 성인의 세계에 갇혀 있는 어린아이, 즉 어른들에 의해 강압적으로 입혀진 옷이 아이를 속박하고 있음을 보여준다. 불만스러운 표정과 미끄러지듯 소파에 기댄 자세는 모델 노릇을 해야 하는 상황에 대한 소녀의 저항이 아니었을까?

카사트는 자신의 삐딱한 자세를 고집하는 어린 반항아를 있는 그대로 화폭에 담았다. 인상주의는 이상화된 아름다움이 아니라 있는 그대로의 일상을 표현하려고 했다. 이런 점에서

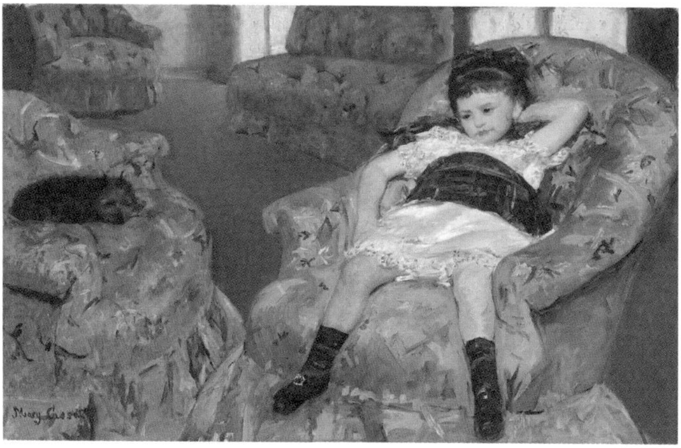

메리 카사트, 〈푸른 암체어에 앉아 있는 어린 소녀〉
1878년, 캔버스에 유채, 88x128.5cm, 워싱턴 국립 미술관, 워싱턴 D.C

〈푸른 암체어에 앉아 있는 어린 소녀〉는 전통적인 이상주의에서 벗어난 혁신적인 작품이라고 할 수 있다.

현대 사회, 그 낯선 타인의 시선

19세기 파리의 번화한 거리에는 과시하듯 멋진 옷을 입은 패션 아이콘들이 걸어 다녔고, 사람들은 다른 이들의 차림새를 구경하며 누가 더 세련되었는지 비교했다. 한편, 신흥 도시 파리의 중심지에는 화려한 건축의 오페라 하우스가 들어섰고 힘껏 차려입은 멋쟁이들이 모여들었다. 드가와 카사트 등 인상주의 화가들은 오페라 하우스를 종종 그렸다. 동료 남성 화가들처럼 현대 파리의 바, 카페, 댄스홀 등 활기찬 야외 공간에 접근할 수 없었던 카사트에게 극장, 오페라 하우스 같은 곳은 유일하게 접근할 수 있었던 몇 안 되는 공공장소였다.

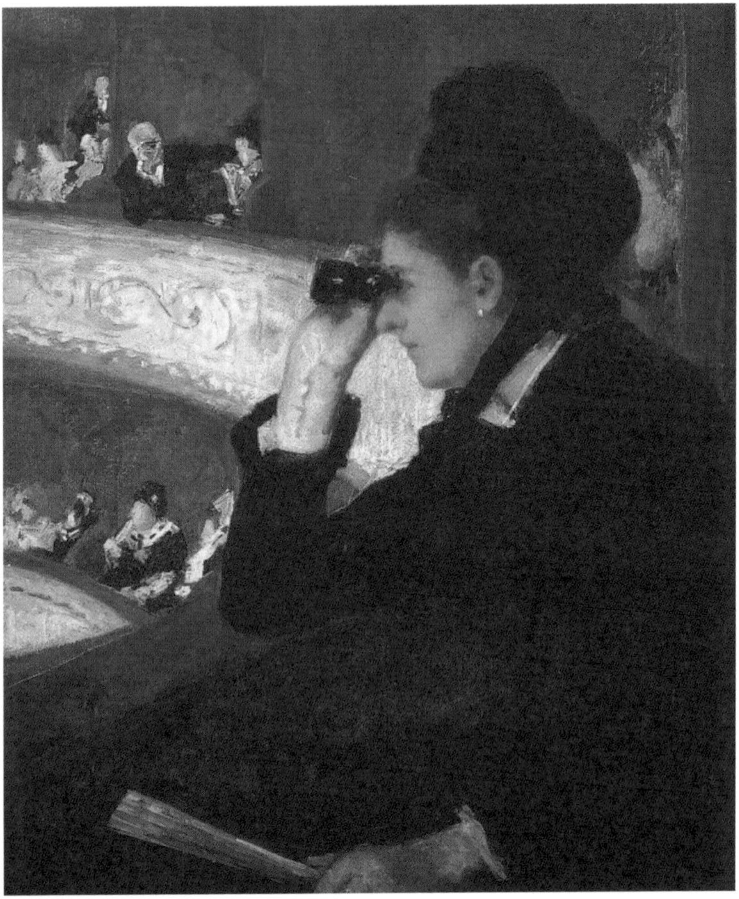

메리 카사트, 〈특별관람석에서〉
1878년, 캔버스에 유채, 81.2x66.4cm, 보스턴 미술관, 보스톤

금박 장식과 그림들, 모자이크, 멋진 계단과 발코니를 갖춘 호화로운 오페라 하우스에는 무대뿐 아니라 공연 전후와 중간 휴식 시간 동안 관객들이 스치는 사교 공간이 많았고, 이 장소에서 사람들은 분주하게 오고 가는 다른 이들을 관찰하며 서로를 훑고 최신 유행 스타일을 경쟁했다.

1878년의 〈특별관람석에서〉는 바로 이런 상황을 그림에 담았다. 중앙에 있는 패셔너블한 상류층 여성은 화가의 여동생인 리디아이다. 특별석에 앉은 이 여성은 공연 중간 휴식 시간에 머리와 몸을 앞으로 내밀고 오페라 안경으로 누군가를 은밀히 관찰하고 있으며, 다른 발코니 관람석에서는 한 신사가 역시 팔꿈치를 괴고 그녀를 관찰하고 있다. 또한 관람자 역시 그림 밖에서 그녀와 남성을 관찰하게 된다. 서로 다른 시선의 얽힘 속에서 야릇한 열정과 긴장감이 느껴지는 작품이다.

가족의 시, 행복한 어머니와 아이

메리 카사트는 1886년경부터 인상주의에서 멀어져 자신만의 독자적 스타일을 개발하기 시작한다. 특히 그녀는 1890년대에 가장 활동적이고 창의적이었다. 1886년 8회 인상파전을 마지막으로 인상파 모임이 해체된 후, 그녀는 더 이상 전위 미술에 매력을 느끼지 못했다. 후기 인상파, 야수파, 입체파 등에도 비판적이었다. 그녀는 이제 어떤 특정한 미술 운동에 몸담지 않은 채 다양한 테크닉을 실험했다.

그러던 중 1888년, 마침내 그녀의 트레이드마크가 된 '어머니와 아이'가 그림 주제로 등장한다. 이 시기의 카사트는 주로 아이를 씻기거나 젖을 먹이는 모습, 아이를 돌보는 모습

등 여성의 사적인 영역을 묘사했다. 메리 카사트는 평생 독신이었지만, 모성애라는 주제에 깊은 관심을 가졌다. 사실, 그녀의 명성은 인상주의 작품보다 어머니와 아이를 소재로 한 그림들로부터 얻어졌다. 위에서 내려다본 시점으로 그린 〈아이의 목욕〉에서는 어머니의 부드럽고 따뜻한 애정이 느껴진다. 아이의 피부, 스트라이프 무늬의 드레스, 대야, 바닥, 벽 등이 매우 사실적인 기법으로 묘사되어 있다.

이 시기부터 그녀 작품은 여성의 일상생활에 집중된다. 한 미술사가는 그녀의 작품을 '가족의 시'라고 일컫기도 했다. 카사트의 그림은 어머니의 존재와 의미를 부각해 여성들을 격려한 점도 있으나, 어머니라는 고정된 역할에서 벗어나 자유를 찾고자 한 여성들에게는 반감을 샀고, 페미니스트들에게도 좋은 평가를 받지 못했다.

사라진 인상파의 여성 거장들

메리 카사트와 베르트 모리조는 사회적 제약으로 인해 여성의 일상과 실내 공간을 그림의 주요 소재로 했지만, 19세기 중반부터 일기 시작한 페미니즘과 신여성의 개념을 자각하고 있었고, 나름대로 새로운 삶을 추구했던 여성들이었다.

카사트는 작품에서 노골적으로 여성의 권리를 말하는 대신 여성들을 깊고 의미 있는 삶을 사는 존재로 품위 있게 표현했다. 어머니와 아이를 그린 작품들은 마치 마돈나와 아기 예수를 그린 종교화의 구도를 연상시키는데, 이것은 카사트가 육아를 여자라면 누구나 쉽게 해내는 그림자 노동으로 보지 않고 고귀하고 가치 있는 일로 생각했음을 드러낸다. 남자의 사회생활만큼 존중받아야 할 일 말이다. 르네상스 시대 자애로운 마돈나의 모습과 카사트의 그림 속 어머니가 다른 점이라면 이상화되지 않은, 현실적이고 정직한 일상의 어머니라는 점일 것이다.

모리조는 인상파 그룹에서 중요한 역할을 하며 급진적이고 현대적인 미술 실험에 동참했다. 사실 마네에게 옥외에서 작업하고 좀 더 다채로운 색채를 사용하도록 조언한 것도 모리조였다. 그녀의 작품은 결코 남성 인상파 화가의 작품보다 덜 혁명적이지 않은데도, 여전히 섬세하고 우아한 여성성을 표현했다는 비평이 지배적이다. 카사트와 마찬가지로 그림 소재 때문에 빚어진 편견이다.

1895년, 모리조는 폐렴에 걸린 딸을 간호하다가 사망했다. 860점의 작품을 제작한 화가였지만 그녀의 사망 서류에는 어이없게도 '무직'이라고 기입되었다. 사후에도 작품이 아니라 마네의 동료이자 연인, 모델로 더 알려졌다. 그녀의 가치가 인정되기 시작한 것은 2013년 미술 경매 시장에서 여성 화가의 작품으로서는 사상 최고가인 1,090만 달러에 작품이 팔리면서부터이다. 여성의 작품이 고가에 팔렸다는 것이 화제가 됐다는 건 여전히 미술계에 성차별이 남아 있다는 방증 아닐까?

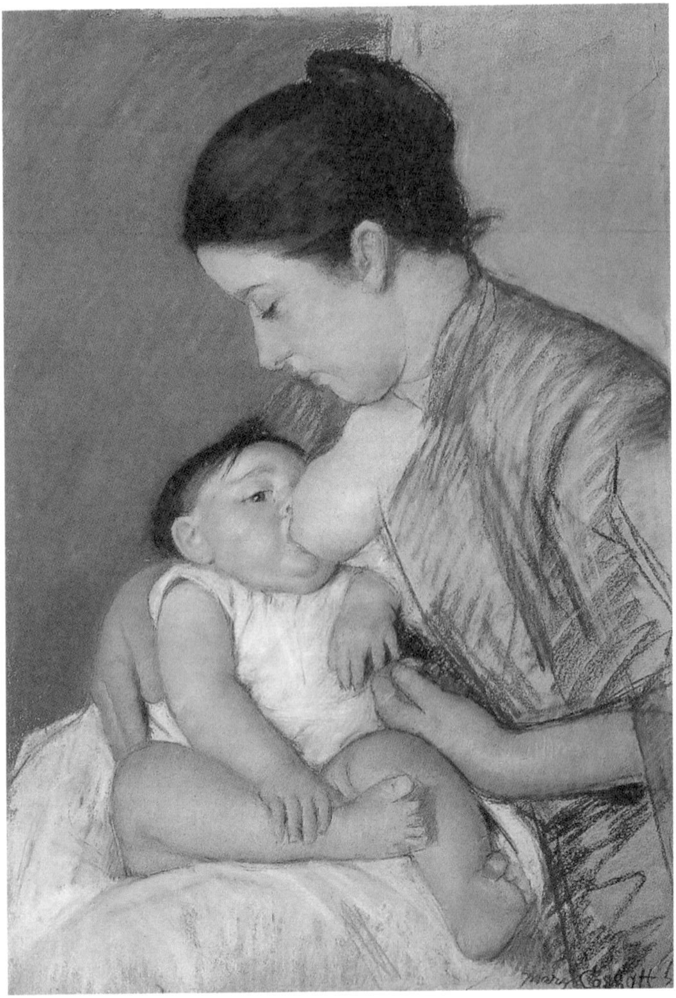

메리 카사트, 〈모성〉
1890년, 종이에 파스텔, 68.6x44.4cm, 개인 소장

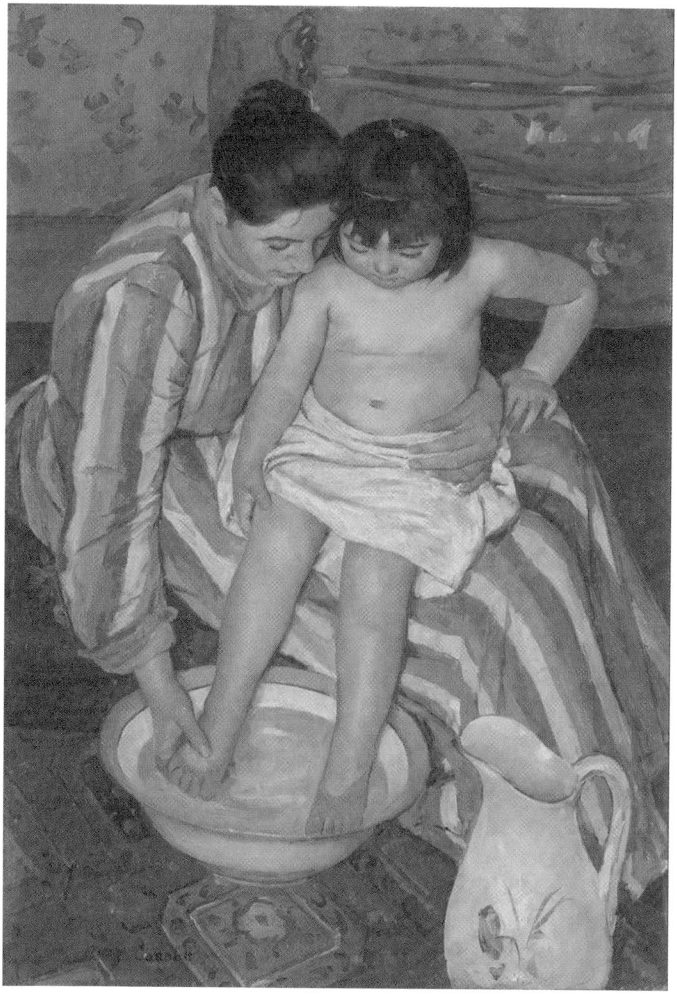

메리 카사트, 〈아이의 목욕〉
1893년, 캔버스에 유채, 100.3x66cm, 시카고 미술관, 시카고

Sofonisba Anguissola
Lavinia Fontana
Artemisia Gentileschi
Clara Peeters
Maria Sibylla Merian
Rosa Bonheur
Paula ModersohnBecker
Suzanne Valadon
Hannah Hch

2부

편견과 억압을 담대한 희망으로 바꾸다

운명은

만들어나가는 것

●

소포니스바 앙귀솔라

이탈리아 르네상스 시대 하면 흔히 레오나르도 다빈치, 미켈란젤로, 라파엘로, 보티첼리 등 남성 미술가들만 떠올리지만 이들 못지않게 엄청난 명성을 떨쳤던 여성 화가도 있었다. 그녀의 이름은 소포니스바 앙귀솔라Sofonisba Anguissola, 1532~1625. 16세기 여성 미술가들의 처지를 생각하면, 앙귀솔라는 이례적으로 큰 성공을 거둔 화가였다. 그녀는 바사리의 《르네상스 미술가 평전》에 오른 몇 안 되는 여성 미술가였다. 소포니스바 앙귀솔라는 어떻게 여성에게 한없이 불리한 환경을 뛰어넘어 전문 화가로 우뚝 설 수 있었을까?

미켈란젤로가 칭찬한 화가, 앙귀솔라

앙귀솔라의 가장 유명한 작품은 〈체스 게임〉이다. 이 그림 속 등장인물들의 다양한 얼굴 표정과 자세는 각각의 개성과 성격을 보여준다. 인물 고유의 개성을 이처럼 실감나게 묘사한 것은 당시에는 신선한 파격이었다. 기존의 뻣뻣하고 형식적인 초상

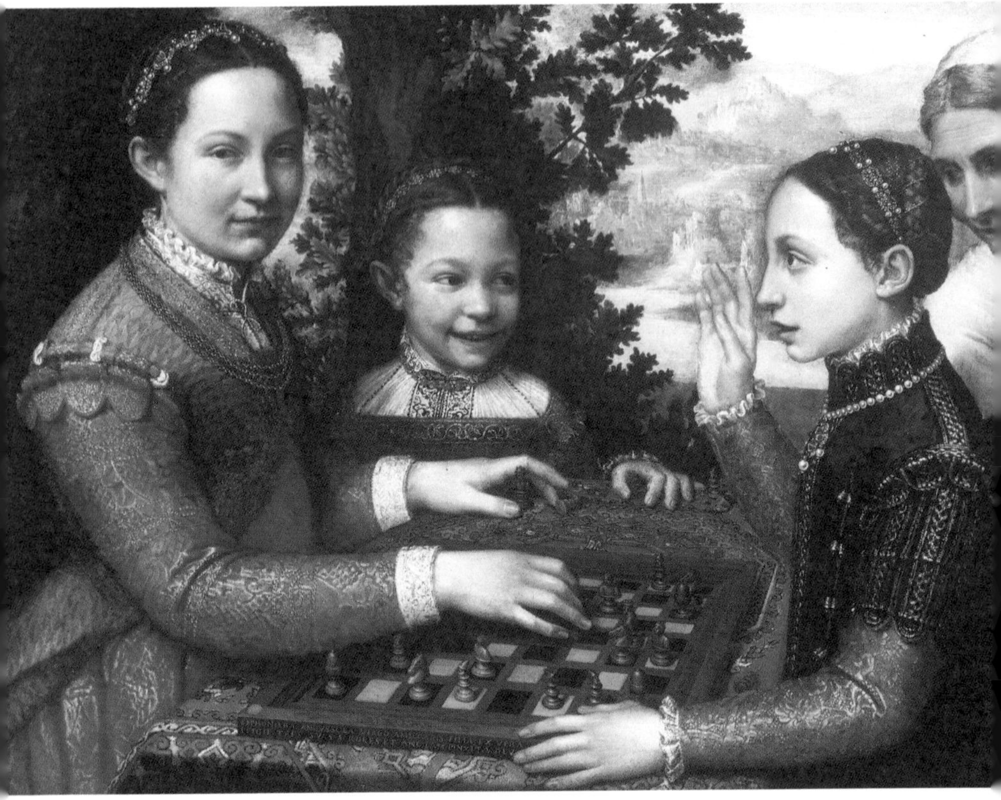

소포니스바 앙귀솔라, 〈체스 게임〉
1555년, 캔버스에 유채, 70x94cm, 포즈난 국립 박물관, 폴란드

화들에서는 찾아볼 수 없는 것이었기 때문이다. 특히, 중앙에서 언니들의 체스 게임을 지켜보는 막내 유로파의 익살스러운 표정을 보라. 실망한 패배자를 바라보며 짓궂은 미소를 짓고 있는 이 소녀는 그림에 생기를 더한다. 이 작품은 가정교사 혹은 하녀로 보이는 여성이 지켜보는 가운데, 앙귀솔라의 자매들이 체스 게임을 하는 장면을 그리고 있다. 왼쪽에는 앙귀솔라의 여동생 루치아가 게임에서 이긴 후 여유만만한 눈빛으로 관람자를 응시하고 있고, 오른쪽의 미네르바는 패배가 믿기지 않는다는 듯 한 손을 든 채 입술을 약간 벌린 멍한 표정으로 언니 루치아를 쳐다보고 있다.

〈체스 게임〉에서 묘사된 인물의 개성과 성격은 바로 르네상스 정신, 즉 인본주의Humanism의 표현이다. 르네상스는 중세의 신 중심적 사고에서 벗어나 인간의 개성과 창조성에 가치를 두는 인간 중심 사상을 발전시켰다. 이 그림은 인간적인 따뜻함과 친밀함을 독특한 스타일로 표현함으로써 르네상스의 시대정신을 구현한다. 르네상스의 거장 미켈란젤로 역시 앙귀솔라의 생기 있고 개성 넘치는 초상화들을 보고 칭찬을 아끼지 않았다.

한편, 세밀하게 표현된 드레스의 주름진 깃, 장식, 천의 질감, 그리고 여동생들의 땋은 머리에서 앙귀솔라의 숙련된 기교를 감상할 수 있다. 자매들 뒤에 있는 참나무와 주변 풍경, 탁자에 깔린 터키 카펫과 체스판 역시 그녀의 세밀한 묘사 능력에 감탄하게 한다. 붉은색 드레스와 탁자보에서 나타나듯 앙귀솔라는 강렬한 색채를 사용하기를 좋아했다.

바사리는 앙귀솔라가 당대 어떤 여성 화가보다 꼼꼼한 연구로 그림에 정교하고도 우아한 구성을 도입했고, 드로잉,

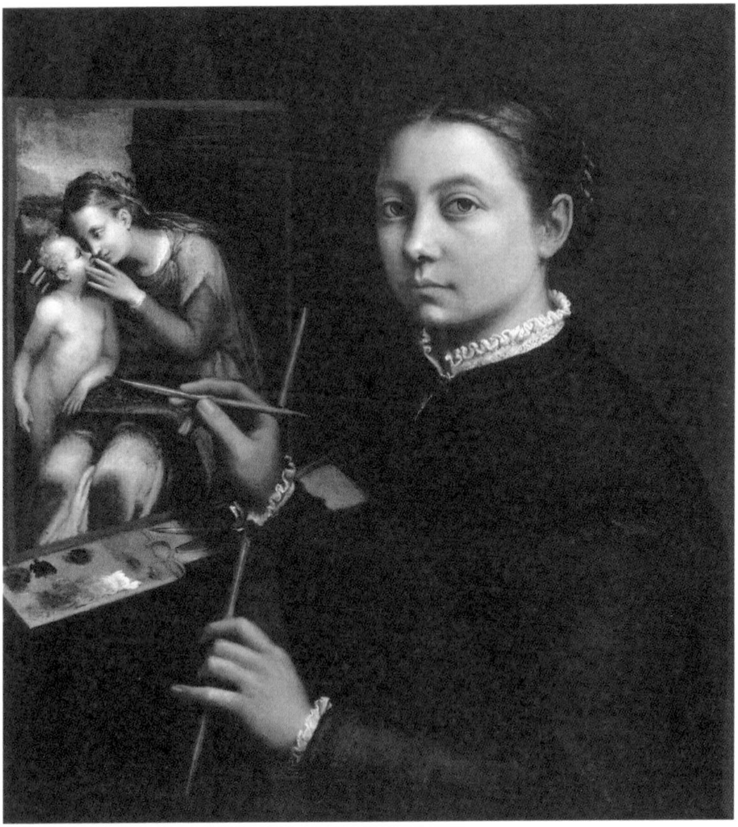

소포니스바 앙귀솔라, 〈이젤 앞의 자화상〉
1556년, 캔버스에 유채, 66x57cm, 완추트 성 박물관, 폴란드

채색, 자연 묘사 역시 훌륭했으며, 다른 화가들의 작품을 모사하는 데 능수능란할 뿐 아니라 독창적인 작품을 창조했다고 극찬했다.

르네상스 시대에 체스 게임은 일반적으로 남성의 오락거리였다. 체스가 남성의 놀이로 인식된 것은 여성에게는 이 게임에 필요한 논리적 두뇌가 없다고 여겨졌기 때문이다.

그런데 앙귀솔라는 자신의 자매들이 체스를 두며 즐거운 시간을 보내는 장면을 그림에 담았다. 앙귀솔라가 체스를 두는 자매들을 그린 것은 일종의 성차별 사회에 대한 저항 의식의 발로일 수도, 혹은 딸들에게도 평등한 교육을 제공했던 가정 환경이 투영된 것일 수도 있다. 어쨌든 이 그림은 앙귀솔라의 집안 분위기가 얼마나 자유로웠는지를 단적으로 보여준다.

미술사에서 최초로 '화가의 자화상'을 그리다

〈이젤 앞의 자화상〉은 이젤 앞에 붓을 들고 서서 자신이 화가임을 보여주는 최초의 '화가의 자화상'이다. 관람자를 보는 그녀의 눈빛은 차분하지만 매우 당당하며 강한 자의식을 드러내고 있다. 그림 속 앙귀솔라는 성모자를 그리는 중이다. 종교화인 성모자를 그린다는 것은 화가로서의 존재감을 과시하는 것이기도 하다.

사실, 1433년 얀 반 에이크Jan van Eyck가 붉은 터번을 두른 자화상을 그리기 전까지는 화가는 왕족이나 귀족, 고위 성직자 등 타인의 초상화를 그렸을 뿐 자신의 자화상을 그린 예가 없었다. 화가가 초상화의 주인공이 될 만큼 중요한 인물이 아니라 그저 기술자 혹은 장인으로만 인식되던 시대에, 화가의 자화상이란 매우 새로운 아이디어였다. 물론 이전에도 자신의 그림 한 구석에 자화상을 작게 그려 넣음으로써 서명을 대신하는 관례는 있었지만, 이렇게 자신을 온전한 그림의 주제로 그리는 일은 없었다. 르네상스 시기의 예술가들은 자신의 사회적·지적 지위를 자각하고 쟁취하고자 했다. 자화상은 이러한 예술가로서의 자의식과 직업적 자부심을 표현하는 수단이라고 할 수 있다. 그 대표적인 것이 알브레히트 뒤러의 자신만만한 자화상이다.

그러나 16세기까지도 예술가의 자화상은 일반적인 것이 아니었고, 더구나 팔레트, 붓, 캔버스와 이젤이 등장하는 화가의 자화상은 없었다. 따라서 앙귀솔라의 〈이젤 앞의 자화상〉은 화가로서의 자신을 묘사한 최초의 자화상이란 점에서 의미가 깊다.

그녀의 뒤에는 헌신적인 아버지가 있었다

앙귀솔라는 북이탈리아 크레모나Cremona에서 부유한 하급 귀족 아밀카레 앙귀솔라Amilcare Anguissola의 일곱 자녀 중 첫째 딸로 태어났다. 15~16세기에 활동한 여성 화가가 대부분 화가 집안 출신인 것을 감안하면 앙귀솔라는 특수한 환경에서 화가로 성장했다고 할 수 있다.

르네상스의 화가들은 보통 장인 계급 출신이었다. 이들은 처음에는 성공한 화가의 작업장에 들어가 견습생으로 그림을 배우고 조합에 가입했으며, 독립한 후에는 자신의 작업실을 운영하는 절차를 거쳤다. 그러나 앞에서 언급했듯 여성들에게는 이러한 과정이 허락되지 않았다. 여성은 조합이나 미술 아카데미에 들어갈 수 없었고, 작업장을 소유할 수도 없었으며, 대부분 문맹이었다.

앙귀솔라는 대체 어떻게 그림을 배운 걸까?

일반적으로 여성의 학업을 등한시했던 르네상스 시대에도 상류층에서는 교양을 위해 딸들에게 미술, 음악, 라틴어 등을 가르쳤다. 앙귀솔라의 아버지는 유명한 선생을 초빙해 딸들을 가르칠 만큼 교육에 열심이었다. 앙귀솔라는 특히 그림에 관심이 많았고 일찍부터 재능을 보였다. 그러나 상류층 여성들이 그림을 배운 건 교양과 취미를 위해서였지 전문 화가가 되려는 목적 같은 것은 아예 없었다. 화가 집안 출신 여성들도 자신의 이름을 걸고 독립적인 화가로 활동할 수 없었다. 화가 집안에서 태어나 그림을 배우든, 귀족 출신으로 교양을 위해 미술을 접하든 여성이 앙귀솔라처럼 전문 화가가 되고 인정까지 받는 경우는 매우 드물었다.

그러나 앙귀솔라 뒤에는 남다른 교육 철학을 갖고 딸에게도 차별 없이 전폭적 지지를 해준 특별한 아버지, 아밀카레가 있었다. 앙귀솔라는 아버지의 지원 덕분에 종교화와 초상화로 유명한 베르나르디노 캄피Bernadino Campi와 베르나르디노 가티Bernadino Gatti에게서 그림 수업을 받았다. 아밀카레는 딸의 재능을 알리고 딸의 그림을 소개하기 위해, 앙귀솔라와 함께 유럽 도시 여러 곳을 여행하기도 했다. 각지 귀족들의 궁전을 방문하고, 로마에 가서는 미켈란젤로에게 딸의 그림을 보여주며 가르침을 청하기도 했다. 그리하여 앙귀솔라는 그녀의 재능에 감탄한 미켈란젤로에게서 2년간 비공식적으로 그림을 배우기도 했다.

그러나 아밀카레는 딸이 직업 화가가 되기를 바란 것은

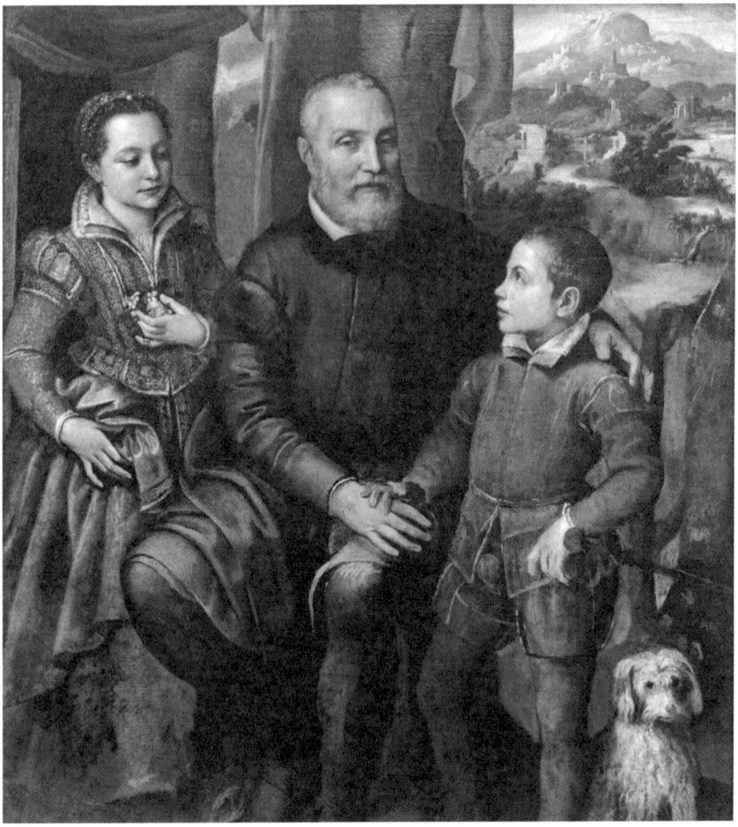

소포니스바 앙귀솔라, 〈가족 초상화〉
1559년, 캔버스에 유채, 157x122cm, 니보고르 미술관, 코펜하겐

아니었다. 앙귀솔라는 당시 자신의 그림을 한 점도 팔지 않았다. 부유한 가문 출신이었기 때문에 금전적 대가가 절실하지 않았고, 귀족 여성의 체면상 작품값을 받는 게 부적절하다고 생각했기 때문이다. 초상화 의뢰자들은 값을 치르는 대신 감사의 표시로 값진 선물을 보내왔다.

어쨌든 앙귀솔라는 아버지의 헌신적인 후원으로 르네상스 시대 여성으로서는 드물게 자신의 재능을 꽃피울 수 있었다. 그리고 그의 노력은 앙귀솔라가 당시 유럽의 최강국이었던 스페인 궁정에 궁정화가로 들어가 가문의 명예를 드높임으로써 결실을 보았다. 그녀의 신분은 하급 귀족에서 강력한 왕족의 최측근으로 격상되었다.

〈가족 초상화〉를 보자. 아버지 아밀카레가 아들 아스드루바레의 어깨를 부드럽게 감싸 쥐고 있다. 아버지와 아들의 위계질서, 자녀를 향한 따뜻한 애정이 묻어난다. 아밀카레는 가족을 그리고 있는 앙귀솔라를 애정 어린, 그리고 자랑스러워하는 눈빛으로 응시하고 있다. 사회의 관습에서 벗어나 아들딸을 차별하지 않고 훌륭하게 키운 아버지의 모습이 감동적이지 않은가. 아밀카레는 한 명의 아들과 여섯 명의 딸 이름을 모두 왕, 여왕, 그리스 여신, 기독교 성인들의 이름을 따서 지어줄 정도로 자녀들을 향한 애정이 유별났다.

앙귀솔라의 그림으로 남은 스페인의 왕족들

앙귀솔라는 스물일곱 살이 되던 1559년부터 스페인 펠리페 2세의 궁정 화가로 일하게 되었고, 왕비 이자벨 데 발루아

Elisabeth of Valois의 시녀이자 그림 선생이 되어 왕실의 최측근으로 승승장구한다. 이자벨 왕비와 돈독한 관계였을 뿐 아니라 궁정에서 주요 인물들과 친분을 가졌는데, 재능도 재능이지만 이런 인맥 구축은 그녀의 성공과 명성에 큰 도움이 되었다.

물론 핸디캡이 없었던 것은 아니다. 그녀의 출신 배경은 화가로서 걸림돌이 되었다. 귀족 출신인 그녀는 체면상 작품을 돈을 받고 팔 수 없었고, 초상화 의뢰자에게 선물로만 제공되었다. 주문 계약을 통해 작품 제작을 하지 않았기 때문에 작품에 대한 기록이 남아 있지 않거나, 다른 화가의 것으로 잘못 알려지기도 했다. 또 누드 데생 실습과 해부학 연구를 할 수 없어 초상화 위주로 작업했으므로 재능을 역사화로 확장하지 못했다.

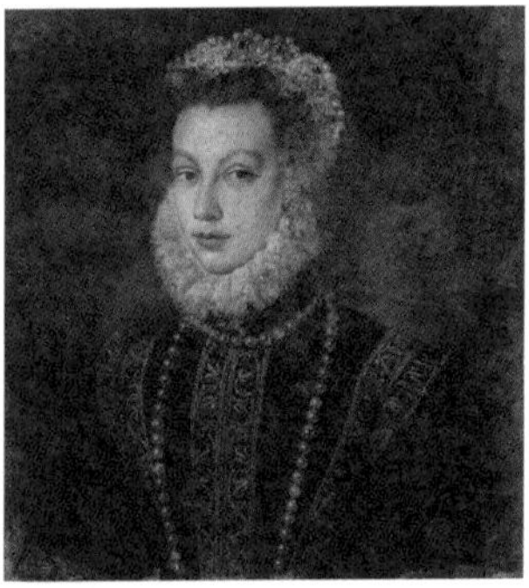

소포니스바 앙귀솔라, 〈이자벨 왕비의 초상〉
1569년, 캔버스에 유채, 68x54cm,
빈 미술사 박물관, 빈

이런 핸디캡 때문에 앙귀솔라는 주로 초상화나 일상생활을 묘사하는 풍속화를 그렸다. 그녀가 그린 초기의 가족 초상화는 스토리텔링 요소를 도입하고 모델 각각의 개성을 포착해 이전 초상화에서 볼 수 없는 혁신성을 선보였다. 특히, 인물의 성격이 잘 표현된 생동감 넘치는 초상화는 훗날 바로크 초상화의 모델이 되었다.

〈이자벨 왕비의 초상〉에서, 이자벨 여왕은 화려한 드레스와 자신감 있는 표정을 통해 자신이 고귀한 존재임을 드러내고 있다. 그녀는 프랑스 앙리 2세의 맏딸로서, 열네 살 때 스페인 펠리페 2세와 결혼해 세 번째 왕비가 되었다. 두 사람은 많은 나이 차에도 불구하고 사랑에 빠졌고 매우 행복한 결혼 생활을 했다고 한다.

르네상스 시대에 검은색 천은 까다롭고 복잡한 염색 공정을 거쳐 생산되었기 때문에 값이 매우 비쌌다. 따라서 검정 드레스는 고급스러움의 대명사로 왕비의 신분을 나타내는 것이다. 또한 그녀가 목에 걸친 화려한 진주 목걸이는 부의 상징인 동시에 여성의 다산을 은유한다. 진주는 굴이나 조개 속에서 만들어지기 때문에 왕비가 많은 왕손을 낳을 것을 기원하는 의미로 그려졌지만, 불행하게도 그녀는 네 번째 아이를 낳다가 스물셋의 젊은 나이에 사망했다.

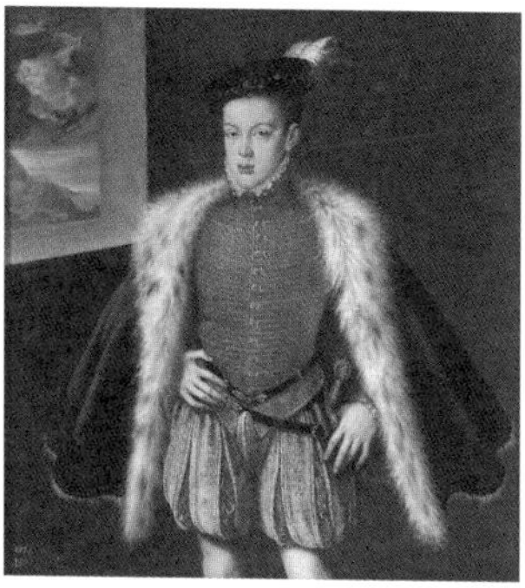

소포니스바 앙귀솔라, 〈돈 카를로스 초상화〉
1555~1559년, 캔버스에 유채, 109x95cm,
프라도 미술관, 마드리드

앙귀솔라가 궁정 화가로서 그린 왕족들의 초상화는 이전에 그리던 초상화보다 훨씬 까다로운 것이었다. 고급 직물과 정교한 보석들을 표현하는 데 엄청난 시간과 노력을 기울여야 했기 때문이다. 그러나 앙귀솔라는 어려움을 극복하고 생기 넘치고 개성 있는 초상화를 창조해내는 데 성공했고, 이러한 멋진 초상화들은 스페인 왕족의 정치적 프로파간다propaganda에 효과적으로 이용되었다.

돈 카를로스Don Carlos는 펠리페 2세의 장남으로 태어나 스페인의 국왕이 될 적통 후계자였다. 그러나 그의 인생은 탄생 직후부터 불행의 연속이었다. 어머니인 포르투갈의 공주 마리아 마뉴엘라가 분만 4일 후 숨을 거둬 궁정 시종들의 손에 외롭게 자랐는데, 곱사등이, 양쪽 어깨의 비대칭, 짧은 다리 등 신체적 결함과 함께 정신적 문제도 갖고 있었다. 이는 아마 합스부르크 왕가와 포르투갈, 스페인 왕족 간의 빈번한 근친결혼에서 비롯된 유전적 문제와 관련이 있었을 것이다. 낙상 사고로 머리를 다친 후에는 기괴하고 공격적인 행동이 더 악화되어 펠리페 2세는 마침내 그를 독방에 감금했고, 얼마 후 스물셋의 나이로 생을 마감했다. 앙귀솔라는 그의 신체적 결함을 숨기기 위해 스라소니 털가죽 코트로 몸을 감싸고 전체 키의 윗부분 4분의 3만 그렸다. 돈 카를로스는 이 초상화를 매우 좋아해 여러 장 그리게 했다고 한다.

다음 세대 여성 화가에게 영감을 주다

남성 화가의 보조자에 불과했던 여성 화가들에게 앙귀솔라의 성공은 여자도 전문 화가가 될 수 있다는 매우 고무적인 전례가 되었다. 또한 그녀는 최초로 '화가의 자화상'을 그린 화가로서 예술가의 자부심을 명확히 드러낸, 근대정신을 가진 혁명가이기도 했다. 뿐만 아니라 전 유럽에 걸쳐 널리 알려진 최초의 국제적 여성 화가로서, 라비니아 폰타나와 아르테미시아 젠틸레스키와 같은 다음 세대 여성 화가에게 많은 영감을 주었다.

미켈란젤로뿐 아니라 교황 비오 4세, 스페인의 펠리페 2세도 그녀의 열성 팬이었고, 바로크 미술을 대표하는 반 다이크Van Dyck와 카라바조, 루벤스 등 불세출의 거장들이 그녀의 작품을 모사하기도 했다. 특히, 반 다이크는 당시 92세였던 앙귀솔라를 시실리까지 찾아가서 예술에 대한 이야기를 나누며 초상화를 그려줄 정도로 그녀를 존경했다. 그는 훗날 그녀와 나눈 대화가 그 어떤 것보다 그림에 대한 많은 가르침을 주었다고 말했다.

그러나 그녀의 많은 작품들은 서명이 되지 않았기 때문에 오랫동안 레오나르도 다빈치, 티치아노, 심지어 엘 그레코 등 남성 화가의 작품으로 알려져왔다. 잘못 알려진 작품들을 앙귀솔라의 작품으로 귀속시키는 작업은 힘들고 때로는 논쟁을 일으키기도 했다. 더구나 1862년 세비야의 알카사르 궁 화재로 그녀의 작품 상당수가 소실되면서 이런 노력은 더욱 어려움에 부딪쳤다.

앙귀솔라가 그 시대에 했던 것, 즉 자신의 능력을 발휘하고 어머니, 아내로서의 역할이 아닌 전문 화가로서 사회에서 스스로의 위치를 공고히 한 것은 오늘날 페미니스트의 활동이나 이념과도 다르지 않다. 지금도 미술사가들에 의해 앙귀솔라를 비롯한 수많은 여성 미술가들이 편견의 동굴에서 발굴되고 재평가되고 있다. 언젠가는 알려지지 않은 그녀의 작품뿐 아니라 다른 여성 화가의 작품도 우리 앞에 모습을 드러낼 것이다.

고정된 성 역할을 걷어차고 직업 화가로

●

라비니아 폰타나

라비니아 폰타나Lavinia Fontana, 1552~1614는 16세기 이탈리아에서 손꼽히는 초상화가 중 한 사람이며, 앙귀솔라와 쌍벽을 이룬 동시대 여성 화가이다. 볼로냐의 저명한 화가 프로스페로 폰타나Prospero Fontana의 딸로 태어난 그녀는 아버지에게서 직접 가르침을 받았다. 폰타나의 아버지는 자녀 중 유일하게 살아남은 소중한 딸의 예술적 잠재성을 알아보고 딸이 재능을 개발하도록 격려했다. 그녀는 아버지를 비롯해 주변의 예술가와 지식인 사이에서 성장하면서 많은 지적 자극을 받았고 전문 화가로 이름을 날렸다.

고차디니 가족의 비밀, 그림 속 숨은 그림 찾기

〈고차디니 가족의 초상화〉는 라비니아 폰타나의 대표작이다. 르네상스 귀족 가문의 평범한 가족 초상화로 보이지만, 그림 속에는 아주 흥미롭고 은밀한 가족의 비밀이 숨어 있다.

폰타나는 볼로냐에서 이름을 날린 초상화가로 많은 귀

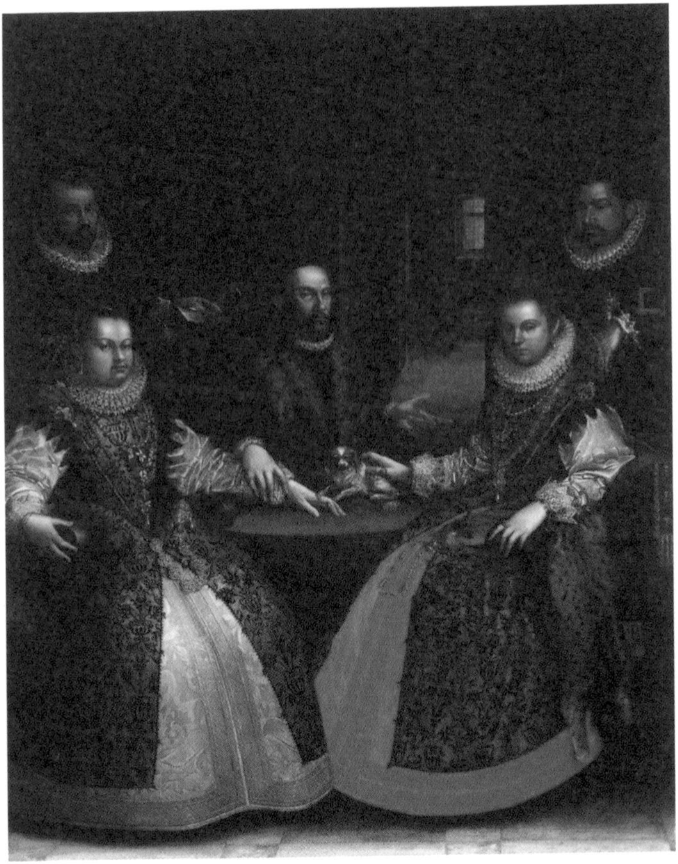

라비니아 폰타나, 〈고차디니 가족의 초상화〉
1584년, 캔버스에 유채, 250x189cm, 피나코테카 나지오날레, 볼로냐

족의 초상화를 그렸다. 이 초상화의 의뢰인인 고차디니 집안의 라우도미아와는 친분이 있었는데, 그녀는 폰타나에게 자신의 가정사를 털어놓았고 그 사연은 고스란히 그림에 담겼다. 과연 고차디니 가족의 비밀은 무엇이었을까?

그림을 주문한 라우도미아가 앞줄 오른쪽에, 그녀의 여동생 기네브라가 앞줄 왼쪽에 앉아 있고, 뒤에는 아버지 울리세가 앉아 있으며, 남편 카밀로와 동생의 남편 안니발레가 서 있다. 두 자매는 결혼 예복을 입고 있는데, 여인들이 몸에 두른 보석과 화려한 드레스는 집안의 부귀를 드러낸다. 라우도미아가 만지고 있는 개는 배우자에 대한 정절을, 카밀로가 왼손을 기대고 있는 칼은 기사 신분을, 안니발레가 들고 있는 문서는 그들의 풍족한 재정 상태를 상징한다.

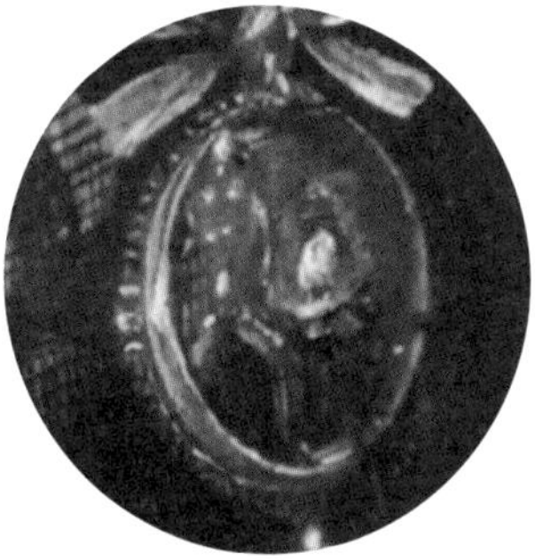
〈고차디니 가족의 초상화〉 속
기네브라의 펜던트

아버지는 아들을 먼저 낳는 딸에게 전 재산을 물려주기로 했는데, 라우도미아는 자식이 없었고 동생 기네브라는 세 명의 아이를 두고 있었다. 이 때문에 막대한 재산은 모두 동생 부부에게 상속되었다. 라우도미아는 막역했던 폰타나에게 결혼 생활과 재산 상속에 얽힌 분통 터지는 속사정을 하소연했다고 한다. 그리고 재미있게도, 폰타나는 라우도미아에게 자식이 없는 이유를 숨은 그림 찾기처럼 교묘하게 그림 속에 감춰놓았다.

기네브라의 펜던트에는 알몸 남성의 발기된 음경이 그려졌고, 라우도미아의 펜던트에는 위축된 남성의 몸이 그려져 있다. 이는 라우도미아가 자녀를 낳지 못해 유산 상속을 받지 못한 것이 그녀 탓이 아니라 남편 탓이라는 것을 관람자에게 은밀하게 귀띔해주는 것이다.

화가와 그림 의뢰자 사이의 은밀한 교감이 만들어낸 비밀을 찾아낸 관람자는 통쾌함을 느낄 것이다. 폰타나는 딱딱하고 형식적인 귀족 초상화를 그린 화가가 아니라 위트와 풍자 정신을 가진 재미있는 여성이었던 것이다. 라우도미아는 비록 재산을 물려받지는 못했지만, 이 그림을 통해 십 년 묵은 체증을 해소했으리라.

한편, 기네브라와 울리세는 그림 제작 도중 사망했다. 한 치 앞도 내다볼 수 없는 인생에서 과연 누가 승리자이고 누가 패배자인지 다시 한 번 생각하게 된다.

최초의 여성 직업 화가

폰타나가 결혼할 나이가 되자, 그녀의 아버지는 딸이 그림을 계속 그릴 수 있게 뒷바라지할 수 있는 사람을 물색했다. 여성이 직업을 갖기 어려운 데다 결혼 후에는 가사와 육아에만 종사해야 했던 현실을 감안할 때, 폰타나에게 결혼은 화가로서 성공하는 데 걸림돌이 될 것이 분명했다. 그리하여 그녀의 아버지는 고심 끝에 딸보다 훨씬 재능이 떨어지는 화가 파올로 자피Gian Paolo Zappi와 폰타나를 결혼시켰다. 장인의 바람대로 자피는 가정적이었고 열한 명의 아이를 양육하는 데 헌신적이었다. 덕분에 폰타나는 계속 그림을 그리며 가족의 생계를 책임졌다. 엄격한 가부장제 사회였던 약 500여 년 전, 이 부부는 아내와 남편의 성 역할이 완전히 뒤바뀐 삶을 살았던 것이다.

자피는 집안일과 함께 종종 폰타나 그림의 중요하지 않은 부분을 그리며 작업을 돕기도 했다. 남편의 내조로 폰타나는 섬세한 초상화가로 유명해졌고, 볼로냐 상류층은 너 나 할 것 없이 그녀에게 초상화를 의뢰하려고 경쟁했다. 1603년에는 교황 클레멘스 8세의 초청으로 로마로 이주해 제단화와 초상화를 그리며 로마에서도 명성을 이어갔다.

그녀가 이런 성공을 거둘 수 있었던 것은 예술가의 딸이었고, 볼로냐 출신이었으며, 아버지와 남편의 적극적인 외조가 타고난 재능을 뒷받침해주었기 때문이다. 그녀는 국제적인 프레스코 화가인 아버지에게서 훈련을 받았고, 여성 예술가들을 지원한 도시 볼로냐에서 태어났다. 앙귀솔라와 젠틸레스키를 제외하고, 거의 모든 유명한 르네상스 여성 화가들은 볼로냐의 지적·예술적 토양이 만든 결과물이었다.

미술사학자들은 독립된 작업장을 운영하면서 개인적·공적 커미션을 받고 광범위한 주제의 작품을 그린 폰타나가 서유럽에서 직업적으로 그림을 그린 최초의 여성 화가라고 말한다. 동시대 화가 앙귀솔라 역시 국제적 명성을 얻었으나 자신의 작품을 돈을 받고 파는 직업 화가는 아니었다. 또한 앙귀솔라의 작품 세계는 주로 초상화에 국한된 데 반해 폰타나는 신화를 주제로 인체 누드가 등장하는 종교화를 그린 최초의 여성 화가였다.

명함 역할을 한 화가의 자화상들

이젤 앞에 앉아 붓을 들고 있는 앙귀솔라의 '화가 자화상' 전통은 폰타나에게로 이어진다. 〈스튜디오의 자화상〉에서는 이젤

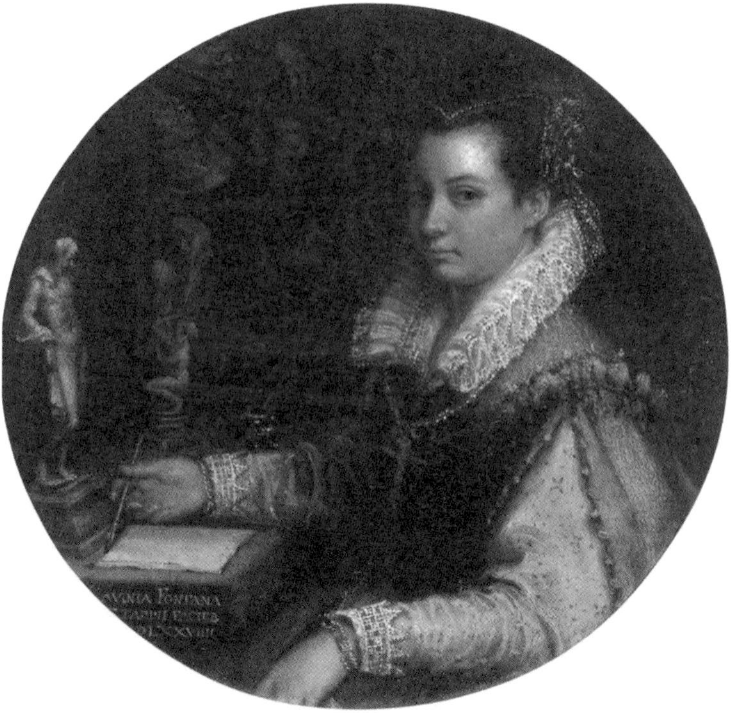

라비니아 폰타나, 〈스튜디오의 자화상〉
1579년, 구리 위에 유채, 지름 15.7cm, 우피치 미술관, 피렌체

이 보이는데, 이는 자신의 직업을 직접적으로 드러낸 것이다. 〈스튜디오의 자화상〉은 그 시대 존경받는 학자, 예술가 및 정치가 500명의 남녀 초상을 전시하려고 계획했던 도미니코회 신학자 알폰소 치아코노에게 보내기 위해 제작된 것이다. 그는 폰타나의 명성을 익히 들어 알고 있었고, 그녀에게 편지를 써 작은 초상을 보내달라고 부탁했다. 당연히 이 명단에 드는 것은 영광이었다.

〈스튜디오의 자화상〉에서 폰타나는 책, 조각상, 문서들이 놓인 책상에 앉아 있다. 그녀가 무엇을 쓰고 어떤 그림을 그리려고 하는지는 분명치 않지만, 이 사물들은 그녀가 창조적인 예술가인 동시에 인문학적 지성도 겸비한 사람이라는 것을 단적으로 보여준다.

자화상 속 폰타나는 매우 자신감 넘치고 안정되어 보인다. 호화로운 의상을 입고 서민들이 갖지 못한 안락의자에 앉아 부귀함을 한껏 드러내고 있다. 그림의 왼쪽 아래에는 "라비니아 폰타나는 1579년 결혼해 자피 가문의 일원이 되었다"라고 쓰여 있는데, 이는 자신의 집안보다 사회적 지위가 높은 귀족 가문에 시집을 감으로써 얻은 신분 상승을 자랑하고, 자신의 위치를 과시하기 위한 것이었다. 책상에 놓인 고대 조각상은 폰타나가 16세기 여성으로서는 이례적으로 누드를 그렸다는 것을 보여준다. 여성에게 겸양의 미덕을 강요한 사회에서 자신을 자신감 넘치는 모습으로 묘사하고, 생략할 수도 있는 남성 누드 조각상을 굳이 그려 넣은 것은 폰타나가 사회적 금기에 맞선 징표라서 매우 흥미롭다.

한편, 〈피아노 앞의 자화상〉은 미래의 남편과 시아버지에게 자신을 어필하기 위한 일종의 광고용 결혼 초상화이다.

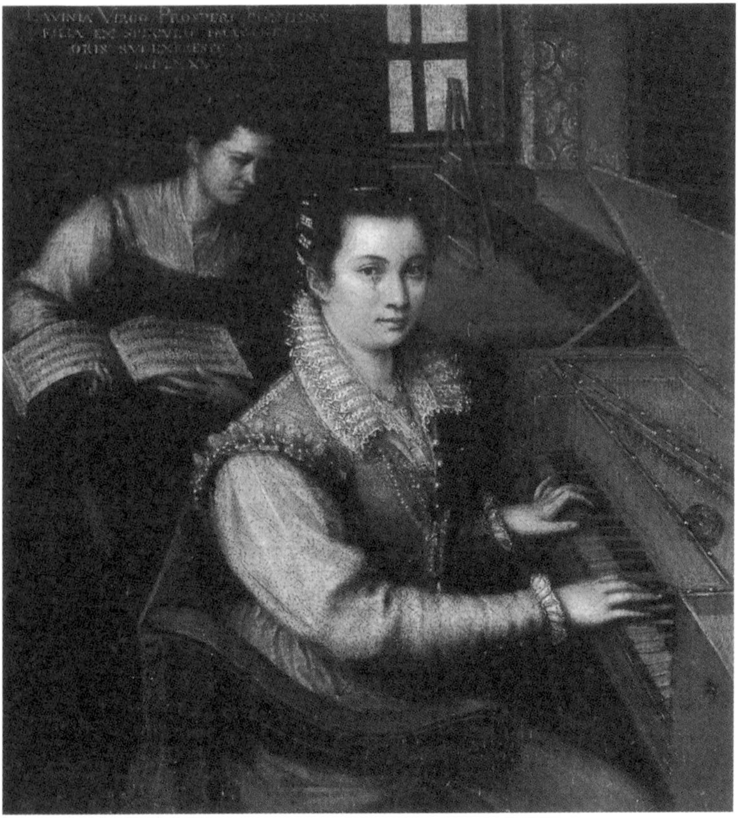

라비니아 폰타나, 〈피아노 앞의 자화상〉
1577년, 캔버스에 유채, 27x24cm, 아카데미아 디 산 루카, 로마

자화상을 통해 폰타나는 자신의 장점을 적극적으로 알리고자 했다.

정면을 똑바로 응시하는 당당한 눈빛과 깨끗한 피부는 자신이 매력적인 여성임을 보여주는 것이다.

폰타나 뒤에는 "1577년, 거울에 비친 자신의 모습을 그린 프로스페로 폰타나의 처녀 딸 라비니아"라는 라틴어 문구가 적혀 있다. 라틴어 사용은 지적 능력을 과시한 것이며, 자신을 '처녀'라고 명시한 것은 육체적 순결이 결혼의 기본 조건이었던 당시에 특히 중요한 것이었다. 거울을 보고 그렸다는 문구는 정직하게 있는 모습 그대로 그렸다는 것과 수준 높은 초상화 기술을 보여주기 위한 것이다. 피아노는 그 자체가 사랑과 재정적 지위의 상징이다. 서민들이 갖기 힘들었던 피아노는 폰타나 집안이 부유하다는 것을 보여주는데, 그녀가 자신보다 사회적 지위가 높은 남자와 결혼하기 위해서는 실제 가정 형편보다 더 낫게 보일 필요도 있었던 것이다.

악기는 그녀가 음악적 재능을 가졌음을 보여주는 사물이다. 음악적 재능은 다른 예술적 능력과 연결된다고 여겨졌기 때문에, 악기를 연주한다는 것은 자신의 예술적 잠재력을 증명하는 것이었다. 그녀는 악기를 통해 시인, 음악가, 철학자, 작가와 동등한 전문성을 가진 사람으로 자신을 끌어올림으로써 미술가의 사회·경제적 지위를 보여주려고 했다. 한쪽에 놓인 이젤은 지금 당장은 지참금이 부족하지만 자신의 예술적 노동 능력과 장래성이 미래의 지참금이 될 것을 주장하는 도구이다. 뒤에 서 있는 하인과 잘 칠해진 옷장 역시 자신의 집안이 재정적으로 풍족하다는 사실을 보여주려고 한 것이다. 그녀는 볼로냐의 전통적인 붉은색 결혼 예복을 입고 결혼을 제안하는데, 산호와 금, 진주로 덮여 있는 이 드레스는 모성과 부모의 자격을 상징적으로 보여준다.

폰타나는 이 작품을 통해 화가로서의 정체성을 표현하는 동시에 대중에게 자신의 매력과 존재를 각인시키려고 했던 것 같다. 자화상에 드러난 폰타나의 자존감은 개인적 자의식의 표현일 수도 있으나, 여성과 여성 화가들의 사회적 지위가 낮았던 시대에 여성의 존재 가치를 드러내려는 것이었는지도 모른다. 더구나 여성 화가가 드물었고, 여성은 주로 남성 화가에 의해 그려졌던 시대에, 여성 자신이 스스로를 어떻게 인식하고 표현했는지를 보는 것은 흥미롭다고 하겠다.

〈개와 함께 있는 귀부인의 초상〉은 호화로운 의상과 보석을 놀라울 만큼 세밀하게 묘사한 작품이다. 이 그림 역시 결혼을 제안하는 초상화다. 과거 유럽의 왕족과 귀족들은 배필감을 고를 때 초상화를 통해 상대를 먼저 확인하고 선을 봤다. 초상화 당사자는 혼인을 성사시키기 위해 최대한 자신을 매력적으로 꾸미고 자신이 가진 것을 그림 속에 모두 담았다. 이 그림에서는 어두운 배경 때문에 화려하게 차려입은 여인이 더욱 부각된다. 당시 사료에 따르면, 여인이 입은 붉은색 드레스와 몸에 걸친 보석들은 볼로냐 귀족 여인들의 전형적인 혼수품이었다고 한다. 드레스 허리띠에 매달린, 보석으로 장식된 담비는 여인의 재력을 보여준다. 즉 지참금을 많이 가져

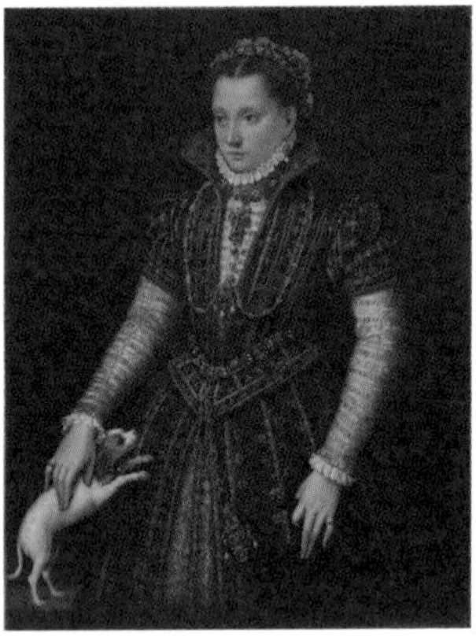

라비니아 폰타나, 〈개와 함께 있는 귀부인의 초상〉
1580년, 캔버스에 유채, 115x90cm,
국립 여성 예술가 미술관, 워싱턴 D.C

갈 수 있다는 걸 상대에게 은근히 과시하는 것이다. 여인이 오른손으로 만지고 있는 개는 이 결혼의 진실함을 상징한다. 여러 면에서 폰타나 자신을 그린 〈피아노 앞의 자화상〉과 일맥상통하는 이 작품은 '초상화의 귀재'라고 불리었던 그녀의 현란한 기교를 확인할 수 있는 수작이다.

현재 폰타나의 서명과 완성된 날짜가 표시되어 있는 32점의 작품이 그녀의 그림으로 인정되고 있고, 양식적 특징상 비슷한 작가 미상의 25점이 그녀의 작품일 것으로 추정된다. 18세기 이전 여성 화가들의 작품이 대부분 소실된 것에 비하면, 폰타나는 비교적 많은 그림을 남긴 셈이다.

성폭력 피해자에서
불세출의 여성 화가로

●

아르테미시아 젠틸레스키

아르테미시아 젠틸레스키Artemisia Gentileschi, 1597~1651는 최초의 페미니스트 화가로 불린다. 젠틸레스키는 17세기 여성으로서는 아주 독립적이었고, 전문 직업인으로도 성공했으며, 작품 역시 강인한 여성상을 묘사했다. 젠틸레스키가 한 고객에게 보낸 편지에는 이런 문구가 적혀 있기도 했다.

> "나는 여자가 무엇을 할 수 있는지 보여줄 것입니다. 당신은 한 여자의 영혼에서 시저의 정신을 발견할 것입니다."

젠틸레스키는 최근 여성주의를 지향하는 미술계에서 가장 스포트라이트를 받았고, 다른 여성 화가들에 비해 비교적 잘 알려져 있다.

젠틸레스키의 대표작인 〈홀로페르네스의 목을 베는 유디트〉는 우리에게 젠틸레스키를 강렬하게 각인시켰다. 유디트처럼 신념과 의지가 강한 여성들을 그린 그녀의 작품들은 단번에 페미니즘 운동가들의 눈길을 끌었다.

특히 린다 노클린이 〈왜 위대한 여성 미술가는 없는가?〉에서 젠틸레스키를 언급하면서 그녀의 예술 세계는 새롭게 조명되었고, 수 세기 동안 잊혔던 그녀의 작품들은 다시 미술사의 무대에 올라왔다.

젠틸레스키는 카라바조의 제자였던 오라치오 젠틸레스키Orazio gentileschi의 딸로, 아버지를 통해 카라바조의 사실적 묘사와 극적인 명암법을 이어받았다. 그녀는 여러 가지 면에서 미술사에 매우 독특한 이력을 남겼다. 여성이 전문 화가로 인정받지 못했던 시대에 전례 없이 성공한 화가였으며, 코시모 1세 데 메디치가 1563년 설립한 피렌체 미술 아카데미의 최초 여성 회원이 되는 영광을 누렸다. 당시 여성에게는 녹록지 않았던 역사와 성서를 주제로 과감하게 작품 활동을 한 최초의 여성 화가이기도 하다.

성폭력 피해자에서 강하고 독립적인 여성으로

젠틸레스키는 여성이 예술가로 살아가기 척박했던 시절 화가로서뿐 아니라 개인적으로도 무척 힘겨운 삶을 살았다. 그녀는 열일곱 살 무렵 아버지의 동료이자 자신의 그림 선생이었던 아고스티노 타시Agostino Tassi에게 성폭력을 당하고 길고 힘겨운 재판을 받았다. 남아 있는 재판 기록을 통해, 그녀가 부당한 심문과 손가락을 조이는 고문, 부인과 검사까지 받는 수모를 겪었다는 사실을 알 수 있다. 반면 가해자인 타시는 얼마간 실형을 살고 풀려났다. 당시 재판 기록에는 젠틸레스키의 진술이 다음과 같이 남아 있다.

"그는 방문을 잠그고는 나를 침대에 던져 내 가슴에 손을 대고 옷을 들춰 올렸으며, 입에 손수건을 둘러 비명을 지르지 못하게 했다. 나는 그의 얼굴을 할퀴고 머리칼을 뽑았다."

타시는 젠틸레스키를 강간한 후 처벌을 피하기 위해 그녀와 결혼하겠다고 했고, 그녀도 하는 수 없이 그와의 관계를 지속했으나 애초에 결혼 의사가 없었던 타시는 약속을 어겼다. 그녀의 아버지는 여성은 법정에 고발할 수 없었던 당시 관습에 따라 그녀 대신 타시를 고소했다. 육체적 순결을 잃은 여성에 대한 사회적 통념 때문에 자신을 강간한 남자와 억지로 관계를 유지해야 했던 현실, 진실을 말한다는 것을 증명하기 위해 고문까지 당해야 했던 상황은 당시 여성의 삶이 얼마나 척박했는지를 여실히 보여준다.

타시는 여성의 정조에 대한 사회적 편견에 편승하여 젠틸레스키가 헤픈 여자라고 거짓 증언할 증인을 구해 판결을 유리하게 이끌려고 했다. 그러나 재판 도중 그가 전 부인을 죽이고 처제와 간음했다는 다른 범죄들이 밝혀져 1년형에 처해짐으로써, 다행히 젠틸레스키의 명예는 회복되었다. 만약 타시의 여죄가 밝혀지지 않아 그가 파렴치한이라는 것이 묻혔다면, 재판은 그녀에게 억울한 방향으로 끝났을 것이다.

그 후, 참담한 경험만 안겨준 로마를 떠나기 위해 피렌체의 한 화가와 서둘러 결혼한 젠틸레스키는 1612년, 피렌체에 정착하게 된다. 그녀의 그림들은 일생을 통해 10대에 겪은 이 불행한 사건의 그림자를 담고 있다.

〈알렉산드리아의 성녀 카타리나로 그려진 자화상〉을 그

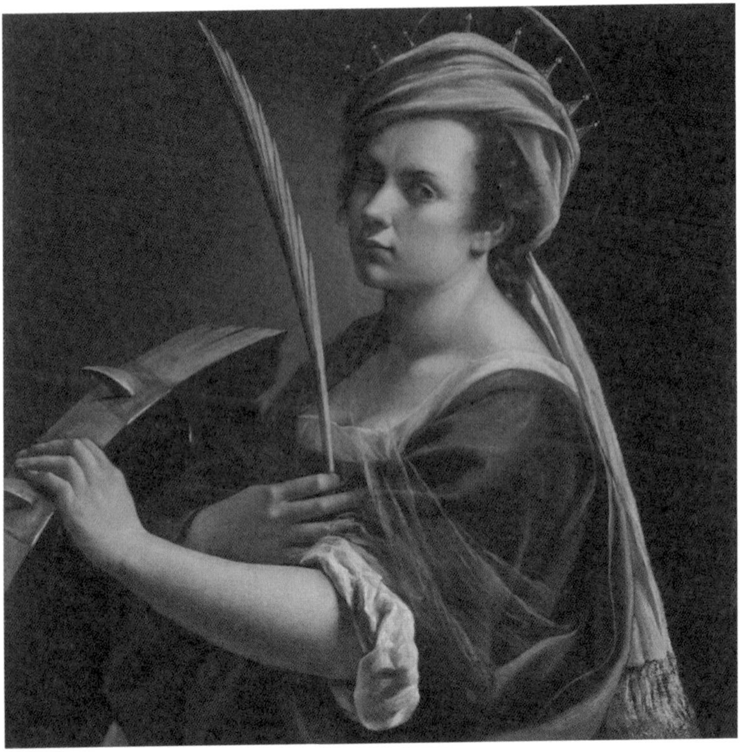

아르테미시아 젠틸레스키, 〈알렉산드리아의 성녀 카타리나로 그려진 자화상〉
1616년, 캔버스에 유채, 71.5x71cm, 내셔널 갤러리, 런던

린 1612년에서 1620년 사이, 젠틸레스키는 아버지의 그늘을 떠나 로마에서 독립적 화가로서 새로운 경력을 시작한다. 그녀는 이 작품에서, 자신을 철못이 박힌 수레에 묶여 고문을 당하다가 성령의 힘으로 구조된 성녀 카타리나의 모습으로 그렸다. 이 작품에서 그녀는, 고문 도구인 부서진 수레바퀴에 손을 대고 있는 순교자로 묘사되어 있다. 그녀의 단호한 눈빛은 역경을 극복하고 살아남은 강인함을 보여준다.

성폭력 사건 이후, 젠틸레스키의 그림은 훨씬 거칠어졌고 강한 여성의 모습을 강조했다. 그녀의 작품 대부분은 여성을 주인공으로 그린 것들로서, 그중 많은 것이 성서와 신화 속에 나오는 고통받지만 강한 여인들, 스스로 삶을 개척하는 주체적 여성들이다. 아마도 젠틸레스키는 그림을 통해 자신의 트라우마와 상처를 치유하고 극복하려 했던 것인지도 모른다.

어린 나이에 겪은 고통스러운 경험은 그녀를 그 시대 여성으로서는 쉽지 않았던 독립적이고 굳센 삶의 태도를 갖게 했다. 젠틸레스키는 로마에 자신의 작업장을 마련했고, 읽기와 쓰기도 배웠다. 지적인 교유에도 참가해 피렌체의 영향력 있는 인사들을 만나려고 했고, 이들을 통해 작품 주문을 따내기도 했다. 크리스토파노 알로리Cristofano Allori와 같은 당대 미술 거장과 천문학자 갈릴레오와도 친분을 쌓았고, 메디치가의 코시모 2세의 후원을 받기도 했다. 또한, 여성으로서는 최초로 이탈리아 국립 아카데미인 피렌체 아카데미에 입학했다. 여성의 입학을 금지한 당시 아카데미 규정을 마침내 깬 것이다. 이렇듯 피렌체는 젠틸레스키가 화가로서 입지를 굳히고 성공가도를 달리게 한 행운의 도시였다.

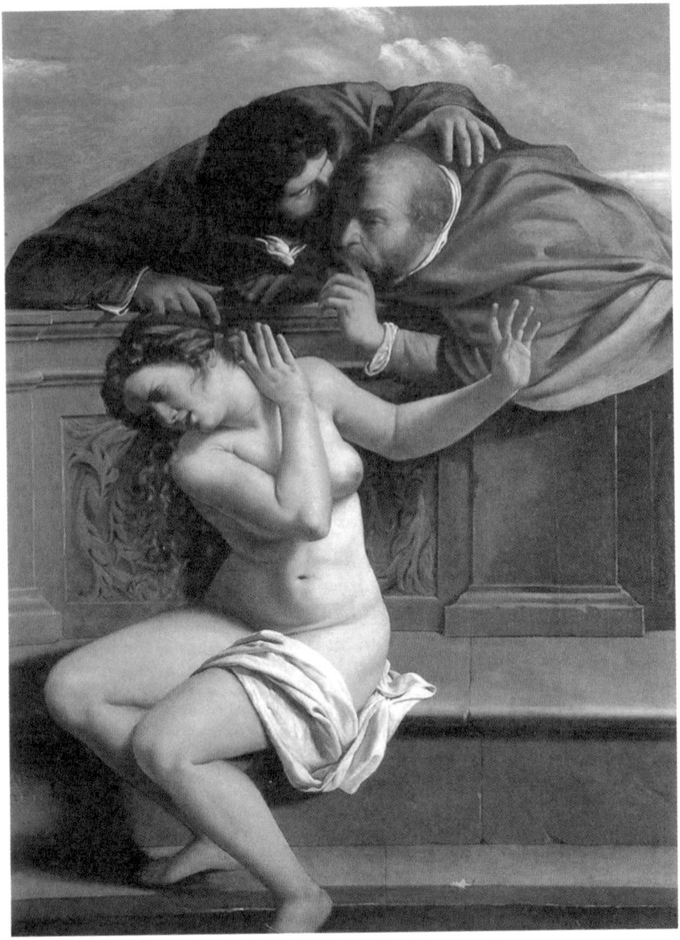

아르테미시아 젠틸레스키, 〈수잔나와 두 장로〉
1610년, 캔버스에 유채, 170x121cm, 바이센슈타인 성, 포머스펠덴

최근 젠틸레스키가 남긴 36통의 편지가 발견되었는데, 그녀가 피렌체의 귀족 프란체스코 마리아 마링기와 열렬한 사랑을 나누었음이 밝혀졌다. 남편 피에란토니오는 두 사람의 불륜을 알고 있었지만, 마링기가 피렌체의 유력 인사였기 때문에 묵인하고 있었다. 허겁지겁 결혼해야 했던 젠틸레스키로서는 생애 처음으로 느낀 사랑이었을지 모른다. 하지만, 결국 둘의 관계에 대한 추문이 돌아 법정 문제로 비화되자 그녀는 다시 로마로 돌아간다.

젠틸레스키는 로마와 베네치아에 잠시 머문 후, 1630년 거처를 나폴리로 옮겨 생애 마지막 25년여를 그곳에서 보낸다. 그녀는 궁정 후원자나 귀족의 도움 없이 혼자 성공적으로 작업장을 운영하는데, 이 역시 여성 화가로서는 매우 드문 일이었다.

〈수잔나와 두 장로〉는 젠틸레스키의 첫 작품으로 알려져 있다. 두 장로가 정숙한 수잔나에게 잠자리를 거절당하자 복수심에 그녀를 음해하지만 결국 진실이 밝혀져 벌을 받는다는 성서 속 이야기를 담은 그림이다. 이 이야기는 젠틸레스키뿐 아니라 화가들이 빈번하게 그린 소재다.

그런데 남성 화가들이 목욕하고 있는 수잔나의 성적 매력에 초점을 맞추고, 심지어 장로들의 희롱을 은근히 즐기는 수잔나를 그렸던 데 반해, 젠틸레스키는 매우 다른 시각으로 이 주제를 다루었다. 즉, 남자들이 자신을 관음적 시선으로 훑고 희롱하는 것에 고통을 느끼는 수잔나를 보여준 것이다. 이는 자신의 경험에서 온 트라우마를 표현한 것인지도 모른다.

이 작품은 타시의 강간 사건 이전에 그려진 것이다. 그녀가 남성 견습생 혹은 조수들로 가득 찬 작업장에서 미술 훈련을 받기 시작한 무렵부터 이미 남성들에게 성적 괴롭힘을 받았음을 시사하는 것이 아닐까 싶다. 남성 화가가 그린 같은 주제의 작품과 비교해볼 때, 젠틸레스키의 작품은 수잔나의 일그러진 얼굴을 통한 감정 표현이 매우 격렬하고, 인물들의 구성 역시 훨씬 동적이고 드라마틱하다.

우아한 유디트와 폭력적인 유디트

유디트는 구약성서에 나오는 유대의 아름다운 과부로서, 조국을 점령한 아시리아의 적장 홀로페르네스를 유혹해 목을 벤 여자 영웅이다. 칼을 든 유디트와 잘린 남자의 목은 미술사에서 많은 화가들이 즐겨 그린 중요한 모티프였다.

그런데 젠틸레스키는 유디트를 자신의 내밀한 복수의 수단으로 사용한 것 같다. 〈홀로페르네스의 목을 베는 유디트〉는 그녀가 강간 사건 재판 직후에 그린 것이어서, 미술사가들은 이 살벌한 그림이 남성의 성적 폭력에 대한 혐오에서 비롯된 것이라고 해석해왔다. 유디트의 얼굴은 젠틸레스키 자신으로, 홀로페르네스는 타시의 얼굴로 그려진 것도 이런 추측을 뒷받침한다. 젠틸레스키가 개인적 복수심을 노골적으로 그림에 드러낸다면 사람들로부터 비난을 받겠지만, 성서의 이야기로 교묘히 가장한다면 그러한 비판을 피해갈 수 있지 않았을까?

그러나 진실은 아무도 모른다. 어쩌면 자극적이고 폭력적인 그림을 통해 새로이 정착한 피렌체 사회에 자신의 존재를 선명하게 각인시키려고 했는지도 모른다. 실제로, 피로 범벅된 이 그림은 메디치가와 피렌체 사람들에게 깊은 인상을 주었고, 한 귀부인이 이 그림을 보고 기절했다는 에피소드도 사람들의

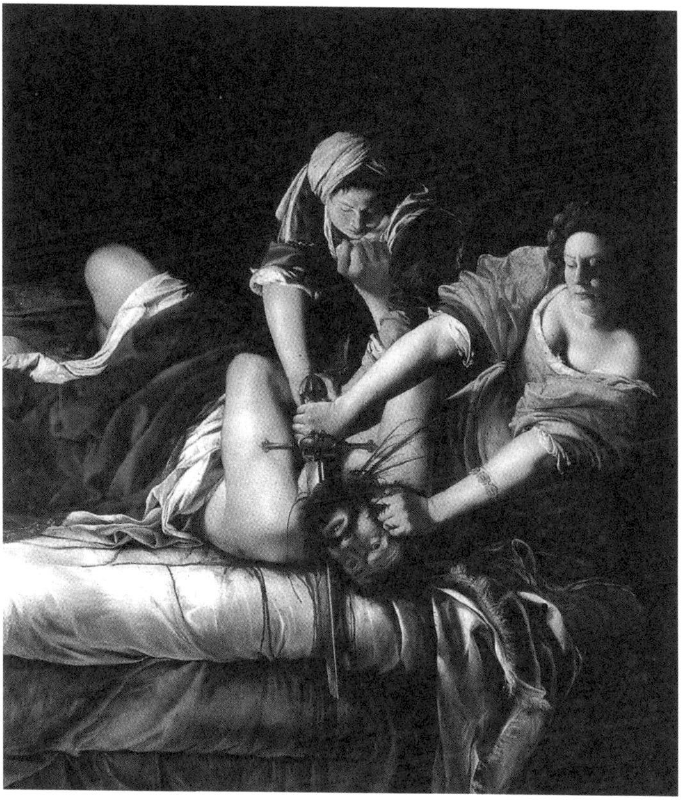

아르테미시아 젠틸레스키, 〈홀로페르네스의 목을 베는 유디트〉
1611~1612년, 캔버스에 유채, 199x162cm, 우피치 미술관, 피렌체

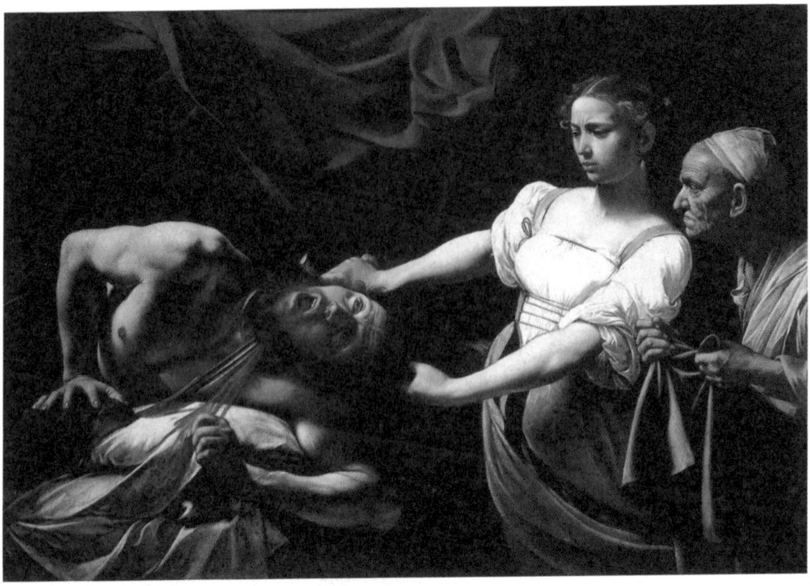

카라바조, 〈홀로페르네스의 목을 베는 유디트〉
1598~1599년, 캔버스에 유채, 145x195cm, 팔라초 베르베리니, 로마

관심을 자극했다. 만약 이런 폭력성이 그녀의 계산된 의도였다면 결과적으로 엄청난 성공을 거둔 것이다.

젠틸레스키의 〈홀로페르네스의 목을 베는 유디트〉에는 강인한 육체적 힘과 의지를 가진 여인의 모습이 보인다. 이는 카라바조가 그린 유디트와 확연히 다르다.

카라바조의 유디트는 몸을 살짝 뒤로 뺀 채 마지못해 참수를 하는 듯 보이는 데다 여리고 예쁘다. 카라바조의 유디트도 적장의 목을 베는 행동은 단호하지만, 침대 시트에 튄 핏줄기에 역겨움을 느끼는 표정이다. 게다가 카라바조는 흰 드레스 안에 보이는 딱딱하게 선 유두를 통해 에로티시즘까지 표현했다.

조르조네가 그린 유디트는 카라바조의 유디트보다 더 우아하고 품위가 있다. 방금 목을 내리쳤다고는 믿기지 않는 고요한 얼굴에는 여성의 부덕과 인자함마저 엿보인다.

클림트가 그린 유디트는 여성이 남자의 목을 자른다는 점에 착안해 아예 이 모티프를 팜 파탈femme fatale의 에로티시즘으로 변형시켜버린다. 가슴을 열어젖힌 채 눈을 몽롱하게 뜨고 입을 살짝 벌린 모습은 성적 암시를 보여주며, 한쪽 구석에 숨겨지듯 보이는 남자의 잘린 머리는 그녀가 전형적인 팜 파탈의 여인임을 드러낸다. 배경, 옷과 목걸이의 신비롭고 화려한 금빛 장식은 이 위험해 보이는 여성이 가져올 파멸 속에 숨은 어떤 짜릿한 쾌락을 상징하는 듯하다. 클림트는 목숨을 걸고 위험한 사명을 수행한 여성까지도 성적 관점에서 보려고 했던 걸까?

이렇듯, 젠틸레스키가 그린 강인한 유디트와 달리 남성 화가들이 그린 유디트는 다분히 온순하고 부드러우며 성적 매력으로 포장되어 있다. 그들 그림 속의 연약하고 우아한, 혹은 교태 어린 자세의 여성이 애국심에 불타 그런 위험한 일을 수행했다는 게 믿기지 않을 정도이다. 유디트가 아름답기는 했을 테지만, 적어도 적장의 목을 벨 정도의 결의와 강건한 정신이 얼굴에서 만큼은 나타나야 하는 것이 아닐까?

17세기를 풍미한 위대한 여성 화가

대부분의 여성 미술가들이 그렇듯이 젠틸레스키 역시 사후에는 미술사의 기록에서 완전히 사라졌다. 이는 부분적으로는 그녀의 그림 양식이 아버지 오라치오 젠틸레스키와 비슷해 작품 상당수가 그의 그림으로 기록되었기 때문이다. 그녀의 작품은 1900년대 초, 이탈리아의 미술사가이자 카라바조 연구자인 로베르토 롱기Roberto Longhi에 의해 그 가치가 알려지기 시작했다.

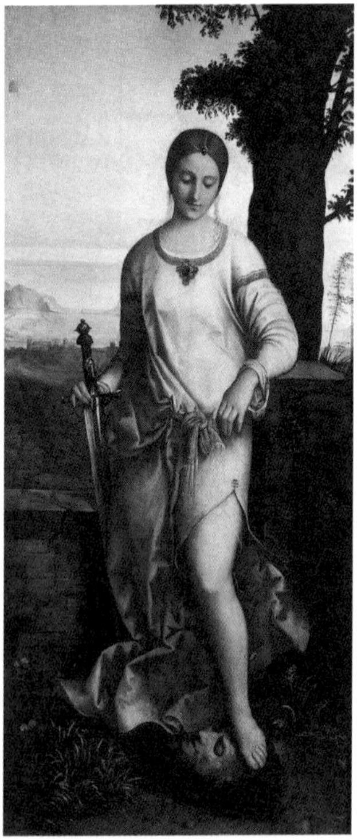
조르조네, 〈홀로페르네스의 목을 갖고 있는 유디트〉
1504년, 캔버스에 유채, 144x66.5cm,
에르미타주 미술관, 생 페테르스부르크

젠틸레스키의 작품이 10대에 겪은 불행한 성폭행 사건과 밀접한 관계를 갖고 있는 것은 사실이다. 린다 노클린을 비롯한 페미니즘 미술사학자들도 젠틸레스키의 작품을 해석하면서 이런 측면을 강조했는데, 젠틸레스키의 작품이 페미니즘 논리에 이상적으로 이용될 수 있는 요소를 갖고 있었기 때문이다.

그러나 일부 미술사가들은 젠틸레스키의 작품 근저에 억압된 복수심이 깔려 있다는 해석에 반대한다. 대신, 그녀가 영리하게도 항간에 회자되었던 강간 재판 사건의 유명세를 이용해 성적 묘사로 가득 찬 여성들의 그림을 그려 남성 후원자에게 어필하고 틈새시장을 공략했다고 주장한다. 최근에는 젠틸레스키가 기존 화단에 팽배했던 여성에 대한 편견과 싸우고 기득권 예술가 그룹에 자신을 성공적으로 소개하기 위해 이런 강렬하고 선혈이 낭자한 그림을 그렸다고 주장하는 미술사가도 있다.

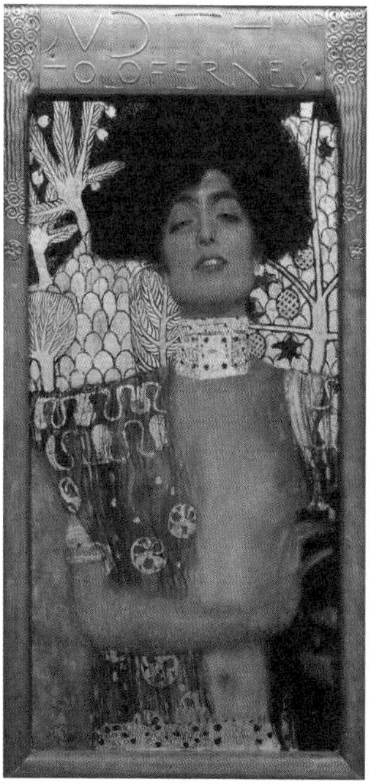

구스타프 클림트, 〈유디트〉
1901년, 캔버스에 유채, 84x42cm,
벨베데레 미술관, 비엔나

젠틸레스키의 작품이 불행한 성폭행 사건으로 입은 정신적 상처의 투영과 그 치유 수단이었든, 화가로서 성공하기 위한 충격적 방법의 선택이었든 간에, 17세기를 풍미한 위대한 여성 화가로서의 젠틸레스키의 미술사적 위치를 위협하지는 않을 것이다.

350년 만에 수장고 밖으로 나온 정물화

●

클라라 페테르스

클라라 페테르스Clara Peeters, 1594년 추정~1657는 17세기 플랑드르에서 가장 유명한 여성 화가이자 정물화의 개척자였다. 다행히 40여 개의 작품이 살아남았으나 그녀의 삶에 관해서는 알려진 것이 거의 없다. 출생과 사망 연도, 결혼, 가족 관계, 사회적 배경 등 모든 것이 미스터리이다. 20세기 초까지 그녀의 이름은 미술사에서 꽁꽁 숨겨져 있었다. 그녀가 세상에 존재를 드러낸 건 지난 2016년. 사후 350여 년 만이다.

2016년 10월부터 2017년 2월까지 앤트워프 왕립 미술관과 로코스하우스 미술관, 프라도 미술관은 공동으로 클라라 페테르스의 전시를 대대적으로 열었다. 사람들은 베일에 가려져 있던 17세기 정물화가의 '맛있는 정물화'에 뜨거운 반응을 보였다. 이 무명 여성 화가의 작품은 어떻게 우리에게 소개된 것일까?

프라도 미술관의 수장고에서 세상 밖으로

전시회를 주관한 프라도 미술관의 수석 큐레이터인 알레한드

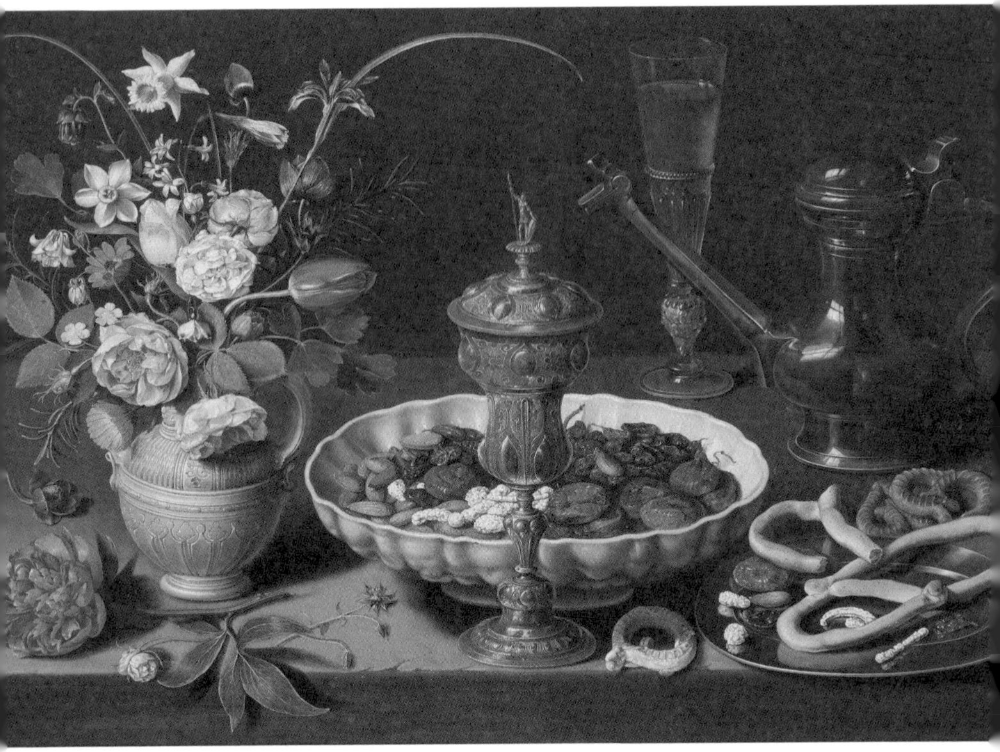

클라라 페테르스, 〈포도주잔, 말린 과일, 과자가 있는 정물화〉
1611년, 나무에 유채, 52x73cm, 프라도 미술관, 마드리드

로 베르가라는 클라라 페테르스를 세상에 소개하게 된 에피소드를 이렇게 전한다.

어느 날 그의 아내가 프라도 미술관을 방문해 전시실을 둘러보다가 그에게 물었다고 한다.

"도대체 여성 미술가들은 어디에 있는 거죠?"

그는 아내의 뜻밖의 질문에 대답하기 위해 여성 미술가의 작품을 찾았지만 전시관 어디에서도 찾을 수 없었다. 그래서 곧장 수장고로 달려가 페테르스의 작품들을 꺼내왔는데, 얼마 뒤 미술관 관장이 여성 미술가의 전시를 기획하면서 그에게 자문을 구했고, 운명처럼 페테르스를 추천하게 됐다고 한다. 이리하여 400년 전의 화가는 21세기 우리 앞에 다시 돌아왔다.

최초로 열린 클라라 페테르스 전시회에 초대된 정계·문화계 등 각계 인사들은 대부분 그녀의 이름을 들어본 적이 없었다. 이들은 전시를 통해 17세기 여성 거장의 풍요로운 식탁을 구경하면서 비로소 감탄사를 연발했다.

그런데 그녀의 정물화에는 흥미롭게도 숨은 그림이 곳곳에 있었다. 바로 정물화 속 백랍 주전자 위, 황동색 금속 고블릿 등에 자화상을 그려 넣은 것이다. 마치 언젠가 사람들이 정물에 숨은 자신의 얼굴을 발견하고 그 존재를 알아봐주길 수백년 동안 기다린 듯 느껴지지 않는가?

페테르스는 포도주잔, 접시, 동전, 식기 등에 반사된 빛에 특히 매료되었다. 얀 반 에이크Jan van Eyck가 〈아르놀피니의 결혼〉에서 거울에 비친 자신의 초상을 그린 것처럼 15세기 플랑드르 화가들은 거울에 반사된 자화상을 그림 속에 종종 그려 넣었다. 그러나 이후 오랫동안 아무도 이런 시도를 하지 않았고, 더욱이 정물화에서 식기에 비친 자신의 초상을 그려 넣은 화가는 그녀가 최초였다. 그녀는 고블릿이나 금박 입힌 컵, 금속 뚜껑 등 식기 표면에 반사된 자기 얼굴을 아주 작게 그렸다. 그녀가 숨겨 놓은 조그만 초상들은 관람자로 하여금 가까이에서 그림을 관찰하고 싶게 만든다.

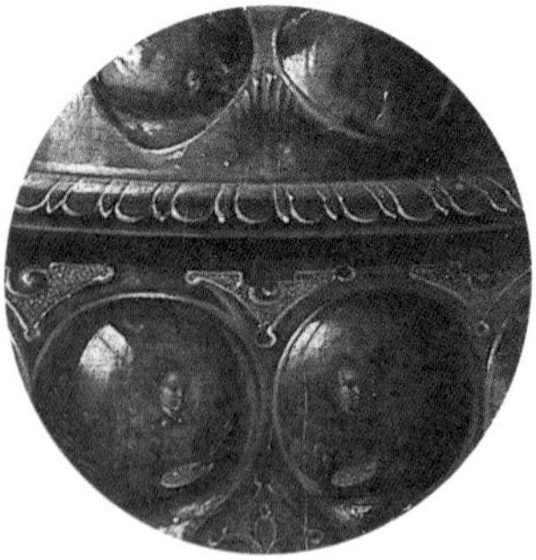
클라라 페테르스의 정물화 속 자화상(앞 그림의 세부)

르네상스 시대 이후 화가들은 작품의 창조자로서 자신의 이름을 당당히 서명했지만, 여성 화가들에게는 이마저 쉽지 않았다. 아마도 페테르스는 그림 속에 자화상을 여러 개 숨겨놓음으로써 자신의 존재를 드러내고 싶었던 것이 아닐까? 아니면 온통 남성 미술가가 장악한 미술계에 대한 저항의 표시였을까? 어쩌면 그녀는 현대적인 여성의 자의식을 가졌을지도 모른다.

네덜란드 정물화의 개척자

페테르스는 정물화의 개척자였다. 고전적인 르네상스식 그림이 유행했던 17세기 네덜란드에서, 그녀는 차츰 전 유럽에 영향을 끼치기 시작한 사실주의 양식을 선택한다. 당시 네덜란드는 해상 무역으로 부를 축적한 상인 계층이 탄생해 점차 사회의 중심 세력으로 성장하고 있었다. 이들은 자신의 집을 꾸밀 미술품으로 무거운 주제의 역사화가 아니라 일상생활을 담은 풍속화나 정물화, 초상화를 선호했다. 이러한 사회적 배경 속에서 플랑드르를 중심으로 정물화가 발달했고, 클라라 페테르스는 그 중심에 있었다.

한편, 17세기 네덜란드의 정물화는 대체로 바니타스 회화였다. 바니타스 회화란 삶의 유한성, 환락의 공허함, 죽음의 필연성을 주제로 한 그림을 말한다. 그러나 그녀의 작품을 보고 있으면, 인생의 허무함보다는 식욕을 먼저 느낄 것이다. 맛있는 생선, 치즈, 가금류 등 호화로운 만찬 음식과 식재료, 꽃, 고급스러운 그릇, 고블릿, 금화로 장식된 식탁의 묘사는 그녀의 트레이드마크이다.

〈바니타스 초상화〉 속의 여성은 페테르스로 추정된다. 여인은 먼 곳을 사색하듯 응시하며 손에 자신의 모습을 비추는 거울을 들고 있다. 이것들은 아마도 자신을 되돌아보고 반추하는 것을 상징하리라. 그녀는 서른 살 정도의 한창 무르익은 나이다. 그녀의 머리 오른쪽에 그려진 물거품은 이 그림이 바니타스 회화라는 것을 보여준다. 테이블 위에는 고블릿, 꽃 등 정물화에 늘 상 등장하는 사물들과 함께 금화와 은화, 보석, 인생의 운과 쾌락에 연관되는 두 개의 주사위 등 바니타스 회화 속에 자주 등장하는 상징물이 있다.

페테르스에 대한 자료는 매우 빈약해 작품의 서명과 그린 날짜 정도의 기록만 남아 있다. 그러나 작품의 기술적인 세련미와 정교한 구성으로 미루어볼 때, 페테르스는 숙련된 그림 훈련을 받았음이 분명하다. 현재로서는 그녀가 화가의 딸로 태어나 아버지에게서 직접 그림을 배웠을 것으로 추정된다.

또한 사용한 캔버스가 17세기 유명 예술 도시인 앤트워

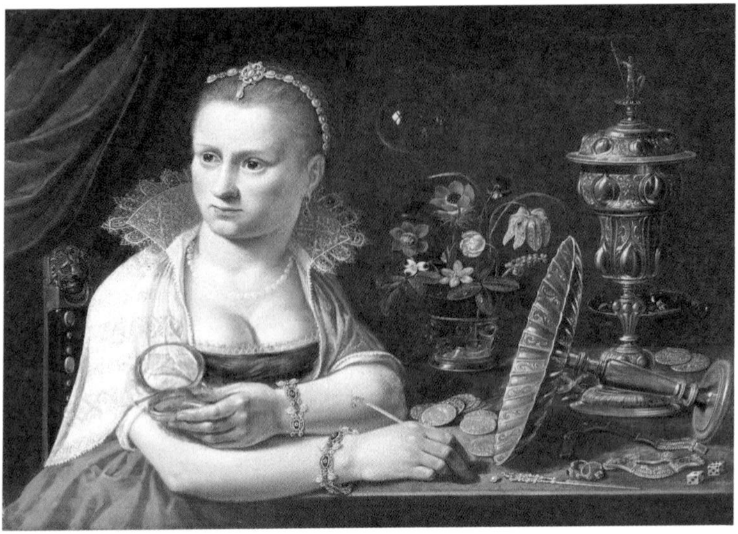

클라라 페테르스, 〈바니타스 초상화〉
1618년, 나무에 유채, 37.2x50.2cm, 소장 미상

프의 제품이고, 그림 속 버터나이프에 앤트워프 은세공인의 상표가 새겨진 것을 볼 때 앤트워프에서 활동한 것으로 추정된다. 앤트워프에서 발견된 문서에는 '앤트워프 출신의 여자 클라라 페테르스가 1608년 그린 설탕 만찬'이라는 기록도 있다. 페테르스는 1621년 이후부터 돌연 그림을 그리지 않았는데, 레이스테르처럼 결혼과 동시에 작업을 중단한 것으로 보인다.

검소한 네덜란드식 아침 식사 정물화

〈치즈, 아몬드, 프레첼이 있는 정물화〉는 17세기 초반, 네덜란드인들이 아침 식사에서 먹던 음식을 묘사한, 이른바 '아침 식사' 정물화이다. 화면에서 제일 시선을 끄는 것은 치즈 덩어리들의 건축적인 구성이다. 접시 위에 고다 치즈 반쪽이 있고, 그 앞에 파슬리색 에담 치즈, 그리고 양 치즈가 고다 위에 올려져 있다. 치즈의 구멍과 균열들이 자세히 묘사되어 있고, 양 치즈 위에는 버터가 담긴 그릇이 불안정하게 얹혀 있다. 톱니 나이프로 잘린 버터 단면도 섬세하게 표현되어 있다. 왼쪽에서 비추는 강한 빛에 의해 치즈의 단면, 말린 건포도와 무화과, 뒤틀린 프레첼, 아몬드, 구운 빵, 토기, 도금한 금속 장식 유리잔에 다양한 효과의 빛 반사가 묘사되어 있으며, 어두운 뒷배경은 이 사물들을 더욱 도드라지게 한다. 이처럼 페테르스의 정물화는 정교한 형태와 질감을 가진 사물들이 어둡고 밋밋한 배경과 우아한 대조를 이루는 것이 특징이다.

이 소박한 아침 식사 그림은 17세기 후반에 나타난 과일과 화려한 꽃 장식, 사치스러운 이국 음식이 있는 정물화들과 다르다. 당시 결혼 선물용으로 쓰인 나이프의 손잡이에는 '신

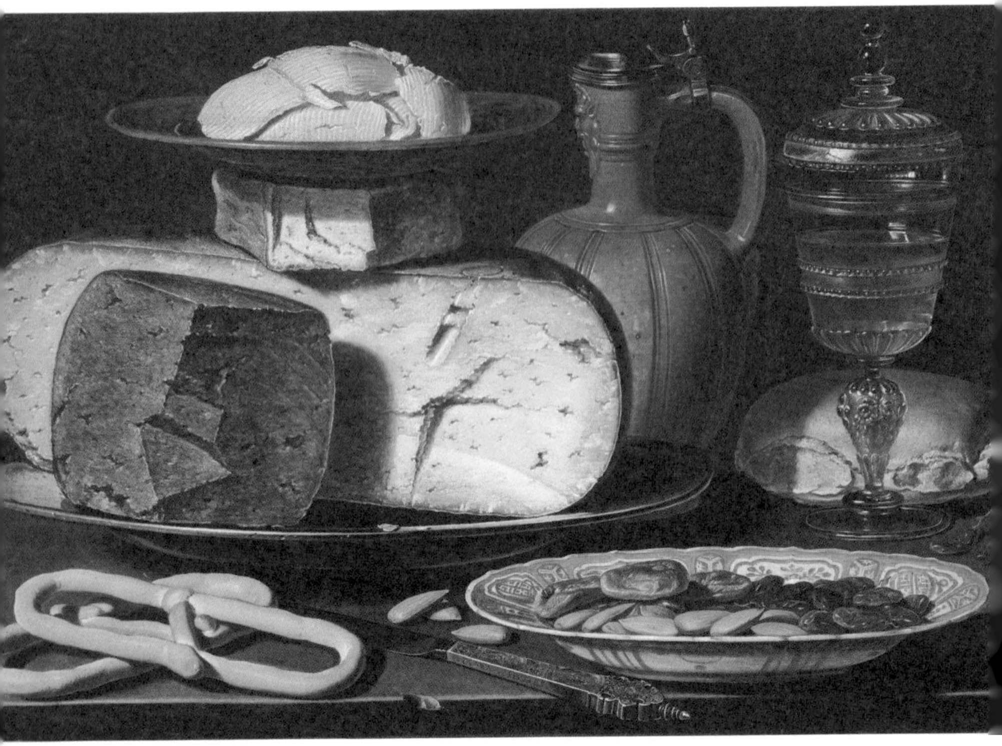

클라라 페테르스, 〈치즈, 아몬드, 프레첼이 있는 정물화〉
1615년, 나무에 유채, 34.5x49cm, 마우리츠하위스, 헤이그

의'와 '절제'를 상징하는 고대 여신들이 새겨져 있는데, 이는 네덜란드 황금시대의 풍요를 경계하는 '근검'의 메시지로 읽을 수 있다. 페테르스는 이 작품에도 자신의 이름 'Clara Peeters'를 나이프에 새겨놓았고, 단지 뚜껑에도 반사된 얼굴을 그려 넣었다. 백랍 접시에 담긴 치즈 반쪽들, 치즈 위에 놓인 버터, 중국제 접시에 담긴 무화과와 건포도, 탁자 위의 프레첼이 먹음직스럽다. 유명한 베네치아산 유리잔과 토기 주전자 등 고급스러운 식기류 묘사도 매우 정교하다.

맛있는 것과 예쁜 그릇, 그리고 삶의 기쁨

17세기 네덜란드에는 부를 축적한 새로운 시민 계층이 등장했고 이들은 귀족의 전유물이었던 사냥에 특히 관심이 많았다. 사냥은 수 세기 동안 귀족들이 사랑한 스포츠이자 기본적으로 엘리트 계층이 즐긴 활동이었다. 따라서 부르주아의 허영심을 충족시키는 사냥 주제의 정물화는 집 안에 들여놓고 싶은 인기 품목이었던 것으로 보인다.

〈새매, 가금류, 도자기와 조개껍질이 있는 정물화〉를 보자. 바구니 가장자리에 앉아 있는 새는 유라시아 새매이다. 새매는 사냥할 때 사용된 맹금류이다. 바구니 안에는 수컷 청둥오리가 있고, 테이블 왼쪽 끝에는 머리를 늘어뜨린 암탉과 도요새, 뒷배경에는 꼬리만 간신히 보이는 수탉이 있다. 붉은 점토 접시 위에는 한 쌍의 비둘기가 털이 뽑힌 채 손질돼 있고, 다른 새들 역시 곧 같은 신세가 될 것이다. 비둘기 옆의 붉은 새는 피리새인데, 청둥오리의 초록색과 이울리는 선명한 붉은색 때문에 소재로 선택되었을 것이다. 바구니 바깥에 줄줄이 열 지어

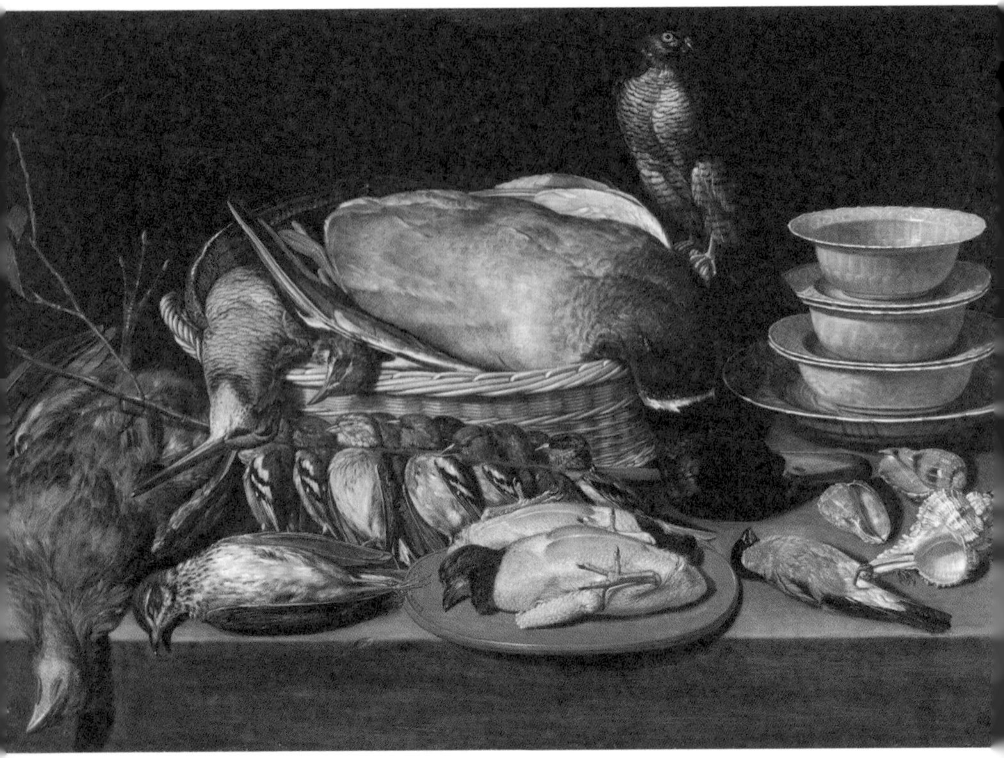

클라라 페테르스, 〈새매, 가금류, 도자기와 조개껍질이 있는 정물화〉
1611년, 나무에 유채, 52x71cm, 프라도 미술관, 마드리드

목이 매달린 것은 핀치새다. 이 작은 새들은 새매의 먹이인지도 모른다. 새들의 보드라운 깃털은 단단하고 매끄러운 도자기, 조개껍질의 질감과 대조를 이룬다.

정물화 속의 이국적인 도자기와 조개, 그리고 사냥의 모티프는 부르주아 구매자들을 매혹시킨 소재였다. 중국의 청화백자는 17세기에 유럽 전역으로 수입돼 각국 도기 제조술과 중상류층 취향에 큰 영향을 미쳤다. 네덜란드의 유명한 델프트 도자기는 중국 도자기를 모방한 것으로서, 정물화에도 많이 등장한다. 조개껍질 수집 역시 이국적인 것에 매혹된 엘리트 집단 사이에서 특히 인기가 있었고, 정물화에서도 자주 나타난다.

우아한 목재 선반과 어두운 뒷배경이 선반 위에 놓인 다양한 새와 조개, 도자기 등 사물의 조화로운 색채와 질감을 돋보이게 한다. 보송보송한 촉감이 느껴지는 새의 깃털, 바구니의 패턴, 반질반질한 도자기 표면 등 각기 다른 소재의 세밀한 질감 표현은 페테르스의 절정에 다다른 기교를 보여준다. 페테르스가 정물화의 분야를 넘어서서 남성 화가의 영역으로 취급받던 역사화나 종교화에 손을 댔다면, 과연 그녀가 어떤 걸작을 내놓았을지 궁금해진다.

위에서 내려다본 시점으로 그려진 〈맛있는 것들, 로즈메리, 와인, 보석과 촛불이 있는 정물화〉에서는 고급스러운 포도주잔, 베네치아산 유리컵, 그리고 부유층의 미각을 즐겁게 할 맛있는 과자들이 보인다. 당시 네덜란드는 경제적 번영과 함께 음식 문화가 발전했고 디저트 수요도 증가했다.

고블릿과 물잔, 촛대가 만드는 세 개의 수직선은 화면에 질서를 부여한다. 온갖 과자들과 보석, 이국적인 꽃, 값비싼 식

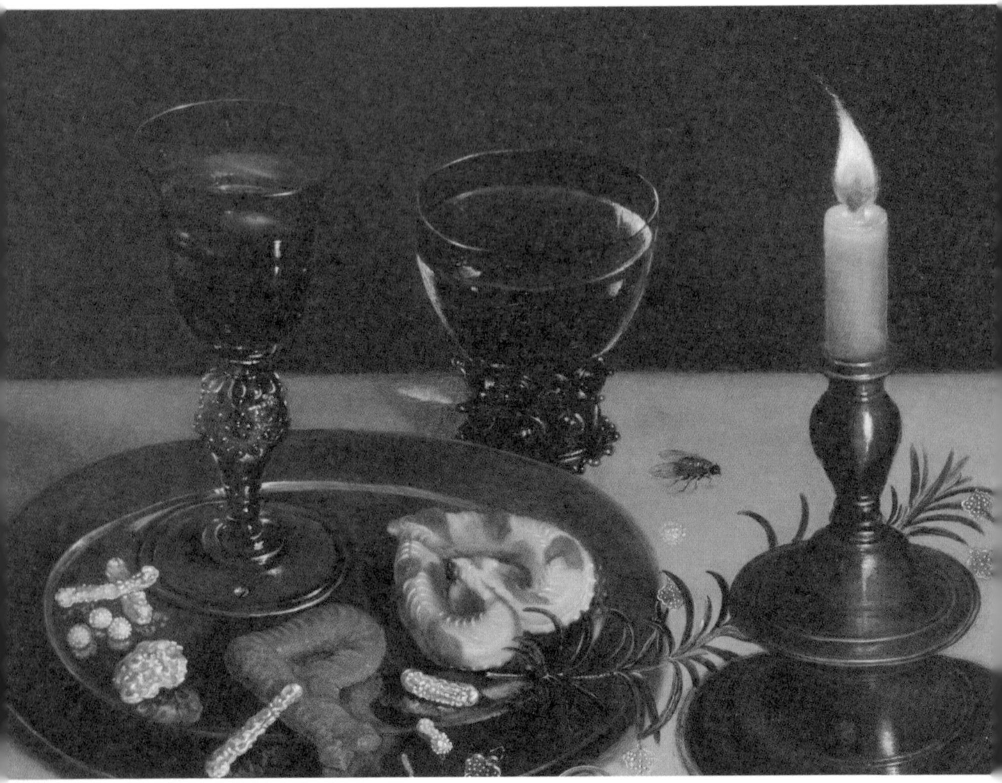

클라라 페테르스, 〈맛있는 것들, 로즈메리, 와인, 보석과 촛불이 있는 정물화〉
1607년, 나무에 유채, 23.7x36.7cm, 소장 미상

기와 풍요로운 식탁은 이 그림이 부유한 수집가를 위해 그려졌다는 것을 보여준다. 페테르스는 빛이 반사돼 반짝거리는 유리와 금속 등 사물의 재질을 묘사하는 데 놀라운 능력을 가졌고, 특히 초기 작품에 이러한 특징이 잘 녹아 있다. 이 그림 역시 그녀의 특기가 고스란히 담긴 초기작이다. 그림에는 'Clara P 1607'이라고 서명되어 있으며, 그녀의 이니셜 P 모양의 프레첼도 있다. 촛대 아랫부분에는 자신의 초상도 그려 넣었다. 페테르스는 이렇게 작품에 끊임없이 'Clara Peeters', 'Clara P', 'CP'라는 서명을 하거나, 나이프 같은 사물에 제조 회사의 상표처럼 자기 이름을 새겨 넣었고, 작게 초상을 그려 넣기도 했다. 그림 곳곳에 숨겨놓은 서명과 자화상이 자신을 드러낼 수 없었던 사회에 살았던 한 여성의 몸부림 같아 안타깝다.

삶의 기쁨과 허무, 쾌락과 금욕 사이에서

〈맛있는 것들, 로즈메리, 와인, 보석과 촛불이 있는 정물화〉는 유쾌하고 안락한 중산층 식생활의 일면을 묘사한 한편, 바니타스의 개념을 품고 있다. 과자는 달콤하지만 일시적인 미각 만족만 줄 뿐이며, 반지는 세속적 부와 일시적 관계를 상징하고, 파리는 삶의 쇠락을 의미하며, 타고 있는 촛불은 수명의 한계를 뜻한다. 붉은 포도주와 십자가 모양으로 포개진 과자는 인류의 원죄에 대한 그리스도의 속죄를 뜻한다. 오랫동안 향기를 유지하는 로즈메리는 영원의 상징이기도 하지만 기억 상실증 치료약으로 쓰였다는 점에서 메멘토 모리Memento mori, 즉 '죽음을 기억하라'는 의미를 담고 있다.

반면, 어떤 이는 이 정물화가 삶의 허무가 아니라 삶의

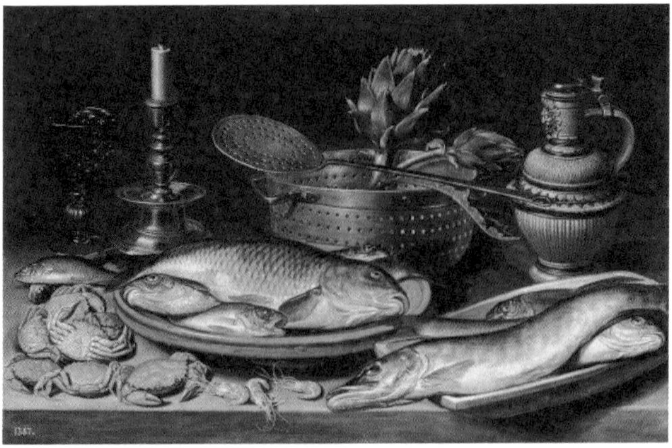

클라라 페테르스, 〈촛대와 생선이 있는 정물화〉
1611년, 나무에 유채, 50x72cm, 프라도 미술관, 마드리드

행복, 즉 결혼에 대한 의미를 담았다고 해석하기도 한다. 단서는 로즈메리 잔가지에 매달린 황금 장신구이다. 이 딸기 모양의 귀한 장신구는 17세기 결혼식에서 신부의 테이블을 장식하기 위해 신부에게 선물로 주어졌던 것이다. 딸기는 한 개의 열매에 많은 씨가 있어 다산과 결혼의 전통적 상징이었다. 로즈메리 가지는 충실한 결혼 생활의 상징이며, 반지 역시 결혼의 전형적 표상이다. 접시 위의 사탕 과자는 결혼식에서 하객을 대접하기 위해 내오는 것이며, 하트 모양의 비스킷은 사랑을 뜻한다. 섬세한 베네치아산 유리잔 옆의 튼실해 보이는 유리잔은 신부와 신랑을 상징한다.

한편, 클라라 페테르스는 정물화에서 최초로 신선한 생물 생선 그리기를 시도했다. 〈촛대와 생선이 있는 정물화〉에서는 생선 비늘, 게 딱지, 바구니 표면의 구멍, 도자기 주전자의 울퉁불퉁 요철 무늬의 묘사가 섬세하면서도 절묘하다.

페테르스의 정물화에 나타난 이러한 풍성한 식탁은 17세기 네덜란드의 경제적 발전과 높은 생활 수준을 보여준다. 경제적 풍요는 화려한 음식 문화를 꽃피우게 했다. 여러 가지 고기류와 해산물, 수입 설탕과 차가 식탁에 올려졌고, 중국에서 들여온 도자기로 인해 식기류도 고급화되었다.

정물화에서는 이런 세속적인 향락 문화와 더불어 바니타스의 개념이 혼재되어 나타났다. 물질적 소비를 즐기는 동시에 세속적 재화의 공허함을 드러낸 것이다. 이것은 당시 사회에 상반된 생각이 공존했음을 보여준다. 즉, 바니타스 정물화는 16~17세기에 싹을 틔운 근대 자본주의 정신과 중세 금욕적 전통의 갈등을 보여주는 동시에 근대 물질주의 사회로 나아가는 과도기를 드러낸 미술 장르였던 셈이다. 금욕적인 신교의 교리에 어긋나지 않으면서도 현세적 쾌락을 즐기고 부를 과시하고 싶었던 사람들의 바람을 정물화가 절묘하게 만족시킨 것이다.

페테르스는 고도로 숙련된 예술적 기교를 바탕으로 꽃, 금박 고블릿잔, 유리잔을 비롯한 여러 가지 식기류, 금화와 은화, 과일과 과자, 각종 식재료 등 그리기 까다로운 사물들을 테이블 위에 배치해 당시 사람들의 욕망을 파고들었고, 동시에 새로운 기법을 실험하며 정물화의 위상을 끌어올렸다.

탐험 정신으로 빚어낸
과학과 미학의 결합

●

마리아 지빌라 메리안

'서양의 곤충학자'라고 하면 누가 가장 먼저 떠오르는가? 아마도 파브르일 것이다. 여기 파브르를 앞선 최초의 곤충학자이자 용감한 탐험가, 정교하고 아름다운 동식물 수채화와 동판화를 남긴 불세출의 여성 예술가가 있다. 바로 마리아 지빌라 메리안Maria Sibylla Merian, 1647~1717이다.

메리안은 시대를 앞선 가치관과 행동력을 보여준 경이로운 여성이었다. 그녀의 삶은 여러 가지 측면에서 세계사의 여자 영웅 반열에 오를 만했지만, 지금은 잊혀져 이름조차 낯설다. 메리안은 왜 과학사에서도 미술사에서도 감쪽같이 사라졌을까?

당시 미술계나 과학계는 철저하게 남성 중심으로 돌아갔다. 더구나 그녀는 정식으로 과학 교육을 받지 못했다. 이 때문에 곤충학계에서 업적이 평가 절하됐고, 끝내 곤충학사에서 제외됐다. 미술계는 어땠을까? 미술계는 동판화나 수채화를 유화나 역사화보다 수준 낮은, 하위 단계의 예술 영역으로 인식했다. 여성인 데다 하위 단계의 예술을 한다는 편견까지 보태져

메리안은 미술계에서도 제대로 인정받지 못하고 결국 이름이 누락되었다.

화가의 딸, 곤충에 빠지다

메리안이 그나마 자신의 재능을 발휘할 수 있었던 것은 그녀가 예술가 집안에서 성장했기 때문이다. 메리안은 유명한 동판화가이자 데생화가, 출판업자인 마테우스 메리안Matthäus Merian의 딸로 태어났고, 네덜란드 정물화가인 야콥 마렐Jacob Marrel을 의붓아버지로 두었다.

그녀의 아버지는 일찍부터 딸의 재능을 알아보았고, "훗날 사람들이 이 아이가 마테우스 메리안의 딸이라고 칭송하는 걸 못 보고 떠나니 애석하다"고 유언을 남길 만큼 메리안이 대성할 재목임을 예감했다. 마테우스 메리안은 동판화 삽화가 수록된 전문 서적을 펴내는 출판사를 갖고 있었는데, 출판사나 공방은 주로 아들, 사위, 견습생들을 통해 유지되었다. 그는 딸이 공방을 드나들며 소질을 개발하도록 도왔고, 의붓아버지인 마렐도 메리안이 그림에 천재적 소질을 갖고 있다고 생각해 자신의 아들들과 함께 동판화와 수채화를 가르쳤다.

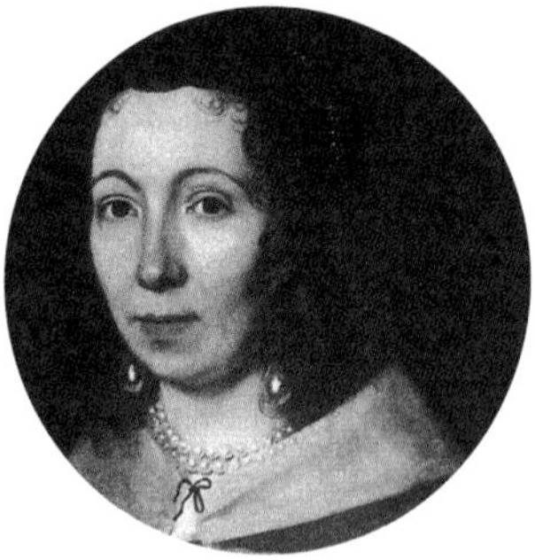

메리안의 초상화

당시 길드는 여성이 그림 훈련을 받거나 유화를 그리는 것을 금지했기 때문에, 메리안은 가족의 공방에서 드로잉과 수채화, 정물화, 동판화를 배웠다. 정물화와 수채화는 여성들 또는 취미로 그림을 그리는 아마추어 화가들에게 적합하다고 여겨져 그나마 용인되었던 것이다.

남자 형제들이 가업을 잇기 위한 초석으로 여행을 하며 견문을 넓히고 후원자를 찾을 때, 메리안은 집 안에 남아 성실한 딸 노릇을 하며 여성의 미덕을 갖추도록 강요받았다. 그러나 그녀는 오히려 바깥세상보다 공방에서 더 많은 식견을 쌓았다.

메리안의 전기 작가인 킴 토드에 따르면, 당시 출판 공방은 지식과 창의성의 중심지였다. 읽을거리라고는 오직 성서뿐이고, 회의적 시각, 참신한 아이디어, 위험한 열정을 꿈꾸는 것이 허락되지 않았던 시대에, 출판 공방은 새로운 지적 흐름을 접할 기회를 독점했다. 그리고 여기서 출판된 책들은 지적 탐구에 목말라 있던 소수의 사람들, 즉 과학자, 종교적 소수자, 공상가들의 은둔처가 되었고, 자유로운 생각을 하는 사람들을 매혹시켰다. 공방은 메리안에게 지적으로 성숙해질 기회를 제공한 최고의 장소였던 셈이다.

그렇다면 그녀는 언제, 어떤 계기로 곤충에 관심을 가지게 된 걸까?

메리안의 자연 관찰에 대한 호기심은 어린 시절부터 시작된다. 아버지의 출판 공방에서 수많은 책을 접하던 메리안은 우연히 책에서 벌레 삽화를 본 뒤 곤충에 매료됐다. 그녀는 곤충이야말로 세상에서 가장 멋진 생명체라고 생각했다. 그날부터 메리안은 누에를 기르면서 애벌레가 나방으로 변태하는 것을 관찰했다. 집 근처에서 발견할 수 있는 모든 애벌레를 채집해 그 성장 변화를 관찰했고, 그들이 알에서 애벌레, 번데기를 거쳐 성충으로 변태하는 과정을 연구하고 스케치했다. 또한, 다양한 곤충들을 찾아내 그것들을 숙주 식물 위에 올려놓고 매일 여러 시간 동안 그렸다. 당시만 해도 벌레는 역겹고 쓸모없는 생명체로 여겨졌다. 사람들은 '벌레는 썩은 진흙에서 자연 발생한 악마의 생물'로 규정한 아리스토텔레스의 자연발생설을 사실로 믿고 있었다.

1665년, 메리안은 열여덟 살에 의붓아버지 제자인 요한 안드레아스 그라프Johann Andreas Graff와 결혼했는데 그는 술주정뱅이인 데다 경제적으로 무능했다. 메리안은 남편 대신 생계를 꾸리기 위해 자수의 도안을 그려 팔았고, 양피지와 리넨에 꾸준히 그림을 그렸다. 다행히 그녀의 그림은 찾는 사람들이 많았다. 그림을 통해 부유한 계층과 친분을 쌓고 부잣집의 호화로운 정원을 드나든 메리안은 어린 시절처럼 갖가지 꽃과 곤충들을 관찰할 기회를 얻게 됐다.

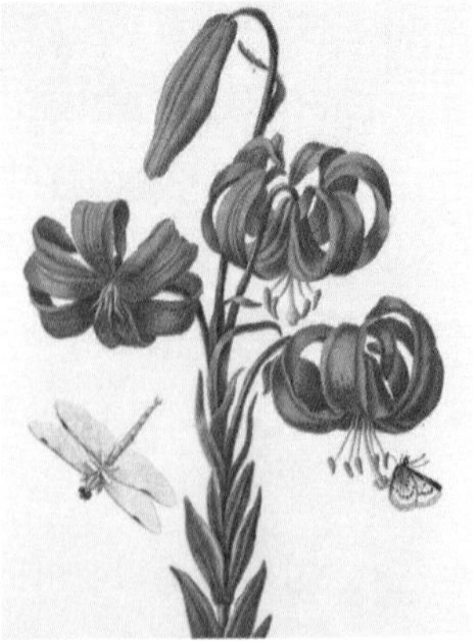

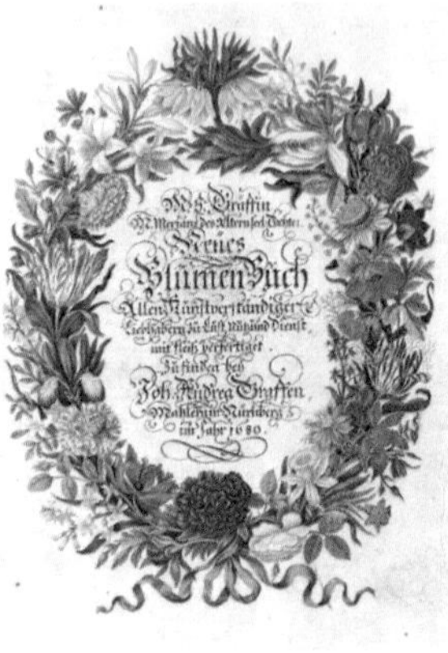

1675년 메리안이 펴낸
《새로운 꽃에 관한 책》에 실린 삽화들

이러한 관찰을 바탕으로 1675년에는 최초의 삽화집 《새로운 꽃에 관한 책》을, 1679년에는 곤충의 탈피를 소재로 한 삽화집 《애벌레의 경이로운 변태와 그 특별한 식탁》을 출판했다. 메리안이 남긴 아름답고 정밀한 곤충 그림과 세심한 관찰 기록은 사람들이 곤충에 대해 얼마나 무지한지 일깨워줬다.

특히 한 장의 그림에 곤충 알이 애벌레, 번데기, 나비로 변하는 과정을 그려 넣고 짧은 해설을 붙인 1679년 화집은 최초의 곤충도감이자 곤충이 유기물에서 자연 발생한다는 기존의 자연 발생설을 일거에 뒤집은 혁명적인 과학책이었다. 또한 알, 애벌레, 번데기, 성충 등 발달 단계의 모든 유기체를 똑같은 크기로 한 지면에 그려 원근법과 시간의 흐름을 무시한 초현실 기법도 선보였다. 곤충도감이지만 여느 그림 못지않게 모더니즘 회화의 중요한 요소를 담아낸 것이다. 이처럼 메리안의 삽화집은 미술사에서나 과학사에서나 매우 흥미로운 역작이다.

불행한 결혼 생활을 끝내고 열대로 떠나다

1685년 메리안은 불행하기만 했던 결혼 생활을 끝내고 두 딸과 어머니와 함께 네덜란드 프리슬란트에 있는 경건주의 종교 결사체인 라바디파 공동체에 들어간다. 인생의 새로운 전환점을 맞은 것이다.

메리안은 이곳에서 공동체의 후원자이자 네덜란드의 남아메리카 식민지 수리남suriname의 총독 솜멜스다이크가 보내준 열대지방의 곤충 표본들을 보며 곤충 연구를 이어나갔다. 메리안의 그림들은 기본적으로 과학자의 눈으로 그려졌지만, 한편으로는 다양한 생명체를 창조한 신에 대한 찬미이기도 했다. 그녀는 자연에 대해 깊은 경외심을 느꼈고, 자연 형상의 완벽성 속에서 신의 손길을 보려고 했다.

그러나 공동체는 오래가지 않았다. 몸담은 공동체가 붕괴하자 메리안은 1691년 암스테르담으로 이주해 공방을 열었다. 이때부터 종교적 은둔 기간 동안 중단했던 작품 활동을 재개하고, 학생들을 모아 그림을 가르치며 가족을 부양했다. 당시 네덜란드는 왕성한 식민지 개척과 해상 무역으로 황금시대를 누렸고, 암스테르담은 인구 10만이 넘는 대도시로 성장했으며, 외국에서 건너온 온갖 문물이 거래되며 활기를 띠었다. 메리안은 식민지에서 들여온 열대 생물종 표본을 보면서 흥분을 감출 수 없었다. 그러나 이것들은 죽은 곤충 표본에 불과했다. 그녀는 실제 곤충들의 서식지와 생태사가 궁금했다.

1699년, 그녀는 책과 표본으로만 보던 열대 생물을 직접 관찰하고 연구하기 위해 남아메리카 북동부에 있는 수리남을 향해 위험한 항해길에 오른다. 이 해는 메리안의 인생에서 가장 역동적이고 모험적이며, 훗날 그녀를 불세출의 과학자이자 예술가로 만든 기념비적인 해였다.

과학자의 눈으로 예술적 감성을 그리다

메리안이 수리남에 도착한 것은 그녀가 쉰두 살 되던 해였다. 17세기 후반의 쉰두 살이란 지금의 평균 수명을 생각하면 아마도 일흔 살쯤은 되었을 나이였다. 경제적 여유가 없었던 그녀는 여행 비용을 위해 255개의 작품을 팔고 네덜란드 당국에 탐사 지원 신청서를 냈다. 처음에는 나이가 많은 데다가 여성이라는 이유로 거절당했지만, 탐사 경비를 갚겠다는 각서를 쓰고 난 뒤 마침내 둘째 딸과 함께 2개월간의 험난한 뱃길에 오를 수 있었다.

수리남의 한 식민지 마을인 라 프로비덩스La Providence에 정착한 메리안 모녀는 이후 2년간 나비, 나방, 풍뎅이, 거미, 도마뱀을 비롯한 각종 양서류, 뱀, 열대 식물 등 수많은 토착 동식물을 채집해 표본을 만들고 스케치했다. 또한 동물종의 생활사를 그 발달 단계에 따라 연구하고 기록해두었다. 메리안은 현장 탐사를 위해 현지 가이드의 도움을 받았는데, 당시 회고를 보면 얼마나 가혹한 여정이었는지를 알 수 있다.

> "열대 숲은 엉겅퀴와 가시들이 함께 얽혀 자라고 있었고, 노예들이 손도끼로 그것들을 자르고 길을 만들었다. 아주 성가시고 힘든 작업이었다."

열대의 혹독한 기후 속에서 허름한 집을 빌려 매일 보트를 타거나 걸으면서 농장으로, 숲으로, 강으로 돌아다니는 그녀를 보고, 현지 백인 정착민들은 '미친 여자'라며 수군댔다. 하지만 그녀의 탐구 정신은 한 치도 흔들리지 않았다.

1701년, 탐사 도중 말라리아에 감염된 메리안은 수백 점의 표본과 스케치를 들고 암스테르담으로 되돌아와야 했다.

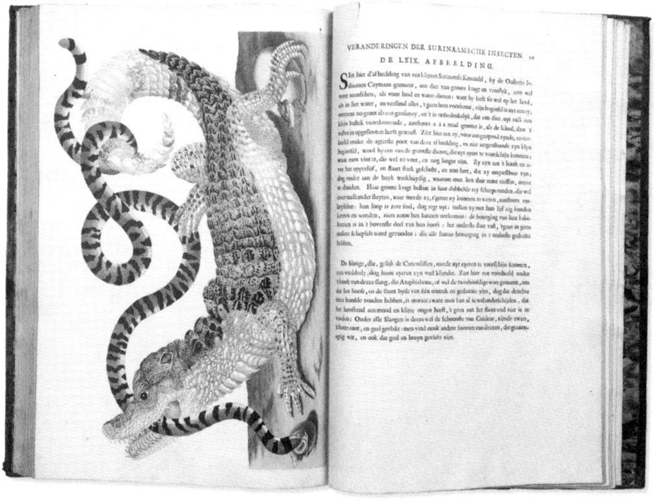

1705년판 《수리남 곤충들의 변태》

그리고 1705년, 60여 장의 동판화 작품을 수록한《수리남 곤충들의 변태》를 출판한다. 이 화집에는 양귀비, 풍뎅이, 애벌레, 아틀라스 나방, 튤립, 석류와 나비 등 아름답고 평화로운 그림도 있지만 악어와 뱀이 치열하게 싸우는 드라마틱한 그림도 있다. 현장 탐사만이 얻을 수 있는 생생한 '동물의 왕국'의 재현이었다. 지금이야 내셔널지오그래픽이 제작한, 먹고 먹히는 생물종들의 투쟁 장면을 안방에서 얼마든지 볼 수 있지만, 그 당시에 메리안이 동판화에서 묘사한 것과 같은, 개구리 한 마리가 물벌레들에 의해 삼켜지는 생생하고 잔인한 야생의 세계를 어떻게 접할 수 있었겠는가?

메리안은 파리가 죄의 상징이라든지 나비는 부활한 영혼이라든지 하는 문학적 은유로 곤충들을 보지 않고 냉철한 과학적 시선을 유지했다. 그러면서도 린네처럼 형식화된 분류체계 속에 그것들을 가둬두지도 않았다. 또한 그녀의 작품은 과학자의 눈으로 예술적 감성을 그렸다고 할 만큼, 과학과 미학이 성공적으로 결합되어 있다.

작가이자 탐험가인 레드몬드 오한론은 "여러분은《수리남 곤충들의 변태》를 보자마자 화가이자 동식물 연구가였던 한 여성에 의해 역사상 가장 멋진 책이 탄생했다는 걸 느끼게 될 것이다. 그녀는 역사상 가장 놀라운 여인이며, 러시아의 예카테리나 여제처럼 진정한 여자 영웅이었다"라고 극찬하며, 메리안의 작품을 "조용함 속에서 경이로운 결과를 낳았고, 보잘것없는 곤충과 야생화를 신의 작품으로 변화시켰다"고 평가했다.

이 책은 출판되자마자 귀족과 상류층의 열광적 지지를 받았고, 작가이자 식물학자였던 괴테의 찬사를 받았으며, 조지 3세와 러시아의 표트르 대제까지 왕실 소장품으로 동판화를 사갈 정도로 뜨거운 반응을 일으켰다. 메리안의 동판화들은 곧 각국의 궁전, 도서관, 박물관, 상류층의 거실에 걸렸고, 그녀는 한동안 과학계와 미술계 양쪽에서 인정을 받으며 큰 사회적 성공을 거두었다. 그러나 안타깝게도, 그녀는 출판 수입을 거둬들이기 전인 1717년, 69세의 나이에 뇌졸중으로 숨을 거뒀다. 그리고 이 놀라운 책과 메리안의 이름도 곧 역사에서 사라졌다.

생물학의 어머니이자 최고의 삽화 미술가

그러나 메리안은 역사에서 잠시 사라졌다가 다시 우리 앞에 돌아왔다. 1980년대 독일에서 여권 신장을 배경으로 그녀의 업적이 재조명되었으며, 유로화가 정착되기 이전 지폐인 독일 500마르크와 우표에 얼굴이 실리는 영광도 누렸다. 또한, 많은 독일 학교의 이름들이 그녀의 이름을 본떠 지어졌으며, 남미의 한 도마뱀은 그녀를 기념하여 '메리안'이라는 이름이 붙여지기도 했다.

무엇보다 중요한 것은 과학사와 미술사에서 잊혔던 책 《수리남 곤충들의 변태》의 진정한 가치가 새롭게 조명된 것이다. 그림 한 장에 알, 애벌레, 번데기, 성충의 모습을 담아 곤충의 발전 단계를 시각적으로 표현한 것도 독특하지만 특히, 식물을 함께 그린 것은 중요한 의미를 갖고 있었다. 한 동물종과 그것이 숙주로 삼는 특정한 식물의 상호관계를 밝혔기 때문이다. 또한 발견 장소, 변태까지의 시간, 감상과 해설까지 기록해 오늘날 곤충도감이 갖춘 기본 형식을 모두 갖추었다. 당시 동식물 연구서가 대개 표본을 모사한 곤충 그림만 있었던 것과 비교하면 그녀의 탐구 방법이 얼마나 선진적이었는지 알 수 있다. 메

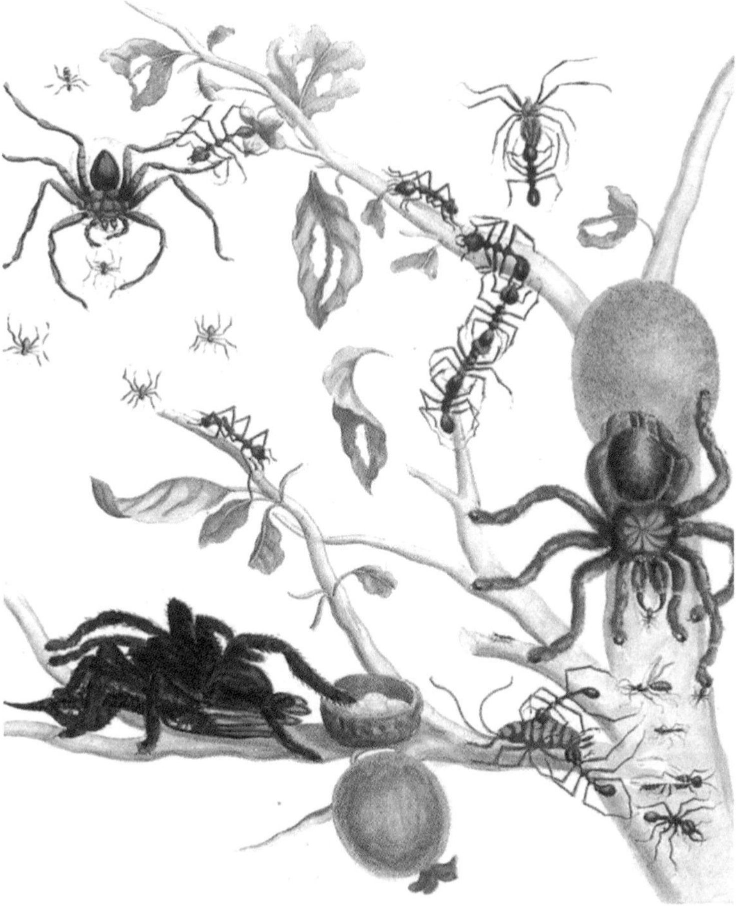

〈벌새를 삼키는 타란툴라 거미〉

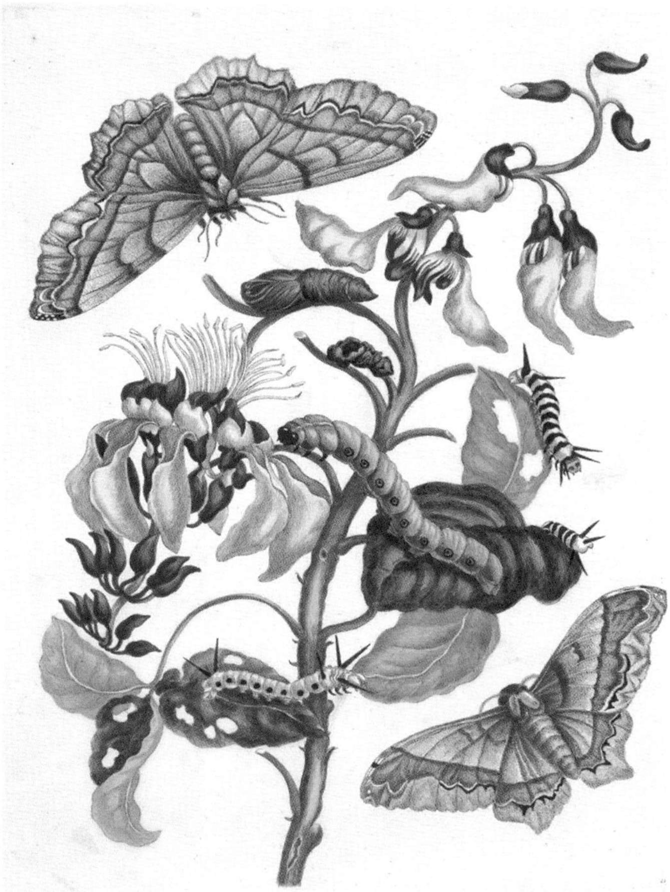

〈애벌레, 나비, 그리고 꽃들〉

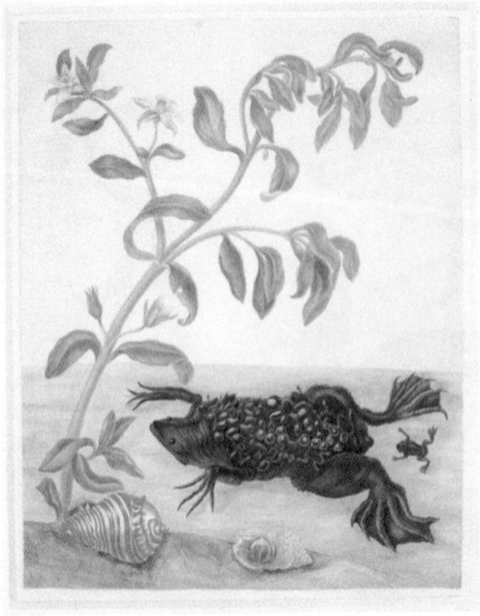

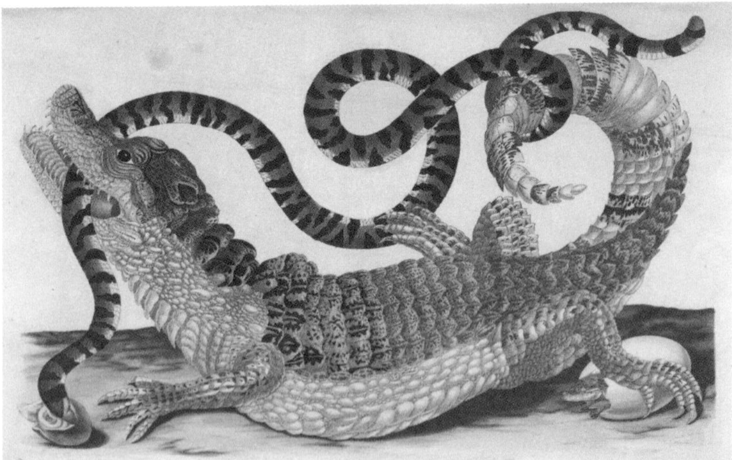

〈물쇠비름과 수리남 두꺼비〉 〈남미산 산호뱀을 물고 있는 수리남 카이만〉

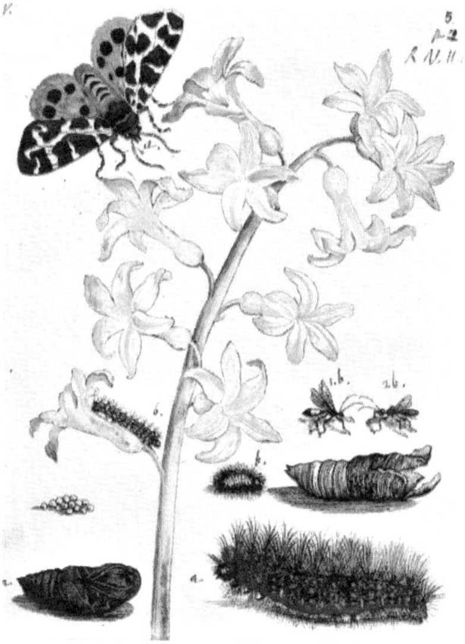

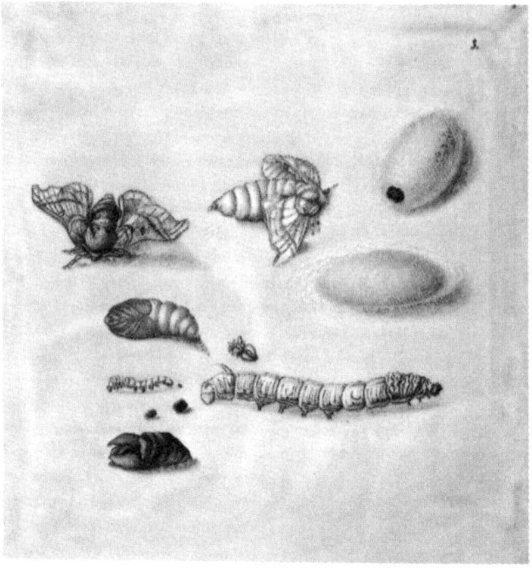

〈호랑이 나방의 변태〉 〈실크 나방의 변태〉

리안은 그야말로 발달 생물학의 개척자였던 셈이다.

한편, 18세기 스위스 생물학자인 칼 린네Carl Linnaeus가 그녀를 '유신론적인 동식물 연구가'라고 지칭했듯이, 메리안은 자연을 하느님의 창조로 보고 찬미한 종교적인 사람이었지만, 수리남 관찰화에서만큼은 제비 알을 노리는 보아뱀, 새를 공격하는 타란툴라 거미 등 무자비한 생존 경쟁의 현실을 냉정하게 묘사했다. 과학적 사실과 종교적 신념을 분리하는 과학자의 태도를 가진 것이다. 또한 그녀는 연구실에서 탁상공론식 생물학에 머물렀던 당대 대부분의 동식물 연구가와 다른 행보를 보였다. 그녀는 다양한 종의 생물과 그것들의 기원, 생물학적 상호작용을 알아내려는 분명한 목적의식을 가지고 열대 지역을 탐험한 현장 연구자였다.

그녀는 현지답사를 하며 직접 생물 표본을 수집해 연구한 저명한 생물학자들인, 다윈Charles Darwin, 헤켈Ernst Heinrich Haeckel, 월리스Alfred Russel Wallace보다 훨씬 앞서서 적도 부근의 열대 지역에서 곤충을 채집하고 기르며 연구 관찰했다. 이 업적만으로도 메리안은 최초의 생물학자, 생태학의 선구자 중 한 사람으로 역사에 기록되어야 마땅하다. 그러나 그녀의 개척적인 생물 탐구 방법은 남성의 그늘, 여성에 대한 편견 아래 가려졌다.

카셀 대학 교수인 울리히 쿠체라가 말했듯이 메리안은 현대 생물학의 기초에 이바지했지만, 여자라는 이유로 과학사에서 무시되었던 것이다. 당시 메리안은 '숙녀답지 않다', '지나치게 설쳐댄다', '거칠다', '독립적이다' 등 사회적 편견과 비난에 시달렸다. 그러나 메리안이 지닌 불굴의 탐험가 정신은 현대 여성들에게 새로운 롤 모델이 되고 있다. 어쩌면 그녀는 음악의 아버지 '바흐', 근대 과학의 아버지 '갈릴레오', 과학의 어머니 '마리 퀴리'처럼 생물학의 어머니로 호명되어야 할지도 모르겠다. 동시에 그녀는 역사상 최고의 삽화가이기도 했다. 메리안의 판화와 수채화는 꽃과 곤충 등 각종 동식물을 아름답고 생기 있는 색채와 세밀한 묘사로 재현한, 미술사적으로 매우 뛰어난 걸작이다. 《수리남 곤충들의 변태》는 미술가가 예술적 감각으로 과학적 성과를 표현한 결과물이라고 할 수 있다. 20세기 들어 뒤늦게나마 메리안은 그 능력에 걸맞게 17세기 최고의 예술가 중 한 명으로 찬사를 받고 있다.

오직 자기 내면의
소리를 따라

●

로자 보뇌르

남녀의 사회적 역할이 명확히 구분되고 여성에게 현모양처의 미덕을 강요했던 19세기 프랑스에, 남자같이 짧게 머리를 자르고 거친 작업복을 입은 채 파리 도살장과 가축 시장을 활보한 매우 독특한 여성이 있었다. 그녀의 이름은 로자 보뇌르Rosa Bonheur, 1822~1899. 그녀는 공개적인 레즈비언이었고, 페미니스트였으며, 동물을 사랑해 동물만 전문적으로 그리는 화가였다.

여성과 동물을 사랑한 화가

로자 보뇌르는 19세기 프랑스의 사실주의 동물화가이다. 여성 화가로서는 매우 이례적으로 큰 인기와 명성을 얻었고 엄청난 부도 거머쥐었다. 19세기 중반은 그림이 일상생활을 충실히 묘사해야 한다는 사실주의 회화가 대세였다. 에콜 데 보자르♦를

♦ 화가, 조각가, 판화가, 건축가의 고등교육을 목적으로 설립한 프랑스 국립 미술 학교

중심으로 한 아카데믹한 미술, 즉 종교화와 역사화는 1830년대 이후 쇠퇴하고, 자연주의 혹은 사실주의 회화가 미술사의 주요 흐름으로 자리 잡았던 것이다. 당시 유럽 사회는 산업 혁명으로 급속하게 도시화와 공업화가 진행되었고 이에 염증을 느낀 사람들에게 평화로운 전원 생활을 그린 그림이 호소력을 얻었다. 이러한 시대적·사회적 배경 아래 로자 보뇌르 같은 화가들이 인기를 누릴 수 있었다.

그녀 역시 화가의 딸이었다. 아버지 레이몽 보뇌르Raymond Bonheur는 풍경화가이자 초상화가로서, 딸의 예술적 재능을 알아보고 격려했으며, 형제자매들도 모두 화가와 조각가로 활동했다. 찰스 다윈의 외사촌인 인류학자 프랜시스 골턴이 에세이《유전적 천재》에서 보뇌르 가족을 천재성 유전의 한 예로 들 정도로, 그녀의 형제자매들은 모두 뛰어난 재능을 가졌다. 그중에서도 로자 보뇌르는 단연 뛰어났다.

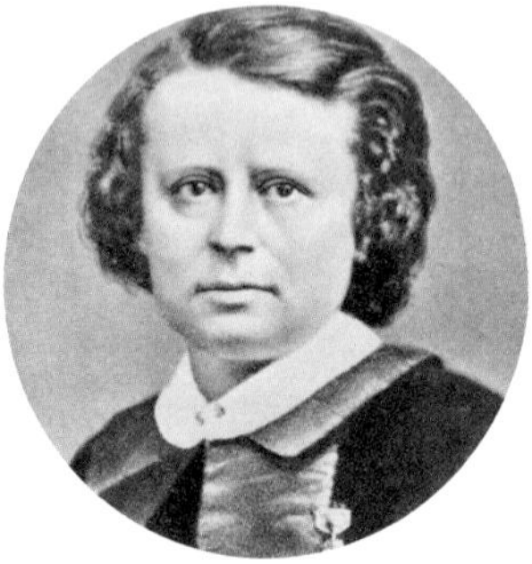
로자 보뇌르

보뇌르는 성소수자로서 여성과 동물을 사랑하였고, 여성의 권리와 주체적 삶에 특히 관심이 많았다. 여성 운동에 참여해 "관습을 따르지 말고 위대하고 멋진 작업으로 권리를 쟁취하자"고 주장하기도 했다. 19세기 프랑스의 열정적인 페미니스트였던 셈이다.

그런데 그녀는 어떻게 동물화에 관심을 갖게 된 걸까?

어린 시절 보뇌르는 학교에서 읽기와 쓰기를 배우는 데 어려움을 겪었다. 그러자 그녀의 어머니는 알파벳과 동물들의 이름을 연관지어 그림을 그리게 하는 방식으로 글을 가르쳤다. 이 과정에서 자연스럽게 동물에 대한 호기심이 싹텄다. 그러나 어머니가 열한 살 때 세상을 떠나자, 보뇌르는 다시 학교생활에 어려움을 겪었다. 아이들과 잘 어울리지 못했고 난폭하고 다루기 힘든 아이로 찍혀 여러 번 퇴학을 당하기도 했다. 그러자 그녀의 아버지가 직접 그림을 가르치며 보뇌르를 화가로 훈련시키기 시작했다.

아버지는 살아 있는 동물을 스튜디오에 데려와 보뇌르가 동물 그리기에 흥미를 갖도록 했다. 그녀의 동물을 향한 사랑은 여기서부터 출발한다. 정상적인 학교생활과 교우 관계를 맺을 수 없었던 보뇌르에게 동물들은 정서적 안정과 치료 효과를 제공했을 것이다. 그녀는 집에서 토끼와 새, 양들에 둘러싸여 지냈고, 파리 근교 목초지의 말, 양, 소, 염소 등의 가축, 그리고 블로뉴 숲의 동물들을 가까이에서 관찰하며 많은 시간을 보냈다.

남자처럼 머리를 자르고 남자처럼 옷을 입고

주변의 소녀들은 소년같이 머리를 자르고 남장한 보뇌르를 전혀 여자라고 생각하지 않았고 심지어 연모하기도 했다. 어느 날은 늘 남장을 했던 그녀가 집 안에서 여자 옷을 입은 것을 보고 이웃 사람이 여장 남자로 오해해 경찰에 신고하는 해프닝도 벌어졌다. 그러나 보뇌르는 전혀 신경 쓰지 않았다. 이런 차림새야말로 동물 그림을 그렸던 그녀에게 가장 편하고 실용적인 옷이었기 때문이다.

보뇌르는 주로 야외에서 그림을 그렸다. 19세기 중반에 유행한 멋진 드레스는 그녀의 활동 패턴과 맞지 않았다. 생각해 보라. 치렁치렁한 드레스를 입고 야외로, 도살장으로, 가축 시장으로 쏘다니며 작업할 수 있었겠는지를. 남들이 뭐라든 그녀는 평생 남자 농부들이 입는 셔츠와 바지를 입고 부츠를 신은 채 여기저기 돌아다니며 자유롭게 그림을 그렸다. 또한 남자들처럼 담배를 피우고 사냥도 했다.

그러나 그녀가 남자가 되기를 원했던 것은 아니다. "수컷 중에서 내가 좋아하는 것은 오직 내가 그리는 황소들뿐"이라고 말했을 정도니까 말이다.

> "나는 여성 복장이 끊임없이 나를 성가시게 하는 요인이라는 것을 깨달았다. 그래서 경찰 당국에 남자 옷을 입을 권한을 달라고 요청하기로 결심했다. 내가 입는 옷은 다른 무엇이 아닌 그저 작업복이다. 멍청이들의 비판은 결코 내 의지를 꺾은 적이 없다."

어처구니없게도 당시에 여성은 바지를 입을 수 없었고, 만약 입고 싶다면 당국의 허락을 받아야 했다. 마침내 보뇌르는 프랑스 정부로부터 공공장소에서도 바지를 입을 수 있는 허가를 받아냈다. 이후 그녀는 필요한 경우를 제외하고는 대부분 남자 옷을 입고 살았다.

보뇌르는 야외 데생 외에 루브르 박물관에서 거장 미술가들의 작품을 모사하며 실력을 연마했다. 또한 동물의 뼈와 근육 구조를 이해하기 위해 도살장을 찾아다니며 사온 고기를 해부했고, 매주 가축 시장을 찾아다니며 말들을 스케치했다. 이뿐 아니라

동물에 관한 삽화가 그려진 책을 읽고 연구하거나 숲으로 들어가 숯 굽는 사람들, 나무꾼, 사냥꾼의 오두막에 머물며 현장 스케치를 감행했다. 한번은 피레네 산맥에 고립되어 개구리 다리, 빵과 우유만 먹으며 6주 동안 지낸 적도 있었다. 한편, 수의학교에서 동물 해부학 및 골학을 공부한 덕분에 그녀는 숙련된 솜씨로 말, 소, 염소, 양 등을 그려낼 수 있었다. 여자라는 이유로 미술 학교에 입학할 수는 없었지만 자기만의 방식으로 동물 그림을 연습했고 마침내 독보적인 동물 전문 화가가 되었던 것이다.

사후 그녀의 명성은 다른 유명 여성 화가들과 마찬가지로 급격히 떨어졌지만, 20세기 대부분의 동물 화가들은 로자 보뇌르의 영향을 받았다고 해도 과언이 아니다.

동물에 빠지다

〈니베르네의 경작〉은 보뇌르의 첫 번째 성공작으로, 현재 오르세 미술관에 소장돼 있다. 첫 전시회 이후 유명세를 타기 시작한 그녀는 1848년 들라크루아, 코로, 앵그르가 심사 위원인 한 살롱전에서 금메달을 받았고, 곧 프랑스 정부로부터 농경을 주제로 한 작품을 의뢰받아 니베르네 지역의 풍경과 소를 그렸다. 세간이 "소름 끼치도록 실물과 똑같다"고 말했던 이 작품으로 보뇌르의 명성은 확고해졌다. 이 그림에 등장하는 소는 19세기 농업에 중요한 역할을 한 프랑스 원산의 흰 소 샤롤레로 여섯 마리씩 두 그룹으로 나뉘어 그려져 있다. 햇볕이 쨍쨍한 가을날에 수소들이 밭을 갈고, 잘 갈아진 흙은 비옥해 보이며, 주변 풍경은 햇빛 속에서 평화롭다. 농부들은 동물들 뒤에

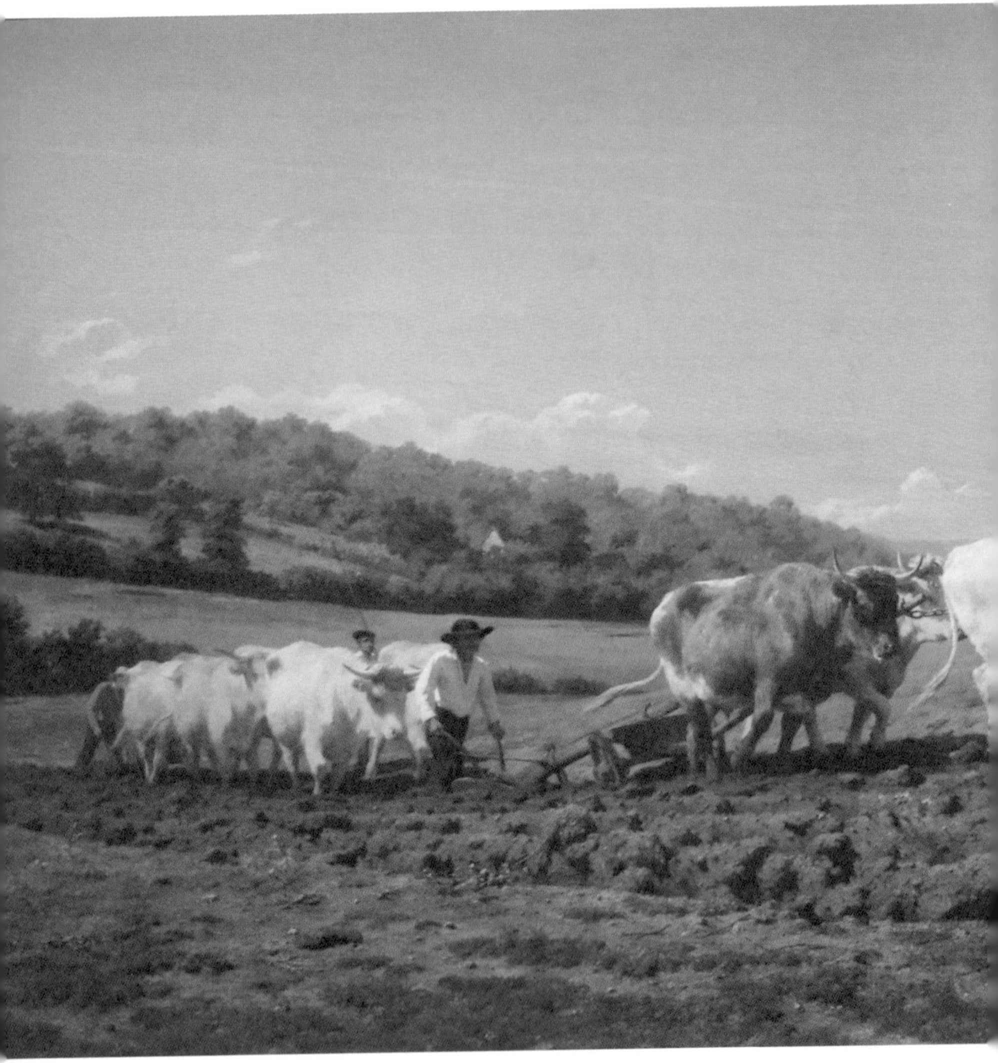

로자 보뇌르, 〈니베르네의 경작〉
1849년, 캔버스에 유채, 1.34x2.60m, 오르세 미술관, 파리

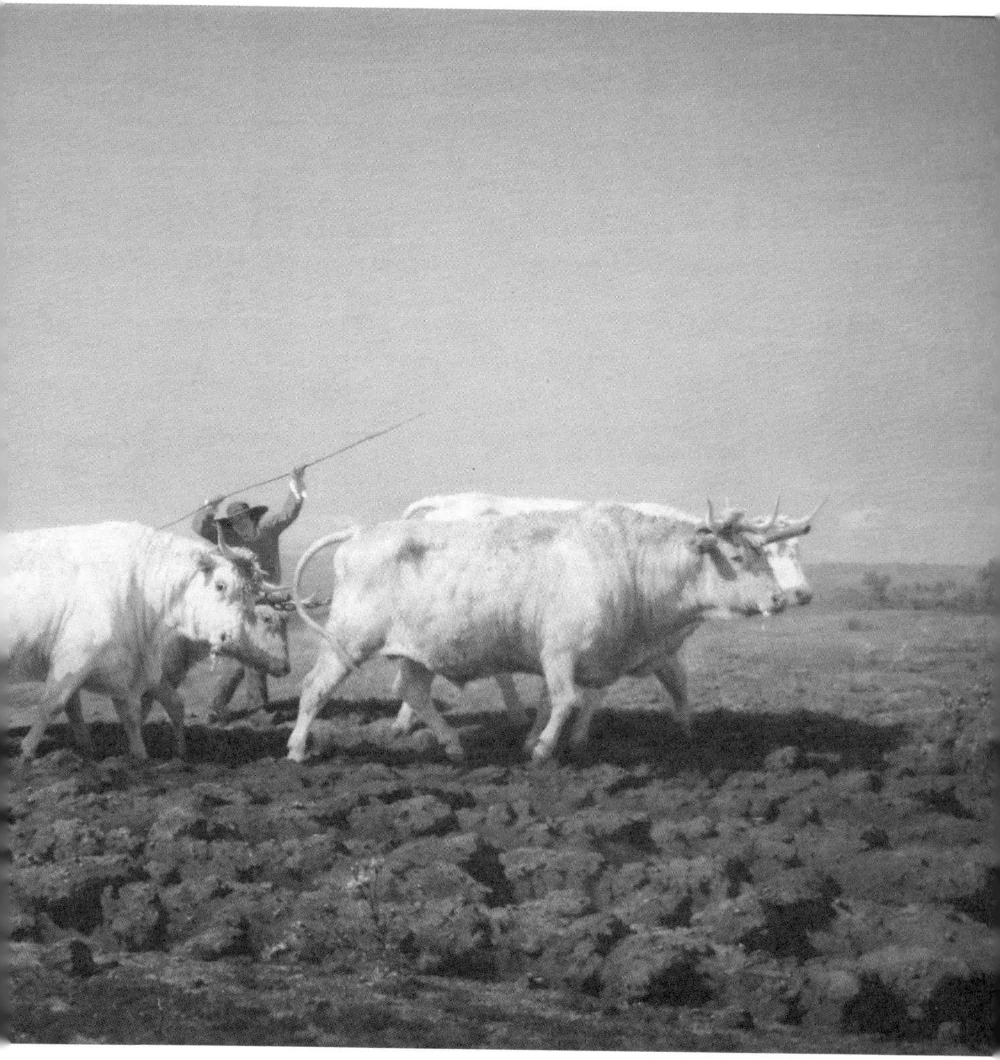

거의 가려진 채 그 존재감이 미약하다.

산업 혁명 이후 급격한 도시 발달로 복잡하고 분주해진 생활 양식에 사람들은 점차 피로감을 느꼈다. 미국의 미술사가 앨버트 보임은 〈니베르네의 경작〉이 전통적 농경 생활에 대한 경의와 동경을 표현했다고 비평하며 이 그림을 '농촌 생활의 찬가'로 명명했다. 특히 이 작품은 밀레, 쿠르베의 사실주의 전통을 잇고 있지만, 좀 더 낭만적이고 감상적 시각으로 프랑스 농촌의 풍경을 표현한 점이 특징이다. 소의 실감나는 근육 묘사와 미묘한 색상의 변화는 감상하는 즐거움을 준다.

〈말 시장〉은 〈니베르네의 경작〉과 함께 보뇌르의 가장 유명한 작품이다. 파리 거리의 말 시장을 묘사한 거대한 규모의 이 그림은 그녀에게 국제적 성공을 가져다준 작품이다. 〈니베르네의 경작〉으로 얻은 명성은 〈말 시장〉을 계기로 프랑스를 넘어 전 세계로 확장되었고, 보뇌르는 이후 영국 빅토리아 여왕, 프랑스 외제니 황후 등 많은 유명 인사 추종자들을 갖게 됐다. 이 작품은 미국의 대부호 코넬리우스 밴더빌트가 엄청난 고가에 구입해 메트로폴리탄 미술관에 기증했는데, 미술관 웹사이트에는 "작가는 조지 스터브스, 테오도르 제리코, 외젠 들라크루아와 고대 그리스 조각에서 영감을 얻었다. 보뇌르는 〈말 시장〉을 그녀의 파르테논 신전의 프리즈라고 언급했다"는 설명이 달려 있다.

실제로 이 작품은 몸부림치는 말들의 근육을 역동적으로 묘사한 파르테논 신전 프리즈를 연상시킨다. 길들여지지 않은 말의 생명력, 아름다움, 야성의 힘을 포착하는 보뇌르의 탁월한 묘사력은 관람자를 단숨에 에너지 가득한 장면 속으로 끌어당긴다.

보뇌르는 이 작품을 위해 1년 반 동안 일주일에 두 번씩 파리의 오피탈 대로에 있는 말 시장을 찾았다. 여자 입장이 허용되지 않았던 말 시장에 남장을 한 채 들어갔고, 셀 수 없이 스케치를 했다. 메트로폴리탄 미술관 벽면 하나를 전부 차지하는 폭 5미터의 거대한 이 그림에는 백마, 흑마, 갈색말 등 종마들이 생동감 넘치는 다양한 포즈로 그려져 있다. 백마의 등에 떨어지는 햇빛의 어룽거림과 발굽이 일으키는 흙먼지의 정교한 묘사가 감탄을 자아낸다. 백마들 뒤를 따르는 흑마 한 마리는 앞발을 들어 격렬하게 몸부림치고 있고, 기수는 이를 통제하려 진땀을 빼고 있다. 기수 옆 푸른 작업복을 입은 사람이 바로 남장을 한 보뇌르다. 말들의 눈은 대체로 인간처럼 감정적 표현을 보여주는데, 이는 보뇌르의 동물에 대한 깊은 애정과 교감에서 나온 것이다.

보뇌르는 평생 부유한 삶을 살았다. 77세로 생을 마칠 때까지 들라크루아에 상응하는 찬사를 받을 정도로 화가로서 성공적인 삶을 즐겼고, 작품들은 사회의 모든 계층에게 인기가 있었다. 1860년에는 파리 동남쪽에 있는 도시 퐁텐블로의 대저택에 정착해 동물화를 그리면서, 평생의 동반자인 미카, 그리고 나중에는 애나 클럼프케라는 여성과 함께 살았다.

그녀는 이 저택에 자신이 사랑하는 동물들, 사슴과 멧돼지, 양, 말, 황소, 개를 두었다. 심지어 사자 한 쌍까지 길렀는데 우리 속에는 수사자를 키우고, 암사자는 자유롭게 풀어놓았다.

1870년대 이후 보뇌르는 사자를 직접 관찰하고 스케치하면서 움직임의 특성을 묘사하는 데 숙달하게 된다. 빅토리아

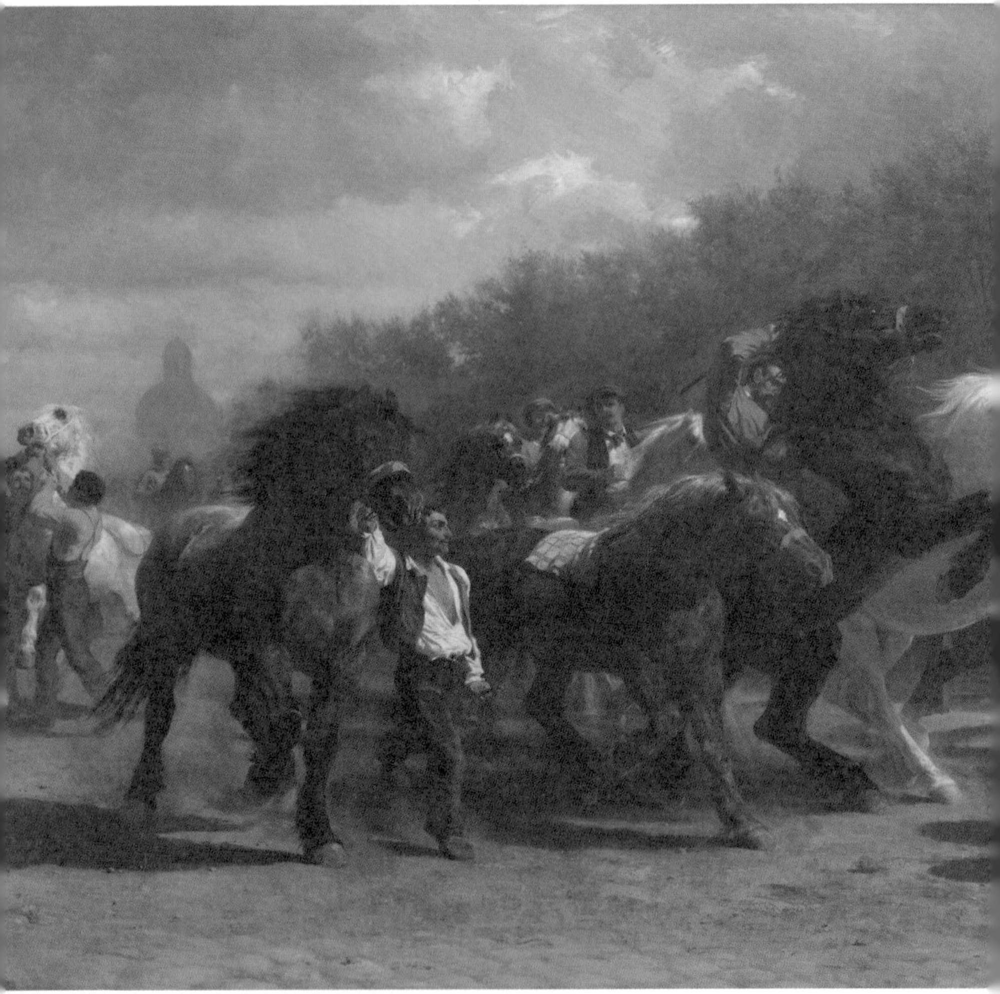

로자 보뇌르, 〈말 시장〉
1852~1855년, 캔버스에 유채, 2.44x5.06m, 메트로폴리탄 미술관, 뉴욕

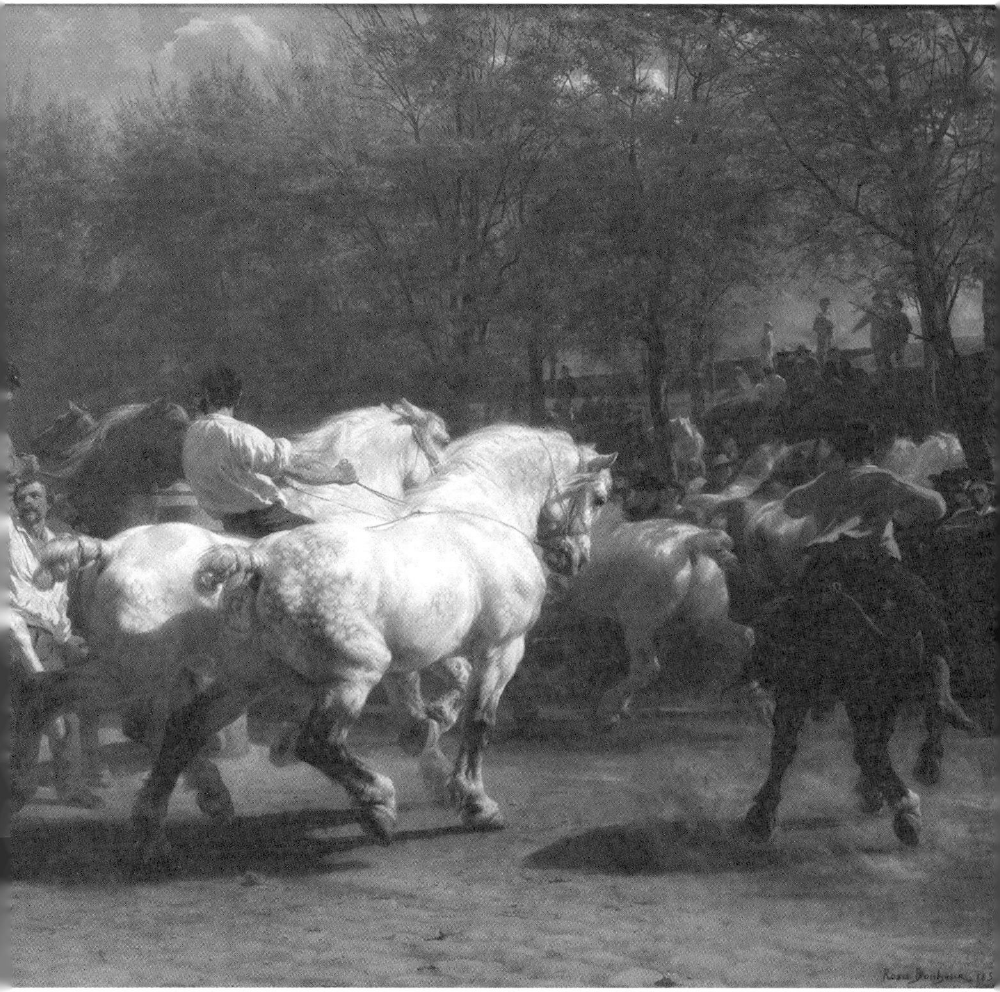

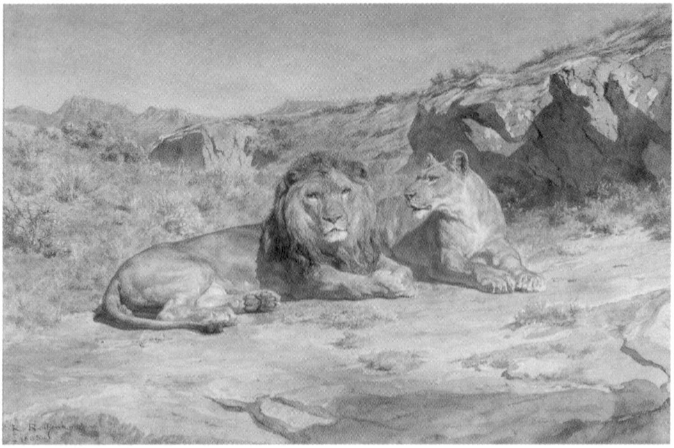

로자 보뇌르, 〈사자〉
1881년, 캔버스에 유채, 162.3x262.3 cm, 개인 소장

시대에는 아프리카산 동물 무역이 성행해 멀리 외국까지 가지 않더라도 사자를 직접 관찰할 수 있었다. 이러한 동물의 수입과 전시는 유럽 제국주의가 아프리카 영토까지 지배력을 행사했다는 것을 보여주는 것이기도 하다.

맹수를 포함해 개인 동물원까지 소유할 만큼 부유했던 보뇌르는 아름답고 위풍당당한 사자를 좋아해 무리 진 사자 가족, 혹은 개개의 사자 그림을 다수 그렸다. 그녀는 동물에게도 영혼이 있다고 믿어 동물의 눈에 특히 주의를 기울여 그림을 그렸는데, 이러한 동물에 대한 사랑과 이해가 사실적이고 통찰력 있는 묘사로 이어질 수 있었던 근간이었다.

버펄로 빌

버펄로 빌Buffalo Bill로 알려진 윌리엄 프레더릭 코디William F. Cody

는 미국 서부 개척 시대의 총잡이다. 미국 군인 출신의 들소 사냥꾼이자 쇼맨으로, 1868년 철도 건설 노동자들에게 고기를 공급하는 일을 맡으면서 4천 마리의 버펄로를 사냥해 '버펄로 빌'이라는 별칭이 붙었다. 그는 이후 '버펄로 빌의 와일드 웨스트'라는 유랑 극단을 만들어 미국과 유럽에 순회 공연을 다니면서 이름을 떨쳤다. 1889년, 그는 프랑스 블로뉴 숲과 에펠탑 근처 야영지에서 7개월간 '와일드 웨스트 쇼' 공연을 열었다. 이때 공연을 본 보뇌르는 미국의 광대한 영토와 야생동물, 인디언에 매료되어 거의 매일 야영지를 찾아 인디언들을 스케치했다. 그녀는 인디언을 가까이에서 관찰하면서 "나는 인디언 종족의 불행에 대해 정말 분노를 느끼며, 백인 강탈자들에 의해 그들이 사라지고 있는 현실을 개탄한다"고 말했다.

코디의 친구가 된 보뇌르는 말을 타는 그의 모습도 그렸는데 명암을 표현하는 숙련된 붓질, 미묘한 색채 구사로 견고하고 위엄 있는 초상화를 탄생시켰다. 말쑥한 코디 대령과 우아한 백마의 묘사는 찬사를 받았고, 덕분에 그녀는 많은 미국 고객을 얻게 되었다.

보뇌르의 인기가 미국에서 얼마나 대단했던지 그녀를 모델로 만든 '로자 보뇌르 인형'까지 상품으로 출시돼 어린 소녀들에게 팔렸다. 그녀 역시 미국인들이 여성의 권리에 대해 다른 곳보다 진보적 태도를 갖고 있다는 사실을 알고 그들을 좋아했다.

> "미국이 현대 문명의 최전선에 있다면 그것은 미국이 그들의 딸들을 현명한 방식으로 기르기 때문이며, 여성에 대한 존중심을 갖고 있기 때문일 것이다."

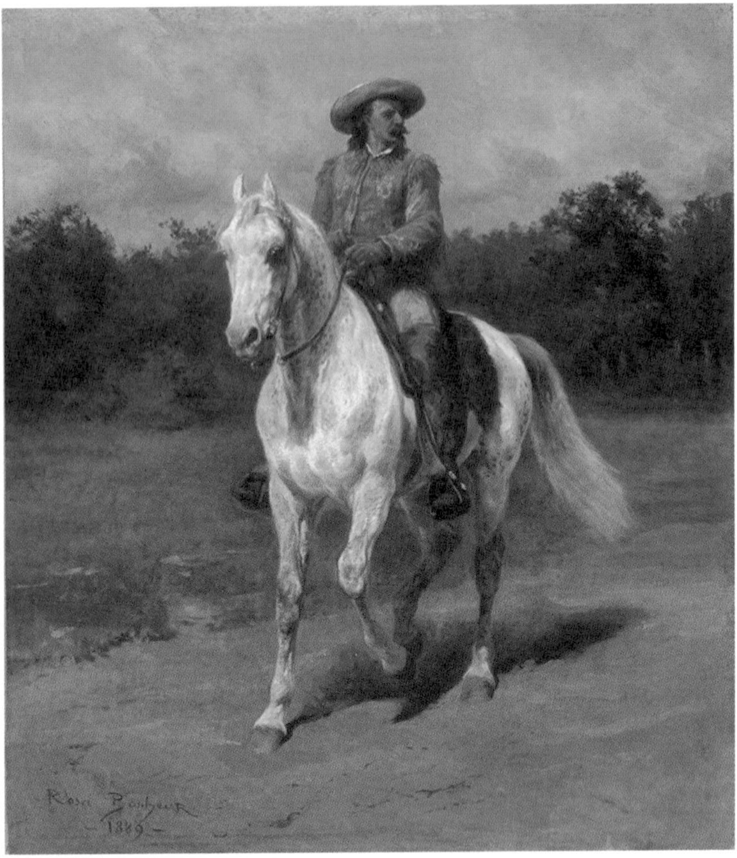

로자 보뇌르, 〈윌리암 F. 코디〉
1899년, 캔버스에 유채, 46.9x38.7cm, 휘트니 미술관, 뉴욕

인디언의 운명에는 분노했지만, 그들의 피를 먹고 자란 아메리카 대륙의 미국 문명에는 경의를 표했던 것인가. 아이러니하지만, 어쨌든 여성의 인권에 대해서만은 보뇌르는 한결같은 입장을 갖고 있었다.

성소수자 그리고 페미니스트

로자 보뇌르는 당시로서는 매우 진보적인 여성이었다. 레즈비언을 정신 이상자로 취급하고 용인하지 않았던 시대에 자신이 레즈비언임을 공개하였으며, 평생 두 명의 여성 파트너와 함께했다. 보뇌르는 첫 동반자 나탈리 미카를 10대에 처음 만났는데, 두 사람은 만나자마자 서로에게 강하게 이끌려 평생을 함께하기로 했다. 미카는 집안일을 도맡아 하며 보뇌르가 그림에만 몰두하도록 도왔다. 그들의 관계는 미카가 세상을 뜰 때까지 50년간이나 지속되었다.

미카가 죽은 후 보뇌르의 상심은 매우 컸지만, 얼마 지나지 않아 서른 살 연하의 미국 초상화가인 애나 클럼프케를 만나 다시 사랑에 빠졌다. 애나는 당시 미국에서 선풍적 인기를 끌었던 '로자 보뇌르 도자기 인형'을 갖고 놀며 자랐고, 어린 시절부터 보뇌르를 만나는 것이 꿈이었다. 보뇌르는 클럼프케 어머니의 반대를 무시하고 그녀와 동거하며 자서전을 쓰게 하고 자산 관리를 맡겼다. 클럼프케가 쓴《로자 보뇌르: 그녀의 삶, 그녀의 작품》에 따르면, 보뇌르는 그녀에게 '두 영혼의 신성한 결혼'을 제안했다고 한다.

매우 보수적인 시대에 태어났음에도 불구하고 자신이 성소수자임을 감추지 않고 대범하게 사회적 편견에 맞섰다는 것은 오늘날의 관점으로 봐도 놀랍다. 그녀는 시대와 사회가 규정한 규범 밖에서 오직 자기 내면의 소리를 따르며 살았다. 사회적 통념을 깨는 보뇌르의 행동은 종종 사람들을 불편하게 했지만, 이는 여성으로서의 제약을 뛰어넘고자 한 삶의 방식이기도 했다.

한편, 보뇌르는 급진적이고 비전통적인 사람이었지만 혁명적인 반항아는 아니었다. 그녀는 자신의 여성스러운 발을 자랑스러워했고, 공식적인 자리나 자신의 초상화를 그릴 때는 항상 드레스를 입었다. 또 예술적 · 정치적으로는 보수적이어서 사실주의 회화를 고집하고 군주제를 옹호했다.

그럼에도 불구하고 보뇌르는 확고한 신념을 가진 페미니스트였다. 다음과 같은 그녀의 말에서 이를 알 수 있다.

> "나는 여성인 것이 자랑스럽고, 사는 마지막 날까지 모든 전문적인 직업과 명예로운 일에서 여성의 권리를 옹호할 것이다. 인간의 격을 고양시키는 것은 우리 여성들이다."

그녀는 또한 당시 남성의 전유물이었던 흡연을 하고, 여성이 남성보다 뛰어난 존재라고 생각했으며, 심지어 남성을 어리석은 존재라고 생각했다.

로자 보뇌르는 여성 예술가와 성소수자에게 하나의 삶의 방식을 보여준 선구적 여성이자 탁월한 재능의 소유자였지만, 다른 여성 화가들과 마찬가지로 미술사에서 잊히고 말았다. 더구나 19세기 사실주의 화가들은 인상주의라는 새로운 미술 사조에 의해 미술사의 중심에서 밀려났고, 그녀의 인기도 사후 급격히 떨어졌다. 그녀의 감상적인 작품들은 현대 모더니즘 미술가들에게 거의 공감을 얻지 못했다.

여성의 몸에 대한
여성의 관찰

●

파울라 모더존 베커

지금으로부터 100여 년 전, 세잔, 고갱, 고흐 같은 후기 인상파와 피카소가 미학적 실험을 하며 현대 미술을 탄생시킬 즈음에 조용히 등장한 무명의 비범한 여성 화가가 있었다. 독일 출신의 파울라 모더존 베커Paula Modersohn Becker, 1876~1907이다.

파울라 모더존 베커는 사실상 최초의 모더니즘 여성 화가이다. 그림의 주제며 색채, 형태, 붓질 등 대담하고 새로운 실험들은 그녀가 20세기 초 모더니즘을 창조한 피카소와 마티스 같은 혁신적인 화가들과 어깨를 나란히 했음을 증명해준다.

그러나 이런 미술사적 성취에도 불구하고 그녀는 현대 미술사에 이름을 남기지 못했다. 반 고흐가 그랬듯 그녀 역시 작품을 팔아 돈을 벌 수 없는 처지였고, 가난과 냉대 속에서 그림을 그리다가 이른 나이에 생을 마감했다. 첫아이를 낳은 몇 주 뒤 서른한 살의 젊은 나이에 혈전 색전증으로 죽고 만 것이다. 그녀는 숨을 거두기 직전 아기를 한번 품에 안게 해달라고 부탁한 후 "우리 아기 불쌍해서 어쩌지"라는 말을 남겼다고 한다.

놀라운 재능을 가졌지만 미술사에서 제대로 평가받지

못했다는 사실이 그녀의 짧고 비극적인 삶 때문에 더욱 안타깝게 느껴진다.

피카소에 버금가는 최초의 모더니즘 여성 화가

미술사학자 다이앤 라딕키의 《파울라 모더존 베커: 최초의 현대 여성 미술가》에 따르면, 모더존 베커가 1906년에 그린 〈호박 목걸이의 자화상〉은 피카소가 거트루드 스타인의 초상화를 그리는 데 영감을 주었다고 한다. 저자는 모더존 베커야말로 '20세기 모더니즘의 역사가 잃어버린 화가'라며 현대 미술사에서 그녀를 부활시켜야 한다고 말했다.

모더존 베커의 초기 그림은 보르프스베데 화파의 영향을 받아 감상적인 풍경과 농경 생활을 소재로 했다. 그녀는 1898년에 독일 브레멘 근교 미술가 공동체인 보르프스베데Worpswede에 정착했는데, 이곳에는 여러 명의 화가들이 단순하고 소박한 삶을 지향하면서 미술 작업을 함께하고 있었다. 생활 방식 역시 현대의 산업화·도시화에 반발하고 원시적인 농경 생활을 동경했다.

그녀는 이곳에서 보르프스베데 화가들과 함께 작업하며 그 구성원인 오토 모더존Otto Modersohn과 결혼했고, 시인 라이너 마리아 릴케와 그의 아내인 조각가 클라라 베스트호프와 친구가 되었다.

그러나 자연을 사실적으로 그리는 데 집중한 보르프스베데 화가들은 그녀의 단순화된 형태와 강렬하고 대담한 색채를 이해하지 못했다. 모더존 베커 역시 보르프스베데 화파에 회의를 느꼈고, 열한 살 연상이었던 남편과의 결혼 생활도 그리

행복하지 않았다. 그녀는 전통을 넘어선 새로운 미술을 갈구했다. 사실적으로 그리는 그림이 아니라, '미술가가 어떻게 사물을 보는가'에 더 관심이 있었다. 다행히도 파리의 모더니즘 운동에서 그녀는 갈증을 해소할 수 있었다. 그녀가 관심 있던 주제는 파리 전위 미술가들이 추구했던 바로 그것이었다.

그녀는 종종 현대 미술의 메카인 파리를 방문하고 체류하면서, 세잔, 고갱, 고흐의 작품들을 보았고, 로댕을 직접 만났으며, 루브르 박물관에서 고전, 고딕, 이집트 미술을 보며 연구했다. 특히 세잔과 고갱의 작품에 깊은 인상을 받았는데, 모더존 베커의 평면적이고 단순한 형태는 그들의 영향을 받은 것이다. 또한 프랑스 인상파의 표현적인 붓질과 밝은 색상, 빛의 변화에도 관심을 기울였다.

그 결과, 그녀는 마침내 자신만의 표현주의적 화풍을 정립했다. 편편하고 단순한 색면, 거친 붓질, 정확한 형태보다는 내면의 감정을 묘사한 점 등 마치 어린이가 그린 그림 같은 투박한 양식은 사실주의 화풍이 유행한 독일 미술계에 새로운 바람을 일으켰다. 파울라 모더존 베커는 전통적 미술에 정체되어 있던 독일 미술을 모더니즘으로 이끌며 20세기 독일 표현주의 미술의 개척자가 되었다.

물론 그 과정이 순탄치만은 않았다. 살아생전에는 미술계에서 인정을 받지 못했고 나치에 의해 퇴폐 미술가로 낙인찍혀 예술 활동을 금지당하기도 했다.

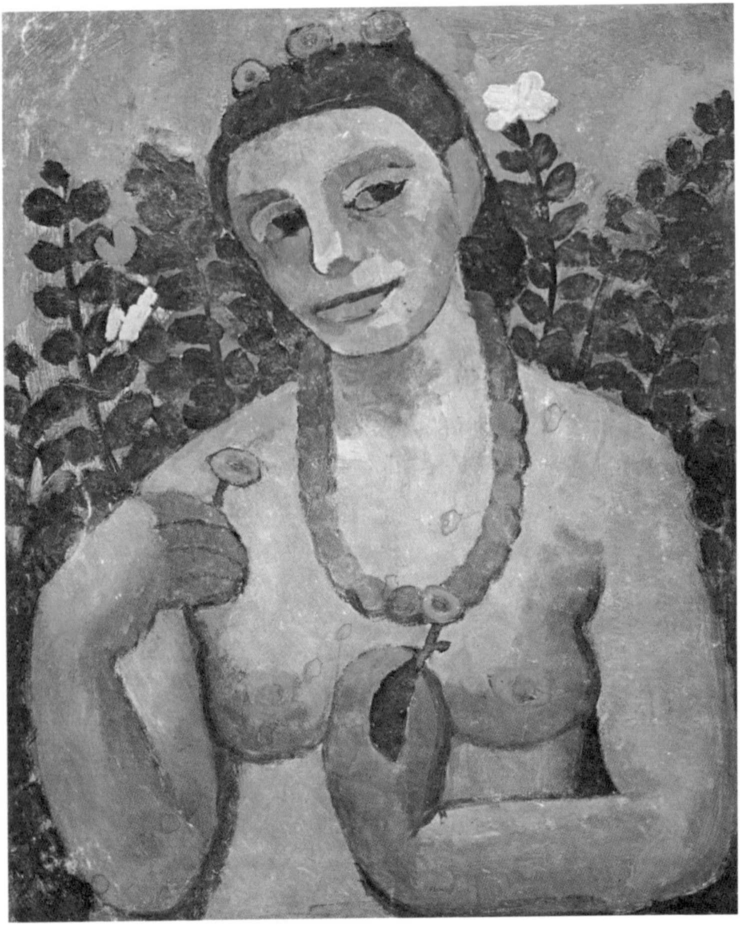

파울라 모더존 베커, 〈호박 목걸이를 한 자화상〉
1906년, 골판지에 유채, 62.2x48.2cm, 바젤 미술관, 바젤

여성이 그린 최초의 여성 누드

파울라 모더존 베커는 서양 미술사에서 최초의 누드 자화상을 그린 여성 화가이다. 미술의 역사에서 여성의 몸은 오랫동안 남성의 시각적 쾌락을 만족시키는 대상으로 그려져왔다. 남성 화가의 모델이 된 여성들은 아름답게 보여야 하는 대상물이었을 뿐 그 자신이 주체적 인격을 가진 존재로 대우받지 못했다.

모더존 베커가 자신의 누드를 그리며 최대한 형태를 단순화하고자 했던 것은 여성의 몸이 표현하는 이러한 관능성을 제거하기 위해서였다. 그러면 그녀가 누드에서 묘사하고자 한 것은 무엇일까?

모더존 베커의 누드는 기존 누드화와 근본적으로 달랐다. 남성의 성적 대상으로서의 여성의 몸에서 벗어나 여성 자신이 어떻게 자신의 몸을 보는가를 그리려 했던 것이다. 파울라 모더존 베커 이후, 수잔 발라동과 프리다 칼로도 전통적인 여성 누드의 규범을 뒤엎는 방식으로 여성의 몸을 그렸다. 이들은 모두 남성의 성욕의 대상, 타자화되고 상품화된 몸이 아니라 여성의 몸에 대한 여성 자신의 관찰과 정체성을 그린 화가들이었다.

특히 1906년 모더존 베커가 그린 〈호박 목걸이를 한 자화상〉은 〈여섯 번째 결혼기념일의 자화상〉과 함께 여성 화가가 자신의 누드를 직접 그린 서양 미술사상 최초의 누드 자화상이다. 튼튼한 몸매, 투박한 포즈의 여성 인물은 전혀 이상화되지 않았다. 하늘과 꽃나무를 배경으로 꽃잎 같은 붉은색 젖꼭지를 드러낸 채 목에는 커다란 호박 목걸이를 걸고 오른쪽을 응시하며 잔잔한 웃음을 띤 표정의 여인. 이 작품은 대담한 형태와 실험적인 색채로 인해 현대 미술사에 한 획을 그은 작품이며, 화가로서의 개성이 확립되었다는 점에서도 의미가 깊다. 고갱이 그린 타히티의 토착민 여인들의 모습을 연상시키나, 고갱의 누드가 백인 남성의 시각으로 본 원주민 여인의 모습이었다면, 모더존 베커의 누드는 타인의 시선에서 자유로운, 남성의 시각적 즐거움을 위한 도구로서의 누드가 아니라 진정한 여성성 그 자체를 드러냈다.

모더존 베커는 실제로 60여 개 이상의 자화상을 남겼다. 그녀가 자신을 모델로 많은 그림을 그린 이유는 무엇일까? 아마도 그녀의 예술이 자신에 대한 성찰, 그리고 자기표현에 깊이 연관되어 있기 때문일 것이다. 그녀는 온전히 자기 자신으로 살기를 원했다. 남편을 떠나 파리로 갔던 것도 독립적이고 주체적인 삶을 추구했기 때문이다. 그리고 확고한 자아의식을 자신의 자화상에서 은유적으로 표현했던 것이다.

자연스럽고 편안한, 있는 그대로의 여성의 몸

모더존 베커는 더 나아가 어머니와 어린이의 누드를 함께 그려 여성의 몸에 대한 전통적 접근에 도전했다. 〈여섯 번째 결혼기념일의 자화상〉에는 임신한 자신의 모습을 묘사했다.

옅은 녹색 배경 앞에 호박 목걸이를 찬 알몸의 상반신을 드러냈고, 엉덩이 부분은 흰 천을 두르고 있다. 한 손은 배를 받치고 다른 한 손은 배 위에 둔 채 안정적이고 고요한 눈빛으로 관람자를 바라보는 모더존 베커. 여기서 여성의 몸은 성적 대상이 아니라 아이를 품은 위대한 어머니로서의 몸이다.

그녀의 오른팔은 상체를, 왼팔은 하복부를 보호하는 것처럼 보인다. 하반신을 감싼 흰 천은 십자가에 못 박힌 그리스도의 허리를 덮은 천을 연상시킨다. 화가는 임신이 여성에게 일종의 영적 희생이라는 것을 은유하고 싶었던 것일까?

그런데 이 그림을 그릴 당시에 모더존 베커는 임신하지 않았다. 그녀는 많은 양의 일기와 편지를 남겼는데, 자료에 따르면 그림을 그릴 당시에는 아직 아이를 갖고 싶지 않다고 썼다. 사실 그녀는 결혼과 임신, 육아 등 여성의 의무와 전문 화가로서의 경력 사이에서 고뇌했다.

그러나 임신과 육아에 대해 두려움을 느끼면서도, 작품을 통해 대지의 어머니가 가진 존엄성을 표현하려고 했고, 이것은 여성으로서의 정체성과 연결된다. 그녀의 몸은 더 이상 남자의 시선을 의식하는 성적 매력을 가진 몸이 아니라 자연스럽고 편안한, 있는 그대로의 여성의 몸, 아이를 생산할 수 있는 존엄한 어머니의 몸인 것이다.

한편, 확고해 보이는 포즈, 세부 묘사를 제거한 단순한 형태, 편편한 채색은 그녀가 세잔과 고흐와 결을 같이 하며, 가면 같은 얼굴 묘사는 20세기 초 피카소 등 유럽 미술가들에게 지대한 영감을 준 아프리카 원시 미술에도 영향을 받았음을 보여준다.

〈누워 있는 어머니와 아이〉에는 서로 마주 보고 누워 있는 어머니와 아이가 등장한다. 이 누드 역시 그동안 남성 화가들이 그려온 누드와 전혀 다르다. 티치아노의 비스듬히 기대 누워 관람자를 유혹하듯 바라보는 〈우르비노의 비너스〉와 달리, 원초적이며 동물적인 모성의 누드이다. 어머니는 모로 누워 아이를 감싸고, 아기는 어머니의 팔을 베고 완전한 보호 아래 편안하게 잠들어 있다. 어머니와 아이 사이의 깊은 친밀감이 고스란히 느껴지는 작품이다.

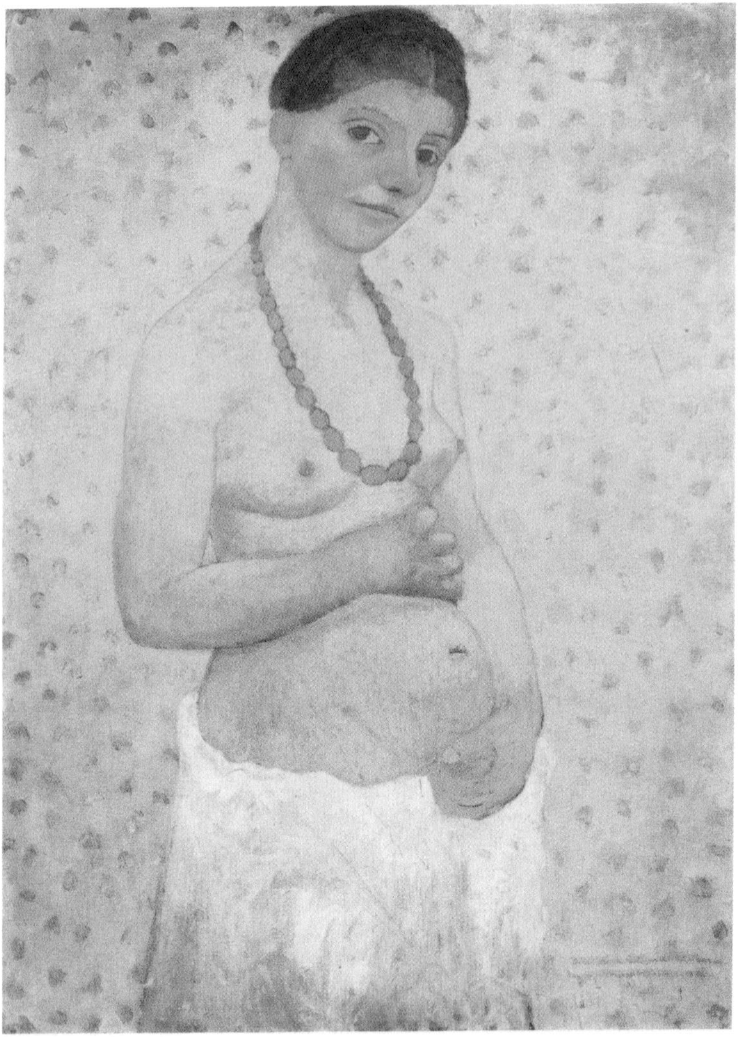

파울라 모더존 베커, 〈여섯 번째 결혼기념일의 자화상〉
1906년, 캔버스에 템페라, 101.8x70.2cm, 파울라 모더존 베커 미술관, 브레멘

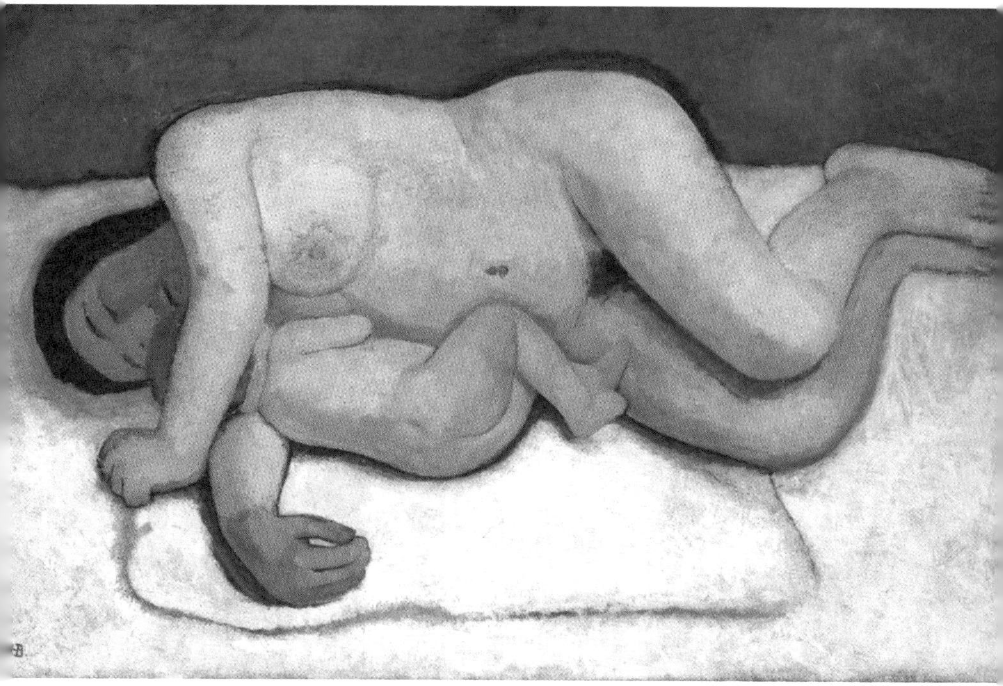

파울라 모더존 베커, 〈누워 있는 어머니와 아이〉
1906년, 캔버스에 유채, 82.5x124.7cm, 파울라 모더존 베커 미술관, 브레멘

여성 미술가에게 헌정된 최초의 미술관

20세기 초반은 많은 전통적인 가치들이 무너졌지만 여성을 바라보는 눈은 여전히 보수적이었다. 부모는 그녀에게 전통적인 여성으로 살기를 원했지만, 자의식이 강하고 예술가가 되기를 원했던 모더존 베커는 가족들을 끈질기게 설득하여 미술 학교에 입학해 그림을 배웠다.

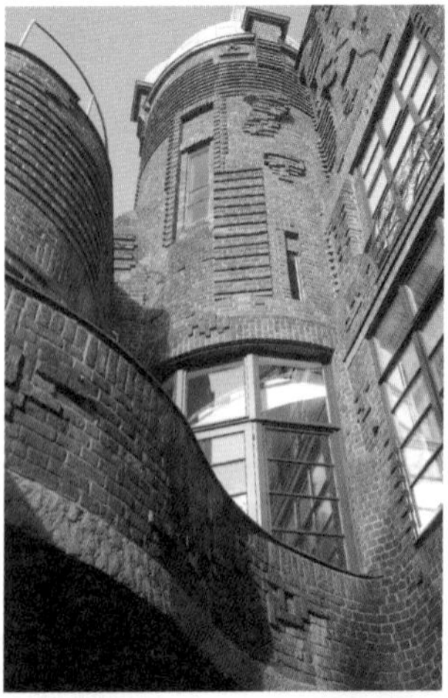

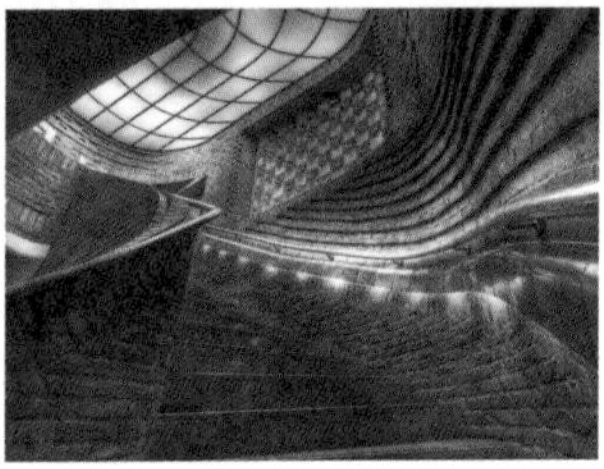

여성 미술가에게 헌정된 최초의 미술관
'파울라 모더존 하우스'의 바깥과 내부

그러나 1901년, 화가인 오토 모더존과 결혼하고 난 후 결혼이 여성에게 짐이 된다는 것을 깨달았고, 여성의 의무였던 가사를 그다지 좋아하지도 않았다. 결혼 당시 그녀의 아버지는 미술 학교를 수석 졸업한 재기발랄한 딸에게, 한 남자의 아내가 됐으니 예술가로서의 자부심을 잊어버려야 한다고 말하며, 그녀를 요리 학교에 보냈다. 얼마 전까지 우리 사회가, 부모가, 딸과 여성들에게 요구했던 것과 똑같은 상황이었다.

그러나 그녀는 자아를 포기하는 것을 분명한 태도로 거부했다. 가사 노동을 최대한 줄였고, 아틀리에를 얻어 미술 작업에 몰두했으며, 어느 정도 예술적 성취를 이룬 다음에 아이도 갖겠다고 선언했다. 예술적 발전을 위해 혼자서 파리를 방문하고 체류하는 일도 멈추지 않았다. 물론 남편은 그녀가 집을 떠나 있는 걸 좋아하지 않아 갈등을 겪기도 했지만, 그녀는 개의

치 않고 자신이 원하는 것을 하나씩 실행해나갔다. 당시 결혼한 여성의 역할과 위치를 생각할 때, 그녀는 매우 독립적이고 목표 의식이 뚜렷한 여성이었다.

불행하게도 출산 후유증으로 인해 31년의 짧은 삶을 마감했지만 그녀는 1800여 점이 넘는 작품을 남겼다. 생전에 판매한 그림은 몇 점 되지 않아 경제적 어려움을 겪었고, 대중과 비평가 모두에게 이해받지 못한 채 고독 속에서 눈을 감았다. 그러나 사후, 현대 미술에 남긴 족적이 다시 부각되면서 1920년대에는 그녀의 일기와 편지가 출판되었고, 1927년에는 독일 브레멘에 '파울라 모더존 하우스'라는 미술관도 건립되었다. 여성 미술가에게 헌정되는 최초의 미술관이었다.

그녀가 더 오래 살았더라면 어떤 작품들을 남겼을까? 1900년대에 이미 과감하게 전통을 뒤엎고 자신만의 독특한 양식을 창조했던 그녀가 수십 년을 더 작업할 수 있었더라면, 아마도 미술계에 파격적이고 신선한 바람을 몰고 왔을지도 모르겠다.

미술사에 굵직굵직한 이름을 남긴 예술가도 많지만, 역사의 뒤안길로 사라진 예술가는 그보다 훨씬 많다. 그리고 그 업적과 영향력이 후대에 새롭게 밝혀지는 예술가들도 있다. 모더존 베커는 사람들에게 이런 발견의 기쁨을 주는 예술가이다.

거침없이 통념을 깨부순
행동하는 페미니스트

•

수잔 발라동

19세기를 풍미한 유명 인상주의 화가들의 작품에 빠지지 않고 등장하던 그림 모델, 그러나 '그려지는 대상'에서 '그리는 주체'로 자기 삶을 바꾼 불꽃 같은 여성 화가, 바로 수잔 발라동Suzanne Valadon, 1865~1938의 이야기다. 그녀는 예술가들의 모델이자 연인으로, 그림을 어깨너머로 배우다가 화가의 길로 들어섰다. 그러나 작품보다는 파란만장한 인생사로 사람들의 관심을 받아왔다. 하류 계층 출신 사생아로 태어나 세탁부, 서커스 단원, 식당 웨이트리스, 그림 모델 등을 전전한 밑바닥 인생, 우여곡절 끝에 화가가 된 성공담, 음악가 에릭 사티와 화가 르누아르와의 로맨스, 그리고 스물한 살이나 어린 아들 친구와의 불륜 등 그녀의 삶은 무수히 많은 스캔들로 얼룩져 있었다.

'수잔'이라는 이름은 이런 복잡한 그녀의 삶을 압축해 보여준다. 사실 그녀의 원래 이름은 마리 클레멘틴 발라동이었는데, 나이 많은 화가들 사이에서 정부 노릇을 하는 그녀의 처지가 성서 속에서 장로들에게 성희롱을 당하는 수잔과 비슷하다고 하여, 화가 툴루즈 로트렉이 지어준 이름이었다. 당시에 그림 모델이란 직업은 화가들과 육체적 관계를 맺는, 일종의 매춘부 취급을 받았다. 결국 그녀는 열여덟 살에 아버지도 모르는 아들을 낳고 말았다.

그녀는 어떻게 이 신산하고 그늘진 인생에서 벗어나 화가로 성공할 수 있었을까?

화가들의 모델, 그리고 정부

수잔 발라동의 어머니는 호텔에서 청소일을 하며 근근이 생계를 이어나가는 한편 혼외 자식을 낳아 사회에서 낙인찍힌 채 술로 고단한 삶을 달래는 불행한 여인이었다. 그녀의 딸로 태어난 수잔 발라동은 값싼 집세 때문에 빈민층, 노동 계급, 포주, 매춘부, 가난한 예술가들이 모여든 몽마르트르 언덕에서 야생초처럼 거칠게 성장했다. 정규 교육을 받은 것도 열한 살까지 다닌 초등학교가 전부였다. 동시대 여성 화가이자 상류 계급 출신인 베르트 모리조, 메리 카사트와는 완전히 다른 환경에서 자란 것이다.

자연히 발라동의 그림 소재는 베르트 모리조나 메리 카사트가 그린 중상류층의 안락한 모습과는 대조적이었다. 그녀들이 부르주아 여성들의 가정생활이라는 한정된 소재에 안주한 채 누드화를 그릴 엄두조차 못 냈을 때, 발라동은 마음껏 대담한 누드화, 심지어 자신의 누드도 그릴 수 있었다.

누드 외에도 그녀는 대체로 노동 계급의 모습을 그렸는데, 빈곤한 하층 계급 출신의 경험이 자연스럽게 그림에 녹아들었다. 그녀의 사생활은 그야말로 거침없는 열정으로 가득 차 있어서 보수적인 시각을 가진 사람들에겐 입방아에 오르내리기

딱 좋은 것이었다.

모리조와 카사트는 조신한 상류층 여성의 미덕을 지켜야 했고 자의 반 타의 반 인상파 남성 화가들의 카페나 술집 회동에 참석하지 못했다. 그러나 거리에서 거칠게 자란 발라동은 남성 화가들과 자유롭게 어울리며 그림 기법을 배우고, 예술가로서의 독립적인 개성을 키울 수 있었다. 발라동은 모리조와 카사트가 계급 때문에 할 수 없었던 것을 마음껏 했던 것이다.

남성 화가가 그린 여자 vs 여성 화가가 그린 여자

발라동이 그림 모델로 활동했을 당시 그녀가 가진 이미지는 르누아르의 〈부지발의 댄스〉에서 가장 확실히 엿볼 수 있다. 열여덟 살의 그녀는 매우 청초하고 예쁜 소녀로 표현되어 있다. 오랫동안 남성 화가들이 독식해온 미술계에서 여성은 성적 매력을 지닌 아름다운 존재로 그리는 게 관습처럼 굳어져 있었다. 르누아르 역시 그런 전통에 젖어 있던 화가였다. 따라서 그의 그림 속에서 발라동은 어리고 고운 소녀로 그려졌다.

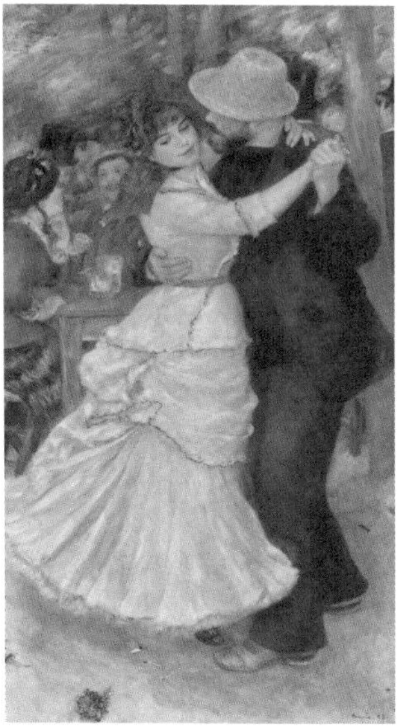

르누아르, 〈부지발의 댄스〉
1883년, 캔버스에 유채, 181.9x98.1cm,
보스턴 미술관, 메사추세츠

훗날 발라동은 르누아르가 자신을 예쁘게만 그렸을 뿐 자신의 진정한 모습을 표현하지는 못했다고 비판했다. 그렇다면 그녀가 그린 자신의 모습은 어땠을까?

다음 그림은 발라동이 그린 자신의 모습이다. 〈부지발의 댄스〉의 모델 수잔과 달라도 너무나 다르다. 여리고 곱상한 소녀의 모습은 온데간데없다. 르누아르는 수잔을 둥근 얼굴과 도자기 같은 피부로 묘사하여 이상화한 반면, 발라동은 각이 진 얼굴과 강렬한 눈빛, 강단 있는 자신의 성격을 그림에 그대로 담았다. 르누아르가 그린 다소곳하고 여린 소녀는 그가 원한 상상 속 여성의 모습에 불과했을까?

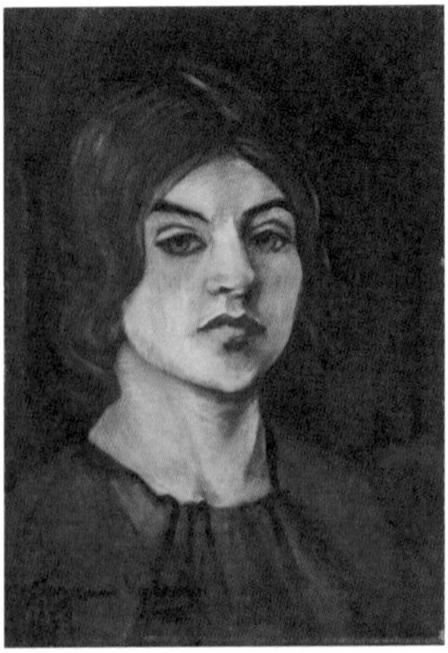

수잔 발라동, 〈자화상〉
1898년, 캔버스에 유채, 40x26.7cm,
휴스톤 미술관, 텍사스

이상화되지 않은 여성의 몸

수잔 발라동의 작품 중 가장 중요한 것은 초상화와 여성 누드였다. 그녀는 1892년부터 여성 누드를 그렸는데, 여성 화가가 여성 누드를 그리는 것은 19세기까지도 매우 드문 일이었다. 게다가 그녀의 누드는 파울라 모더존 베커의 누드처럼 남성 화가들이 그려온 전통적 누드와 매우 달랐다.

남성의 눈에 아름답게 보이는 이상화된 누드가 아니라, 여성의 몸에 대한 솔직한 묘사, 사실적인 관찰의 결과로 나온 누드였다. 특히 노년의 반신 누드화는 화가의 노화된 육체를 매우 정직한 시선으로 가감 없이 보여준다. 이러한 현실감은 세계 유명 미술관에 걸린 관습적인 누드화에서는 발견할 수 없는 강렬한 생기를 그림에 더한다. 그녀 특유의 자신감과 결단력, 잡

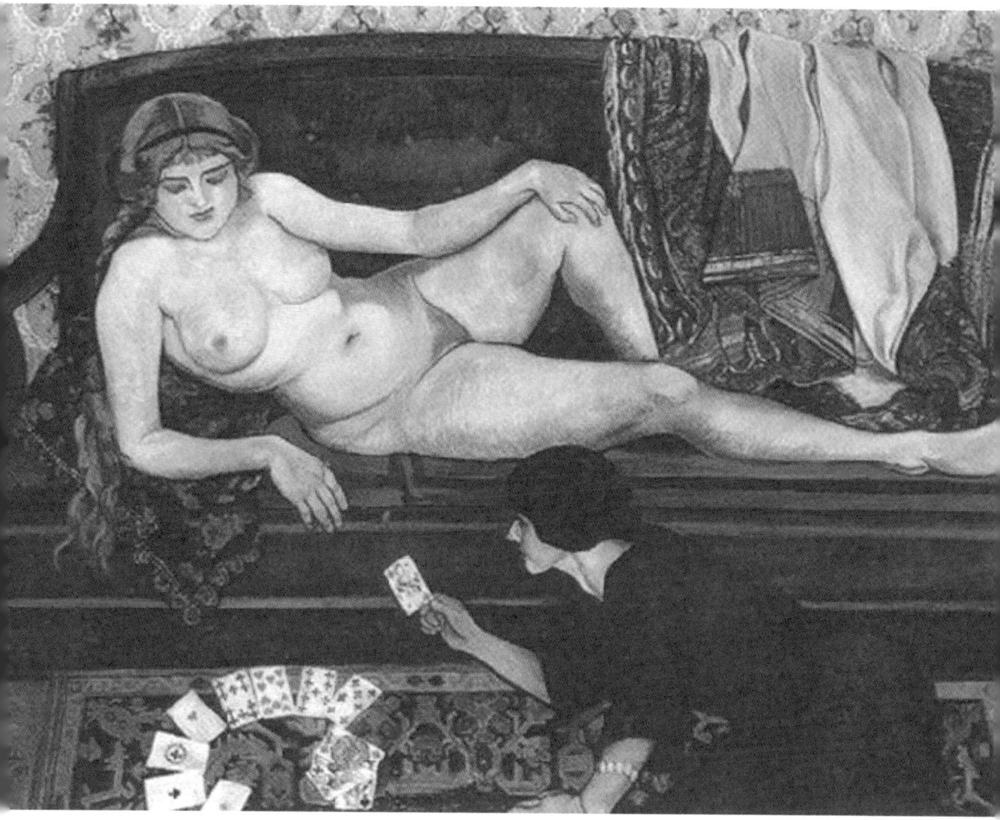

수잔 발라동, 〈점쟁이〉
1912년, 캔버스에 유채, 130x163cm, 프티 팔레 현대 미술관, 제네바

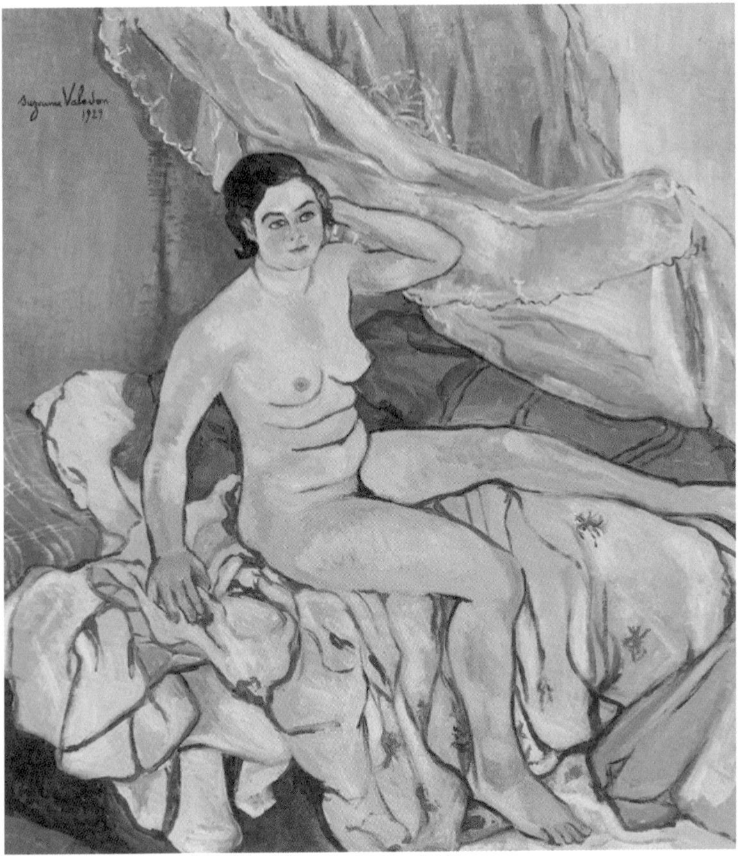

수잔 발라동, 〈침대에 앉아 있는 누드〉
1929년, 캔버스에 유채, 64.8x54.3cm, 개인 소장

초처럼 질기고 험한 인생 경험이 남성 화가가 담아내지 못한 깊이와 통찰을 그림에 담은 것이다.

발라동의 〈점쟁이〉를 보자. 붉은 소파에 옷을 벗은 채 기대 누운 당당한 체구의 여인. 그녀의 밑에는 페르시아산 카펫이 깔려 있고 카펫 위에는 점쟁이로 보이는 옷을 입은 작은 체구의 여인이 무릎을 꿇고 앉아 카드 점을 읽고 있다. 발가벗은 여인의 모습에는 고야의 〈마야〉나 마네의 〈올랭피아〉 같은 에로틱하고 성적인 요소가 없다. 대신, 바닥에 엎드려 있는 작은 여자를 내려다보는 모습에서 마치 남자 같은 권력과 횡포함을 가진, 자신감 넘치고 개방적인 여성의 모습을 보여준다.

발라동은 누드를 그릴 때, 마치 자신의 삶을 반영하듯 투박한 노동 계급의 여성을 소재로 불완전한 몸매를 과장하지도 이상화하지도 않고 보이는 그대로 정확하게 묘사했다. 〈침대에 앉아 있는 누드〉를 보라. 여러 겹으로 늘어진 복부 주름살이 그대로 표현돼 있다. 누드라면 응당 그래야 하는 것처럼 성적 요소를 어필하는 대신 일상의 자연스러운 모습만 남긴 것이다.

수잔 발라동의 자화상 〈푸른 방〉을 보자. 파란색 시트가 덮인 침대에 비스듬히 기대어 있는 발라동은 담배를 입에 물고 편안한 파자마 바람을 하고 있다. 약간 과체중으로 보이는 펑퍼짐한 몸매, 평범한 외모는 전혀 남의 시선을 의식하지 않은, 그야말로 있는 그대로의 모습으로 보이며, 보는 이에게도 편안한 휴식의 느낌을 준다.

여자 화가, 남자 모델

〈아담과 이브〉는 아들 모리스 위트릴로의 친구 앙드레 위터와

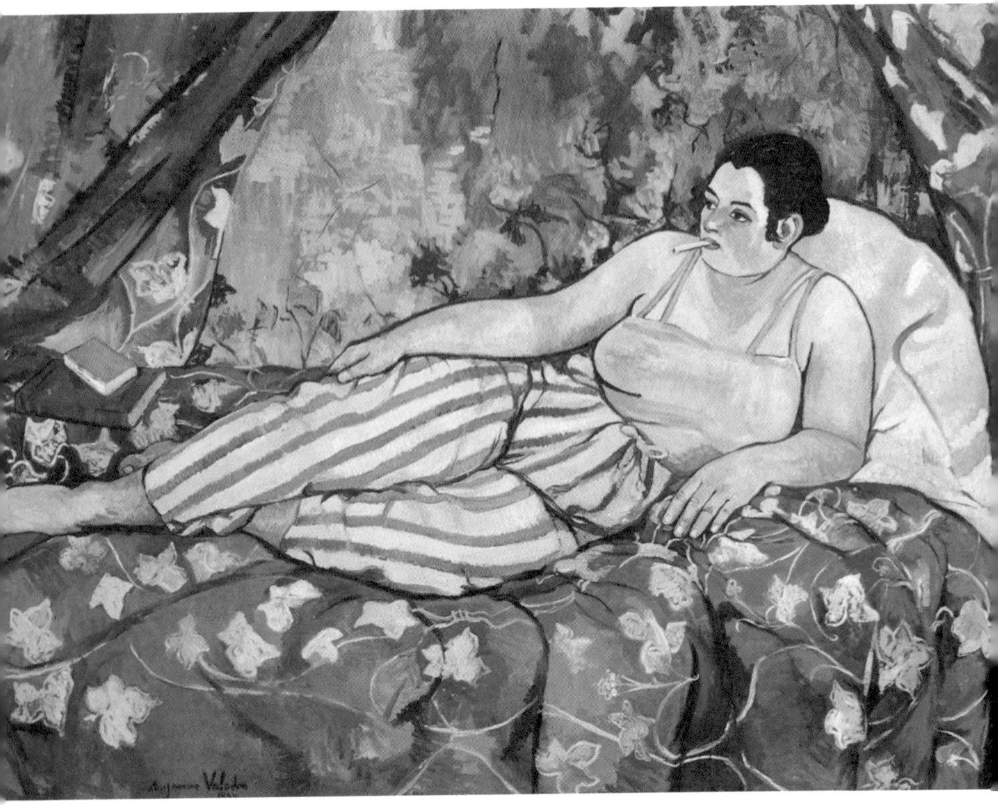

수잔 발라동, 〈푸른 방〉
1923년, 캔버스에 유채, 90x116cm, 퐁피두센터, 파리

자신을 에덴 동산의 아담과 이브로 표현한 그림이다. 술에 취한 위트릴로를 데려다 주려고 수잔 발라동의 집을 방문한 스물셋의 젊은 화가 위터와 마흔넷의 발라동은 스무 살이 넘는 나이 차이에도 불구하고 첫눈에 사랑에 빠진다. 당시 그녀는 은행가와 결혼 생활 중이었지만 새로운 사랑을 위해 과감하게 이혼하고, 위터와 아들과 함께 기묘한 동거에 들어간다.

금단의 열매 '사과'는 나이 많은 여자와 아들뻘 남자의 관계를 뜻하는 것일까? 그녀는 사회적 금기와 비난에 아랑곳하지 않겠다는 듯 거리낌 없이 손을 뻗어 과일을 따려고 한다. 게다가 이 그림에는 죄악의 상징인 뱀이 없다. 그뿐인가. 동산에서 쫓겨나기는커녕 영원히 머물 것처럼 둘의 모습엔 어떤 불안도 보이지 않는다. 발라동은 자신의 사랑을 죄의식 없이 담대하게 드러내려 한 것이다.

발라동은 이렇듯 관습을 깨는 대담한 작품을 제작했다. 그 대표적 예가 바로 남자의 누드를 그린 것이다. 남성 화가들은 여자와 남자를 불문하고 모두의 누드를 그릴 수 있었지만, 여성은 같은 여자의 누드를 그리는 것에도 선입견이 따랐고, 남자의 누드를 그리는 것은 더더욱 생각조차 할 수 없었다. 제도권 미술에서 자유로웠던 발라동은 이 금기에도 과감히 도전했다.

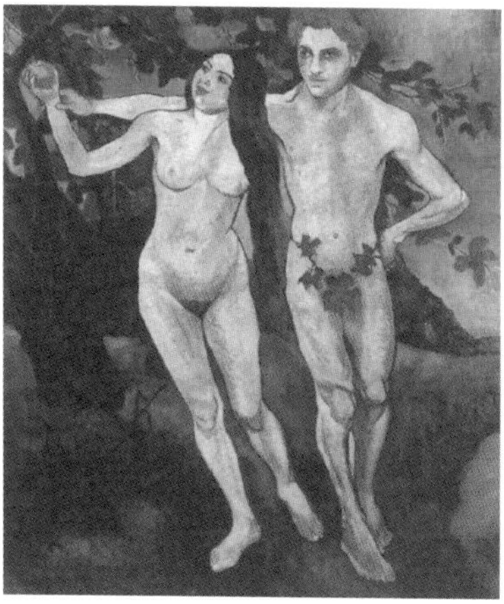

수잔 발라동, 〈아담과 이브〉
1909년, 캔버스에 유채, 162x131cm,
퐁피두센터, 파리

〈투망〉은 연인 앙드레

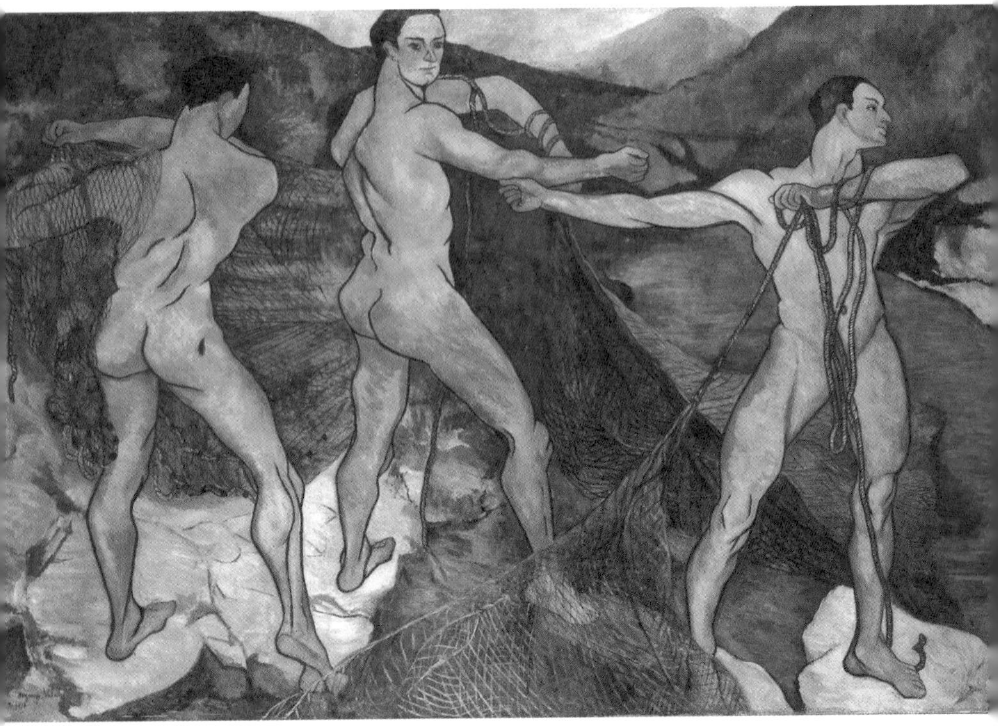

수잔 발라동, 〈투망〉
1914년, 캔버스에 유채, 201x301cm, 낭시 미술관, 낭시

위터를 모델로 그린 것으로, 각기 다른 자세를 취한 한 남성의 몸을 관찰하고 묘사했다. 세 가지 시퀀스는 신체 움직임의 아름다움에 중점을 두었다. 남성의 피부는 따뜻하면서도 관능적인 색채로 칠해졌고, 검은 윤곽선에 둘러싸여 있다. 신체에 깃든 젊음과 힘이 고스란히 전해지는 이 작품은 1914년 앵데팡당전에 전시되었고, 아니나 다를까 여성이 남자 누드를 그렸다는 이유로 격렬한 비난과 공격을 받았다.

행동으로 실천한 페미니스트

많은 사람들은 수잔 발라동의 삶을 사랑에 헤픈 여자, 유명 화가들의 매춘부 뮤즈, 혹은 관습에 저항한 팜 파탈 등 특정 이미지에 초점을 맞춰 자극적인 방식으로 이야기해왔다. 인터넷 블로그, 미술 칼럼 등에서도 천재 음악가 에릭 사티와의 로맨틱한 스토리나 화가들과의 뜨거운 스캔들에 초점을 맞춘 이야기들이 많다.

그러나 발라동의 예술에 대한 태도는 매우 진지했고, 화가가 되려는 욕망은 상상할 수 없을 정도로 강했다. 어릴 때부터 스케치하기를 좋아했지만, 그림을 배울 기회가 없었을 뿐이다. 로트렉과 르누아르도 그녀가 그린 습작들을 보고 감탄했고, 재능을 알아본 드가는 그녀를 직접 가르치고 살롱전에 그림을 전시할 수 있게 도와주었다. 또한 파리의 유명한 화상에게 그녀의 작품을 소개하고 홍보하도록 주선하는 등 헌신적인 후원을 자처했다. 그만큼 발라동의 실력이 비범했다는 뜻이다.

19세기 기독교 철학자 드 메스트르의 말이다.

> "여자의 가장 큰 실수는 남자가 되려고 하는 것이다. 남자가 되기를 원하는 것은 현명해지기를 원하는 것이다. 여자는 자신의 의무를 방해하는 어떤 지식도 추구해서는 안 된다. 여자의 미덕은 남편을 행복하게 해주고 자녀를 잘 양육하는 것이다. 여자가 남자를 모방하려고 한다면, 그녀는 그저 흉내 내는 원숭이에 불과할 것이다. 여자는 어느 분야에서도 어떤 위대한 작품을 창조한 적이 없지 않은가."

이러한 시각은 19세기까지 널리 퍼진 남성의 관점, 그리고 남성이 주류를 차지한 사회의 보편적 통념이었다. 여성은 생리학적으로, 지적으로, 감정적으로 남자와 다르며 열등한 존재로 인식되었다. 이런 시대에, 수잔 발라동은 남성 미술가와 남성 비평가로 포진된 경기장에서 성차별의 장애물을 뛰어넘은 아주 드문 여성 미술가였다. 더구나 베르트 모리조와 메리 카사트가 부르주아적 사회 가치관에 갇혀 그들의 예술 세계를 가정 생활로 제한했을 때, 수잔 발라동은 파리의 거리와 카페, 클럽에서 남성 미술가들과 어울렸고, 여성이 그릴 수 없었던 누드, 그것도 남녀 모두의 누드를 거침없이 시도했다. 사람들이 자신의 출신 배경과 삶에 대해 뭐라고 왈가왈부하든, 다른 사람이 아닌 자기 자신으로 살았고, 예술적으로도 의미 있는 업적을 남겼다.

1960년대 후반, 반전 시위와 인권 운동, 퀴어 운동의 열풍 속에서 시작된 페미니즘 미술은 자의식이 뚜렷한 수잔 발라동의 작품을 그냥 보아 넘기지 않았다. 당연히 발라동은 페미니스트 미술사학자들의 큰 관심을 끌었다. 특히, 그녀의 누드화는 전형적인 여성 누드의 형태를 뒤엎는 파격 때문에, 새로 쓰는 페미니즘 미술사에 좋은 사례로 기록되었다. 발라동의 누드 자화상은 남성의 시선에서 본 섹스어필의 여성 누드가 아닌 '진정한 여성성'을 그려낸 독일 표현주의 화가 파울라 모더존 베커를 잇는 또 하나의 해방된 여성 누드이다.

비록 수잔 발라동은 스스로를 페미니스트로 의식하거나 언급한 적이 없었지만, 그럼에도 불구하고 그녀의 작품은 다분히 페미니즘 요소를 가진 것으로 해석되어 왔다. 남성의 시선을 의식한 여성성 묘사에 저항했기 때문이다. 메리 카사트가 생각과 언어의 페미니스트였다면, 수잔 발라동은 행동으로 실천한 페미니스트였다.

각성한 여자에게
보이는 것들

●

한나 회호

20세기 초, 아주 재미있고 독특한 아방가르드 예술 운동이 유럽을 강타했다. 바로 다다이즘Dadaism이다. 다다이즘은 제1차 세계대전을 일으킨 서구 문명에 대한 회의와 절망에서 비롯됐다. 다다이스트들은 전례 없이 폭력적이고 참혹한 전쟁의 민낯을 목격한 후 이성과 합리주의에 기반하고 있다고 생각했던 서구 사회의 지성사가 한낱 허상이었다는 것을 깨닫는다. 그리하여 기존 사회의 모든 가치를 부정하는 예술 운동을 펼친다. 이성을 부정하고 무의미, 우연성, 즉흥성을 특징으로 하는 '반예술'을 지향하게 된 것이다.

다다이즘에는 휴고 발Hugo Ball, 장 아르프Jean Arp, 마르셀 뒤샹Marcel Duchamp, 만 레이Man Ray 등 남성 미술가와 다수의 여성 미술가가 참여했다. 그러나 남성 미술가들은 다다이즘 역사에 이름을 올린 반면, 함께 활동했던 여성 미술가들은 시간이 지나면서 점차 미술사에서 잊혔다.

여성 다다이스트들은 20세기 아방가르드 미술 운동에 앞장섰을 뿐 아니라 페미니즘 운동에도 거침없이 뛰어들었다.

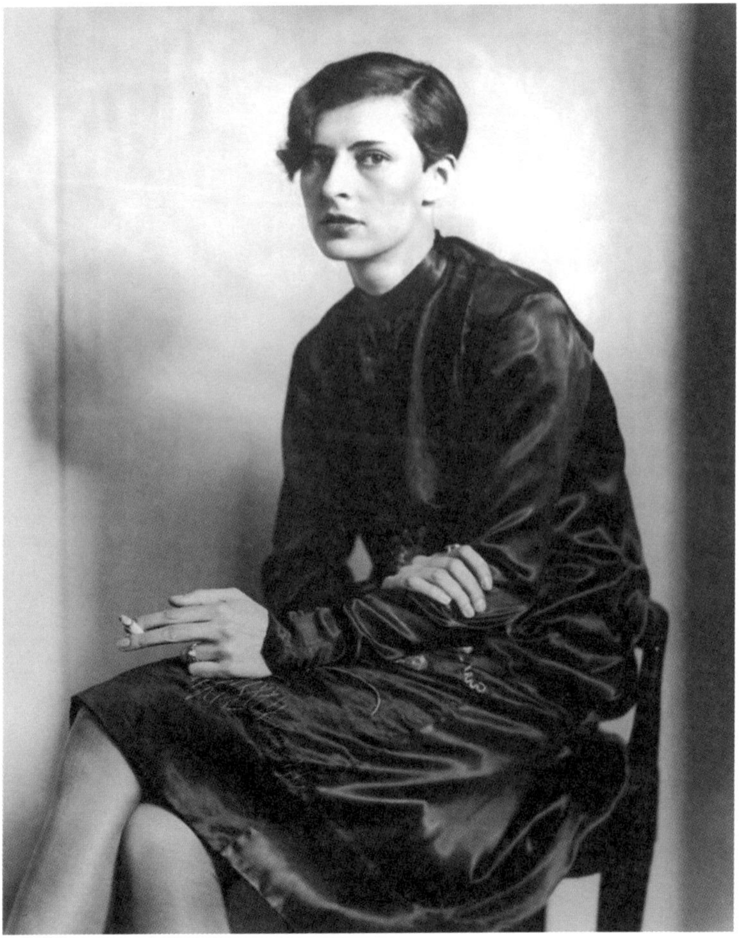

베를린 다다 그룹의 잇걸, 한나 회흐

그들은 여성에게 강요된 전통적 성 역할을 걷어차고, 화가, 조각가, 무용가, 공연예술가, 패션디자이너, 교육자 등 다양한 분야에서 여성의 주체적인 삶의 방식을 보여주었다. 추상적인 태피스트리 작품을 제작한 소피 토이버 아르프Sophie Taeube, 마르셀 뒤샹의 여동생이자 파리 다다에 참여한 수잔 뒤샹Suzanne Duchamp, 여성 참정권 운동가이자 모더니즘과 다다의 열렬한 지지자였던 캐서린 소피 드레이어Katherine Sophie Dreier, 치열한 페미니스트 예술가이자 여배우, 시인이었던 미나 로이Mina Loy, 도예가이자 화가인 베아트리스 우드Beatrice Wood, 일러스트레이터로 활동한 클라라 타이스Clara Tice 등이 그들이다. 이들은 모두 20세기 초 등장한, 이른바 신여성으로서 다다이스트 운동에 참여했을 뿐 아니라 여성의 독립적 삶과 권리를 주장한 페미니스트 예술가들이었다.

그중 아방가르드의 최첨병으로서 단연 돋보이는 다다이스트는 독일 출신의 한나 회흐였다.

포토몽타주를 통해 페미니즘을 외치다

스위스 취리히에 있던 복합 문화 공간 카바레 볼테르Cabaret Voltaire에 모인 전위 예술가들로부터 시작된 다다이즘은 일부 미술가가 독일로 이주하면서 베를린에서도 등장한다. 한나 회흐Hannah Höch, 1889~1978는 베를린 다다 운동의 유일한 여성 멤버였다. 그녀는 1920년대 자유분방한 신여성을 상징하는 단발머리에 플래퍼 룩♦을 선보인 멋쟁이 예술가였고, 다다 그룹에서도

♦ 소매 없는 짧은 드레스와 보이시한 헤어 스타일

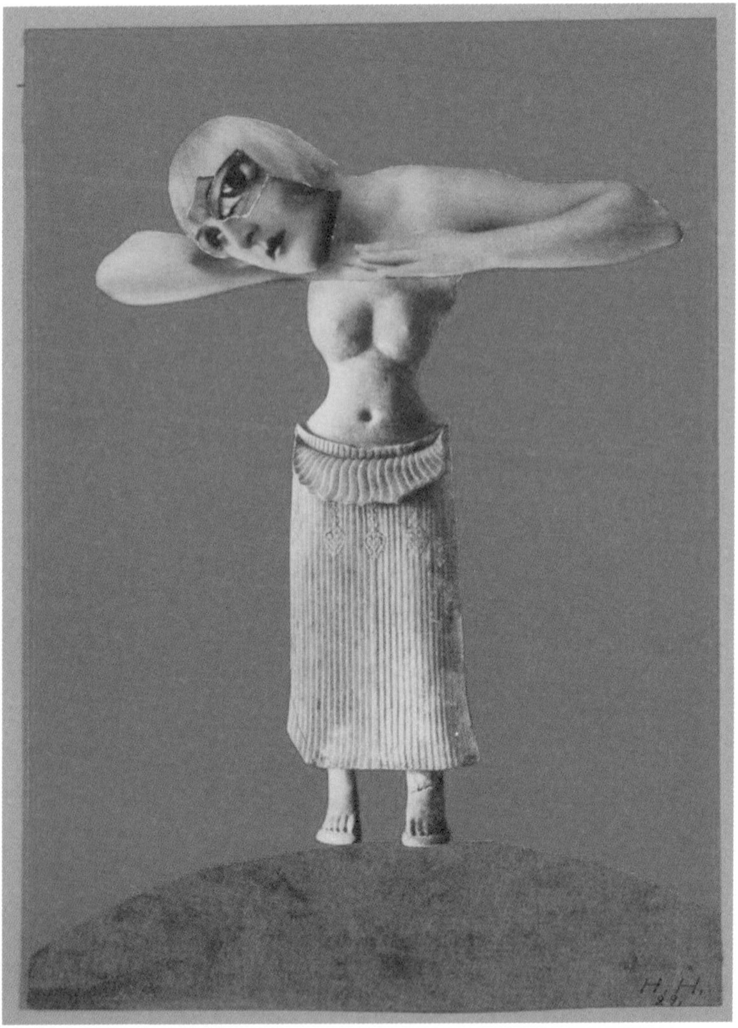

한나 회흐, 〈무제〉
1930년, 콜라주, 48.3x32.1cm, 화이트채플 갤러리, 런던

아주 중요한 역할을 했다. 그러나 사람들에게는 베를린 다다의 핵심 인물인 라울 하우스만Raoul Hausmann의 연인으로 더 잘 알려져 있다. 그녀의 역할과 재능보다는 사생활에 더 초점이 맞춰진 탓이다.

회흐의 성장 배경 역시 그녀가 독립적인 한 여성으로 바로 서는 데 걸림돌이 됐다. 보수적이었던 아버지는 회흐에게 여자는 결혼을 해 가정을 꾸려야 하며 미술 같은 한가로운 공부 따위를 해서는 안 된다고 말했다. 심지어 겨우 열다섯 살 때 어린 여동생들을 돌보기 위해 학업까지 중단했다. 회흐는 6년 뒤 스무 살이 넘어 베를린의 응용 미술 학교에서 다시 학업을 시작해 유리 디자인과 그래픽 아트를 공부했다. 그녀는 이 무렵 연인 라울 하우스만과 만나고 다다이스트인 쿠르트 슈비터스Kurt Schwitters와는 친구가 되면서 1920년대 베를린 다다 운동에 뛰어들었다.

그러나 다다 운동 역시 남성 미술가들을 중심으로 돌아갔다. 사회의 부조리에 대항했던 진보적인 다다이스트들도 여성 문제에 관해서는 여전히 전통적 관념에 젖어 있었다. 베를린 다다의 남성 미술가들은 1920년 첫 다다 전시회에 회흐를 참여시키는 것에 반대했다. 그녀가 여자라는 이유에서였다. 남성 동료들은 여성 작가를 진정한 미술가로 인정하지 않았다. 그녀의 연인이었던 라울 하우스만은 회흐가 예술에 기여할 수 있는 최고의 방법은 자신이 훌륭한 예술가가 되도록 내조하는 거라고 공공연히 말할 정도였다.

회흐는 이런 위선을 자신의 포토몽타주 작품을 통해 조롱하고 풍자했다. 포토몽타주photomontage는 신문과 잡지에서 잘라낸 여러 가지 이미지를 조합해 새로운 의미를 갖는 합성 이

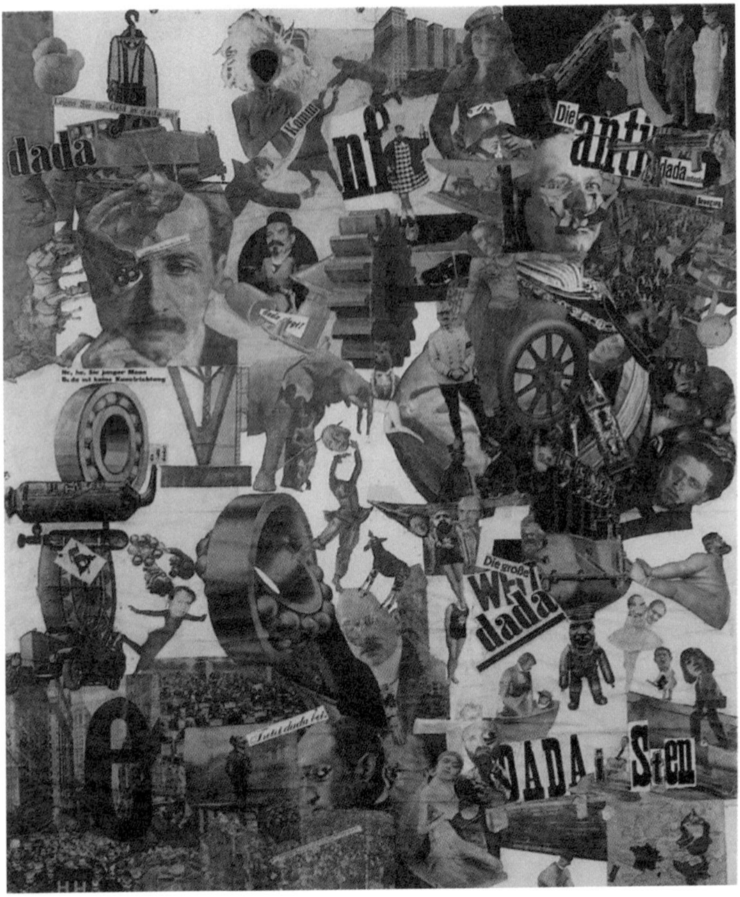

한나 회흐, 〈독일 최후의 바이마르 시대를 다다의 부엌칼로 잘라버려라〉
1919년, 콜라주, 90x144cm, 베를린 국립 미술관, 베를린

미지를 만들어내는 기법이다. 일찍이 피카소와 조르주 브라크Georges Braque가 화면에 종이, 천, 벽지, 나무껍질, 신문지와 잡지를 붙인 콜라주 기법을 시작했고, 이것이 파피에 콜레papier collé, 포토몽타주, 아상블라주assemblage 등으로 영역이 확장되었다. 회흐는 그중 포토몽타주의 개척자였다. 그녀는 포토몽타주를 통해 완고한 남성 중심적 사고를 비롯해 부조리한 모든 사회 체제와 가치를 조롱하고 풍자했다. 다다 그룹의 남성 멤버들이 정치적 이슈에 관심을 기울였다면 회흐는 성차별, 여성의 권리, 그리고 사회의 불평등 문제에 유독 집중했다. 성장 과정 내내 겪었던 가부장제, 그리고 동료라고 믿은 남성 미술가들이 시종일관 보인 뿌리 깊은 남성 중심적 태도에 숨이 막혔던 것이 아니었을까?

한편, 고도의 예술적 훈련이 필요하지 않은 포토몽타주는 고전적 미술을 부정하는 반예술적 성격을 띤 것이나, 한나 회흐의 작품은 그녀의 의도와는 달리 고도의 예술적 조형성을 갖춘 것으로 평가받고 있다.

〈무제〉는 유럽의 대중 매체에 등장하는 아름다운 백인 여성의 상체에 전혀 서구적이지 않은 조각상의 몸통을 합성해 아리아인의 인종적 순혈성을 찬미하는 나치를 조롱한 작품이다. 그녀는 붓질 한 번 없이 사진들을 오려 붙여 멋진 그림을 만들어냈고, 완벽한 색채 감각과 조화로운 구성 감각을 보여주었다. 아무 관련 없는 사진들을 결합해 의미 있는 메시지를 만들어내는 이 기법은 당시 다다이스트와 초현실주의 미술가들에게 지대한 영향을 미쳤다.

〈독일 최후의 바이마르 시대를 다다의 부엌칼로 잘라버

려라〉는 1920년 베를린에서 열린 제1회 국제 다다 전시회에 출품되었으며, 당시 전시작 중 가장 인기 있는 작품이었다.

신문과 잡지, 광고 전단의 여러 가지 이미지와 텍스트를 오려 세심하게 배열한 이 포토몽타주는 독일 제국이 제1차 세계대전에서 패망한 후 등장한 바이마르 공화국 시대의 정치적·사회적 문제를 신랄하게 비판하고 있다. 기계와 인간 이미지의 어지러운 배합은 급속한 산업화·기계화 속에서 성장한 현대 도시 문명을 상징하며, 독일 황제 카이저 빌헬름 2세, 바이마르 공화국의 정치 지도자, 공산주의자 칼 마르크스 얼굴의 혼재는 당시의 정치적 혼란과 불안정을 나타낸다. 왼쪽 아래에는 검게 채색된 유럽 지도를 붙였는데 여성 투표권이 실시된 국가들을 표시해놓아 여성의 권리와 성 차별 문제를 드러냈다.

이렇듯, 그녀는 여성과 남성, 서구권과 비서구권, 인간과 오브제를 어수선하게 결합하는 방식으로 정치 문제와 젠더 문제, 자신의 자전적 이야기, 판타지 등을 복합적으로 표현했다. 이 때문에 1930년대 독일을 장악한 나치는 급진적 사상을 가진 그녀를 다른 다다이스트들과 함께 퇴폐 미술가로 낙인찍었다.

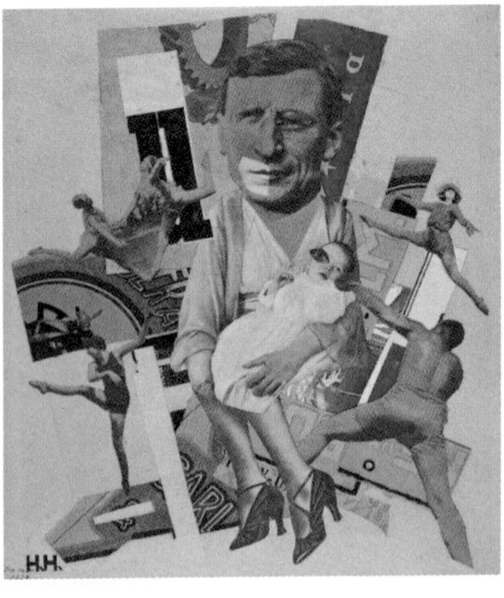
한나 회흐, 〈아버지〉
1920년, 콜라주, 34x27.5cm, 개인 소장

또 다른 포토몽타주 작품 〈아버지〉를 보자. 하이힐을 신고 여자 가운을 입은 남자가 다리를 얌전하게 모은 채 아기를 안고 있다. 남성과 여성 신체의 결합은 회흐 작품의 특징 중 하나인데, 그 이면에는 성 역할에 대한 고정관념을 부수려는 의도가 숨겨져 있다. 남자의 주변에는 그와 대조적으로 두 다리를 한껏 벌려 뛰어오르거나 힘찬 발길질을 하거나 춤을 추는 여성들이 둘러싸고 있다. 그들은 모두 가정과 육아의 굴레에서 해방되어 자유롭고 활기차 보인다. 이러한 육체적 자유로움은 조신한 여성 이미지에서 탈피한 해방된 '신여성'의 모습이다.

〈다다 멋쟁이〉에서는 여자의 얼굴이 남자의 몸 안에 들어가 있는 형태로 여자와 남자의 모습이 융합되어 있다. 금속 팔찌, 진주 목걸이와 하이힐로 치장하고 환하게 미소 짓거나 고개를 약간 돌려 유혹적인 눈길을 보내는 여성들은 미디어가 만든 여성의 이미지, 남성이 원하는 여성의 모습이다. 오늘날에도 여성들은 미디어가 제시하는 비현실적인 미의 기준에 자신을 맞춰야 한다는 압력에 시달린다. 남성 몸 안에 갇혀 있는 여성들의 이미지는 남성의 관점에서 여성의 아름다움을 규정하고, 전통적인 여성의 미덕을 강요하는 억압적 사회 체제를 상징한다.

〈아름다운 여자〉에는 1920년대 신여성을 상징하는 이미지들이 등장한다. 당시 독일은 여성에게 투표권을 부여했고 일터에서 동등하게 일할 권리를 보장했다. 이런 사회적 분위기 때문에 가정에서 벗어나 독립적으로 살고자 하는 여

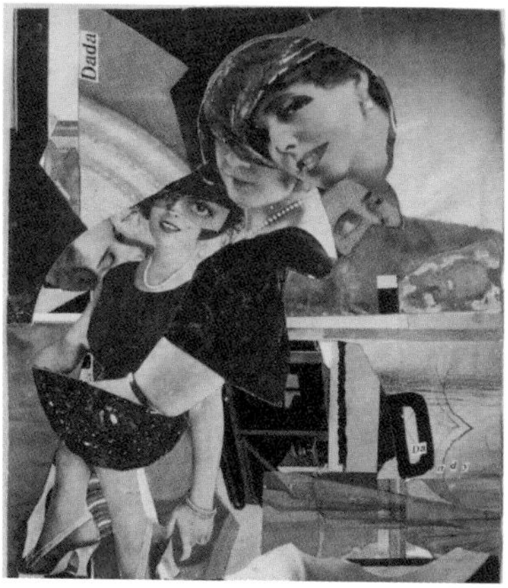

한나 회흐, 〈다다 멋쟁이〉
1919년, 콜라주, 86.6x66.7cm, 개인 소장

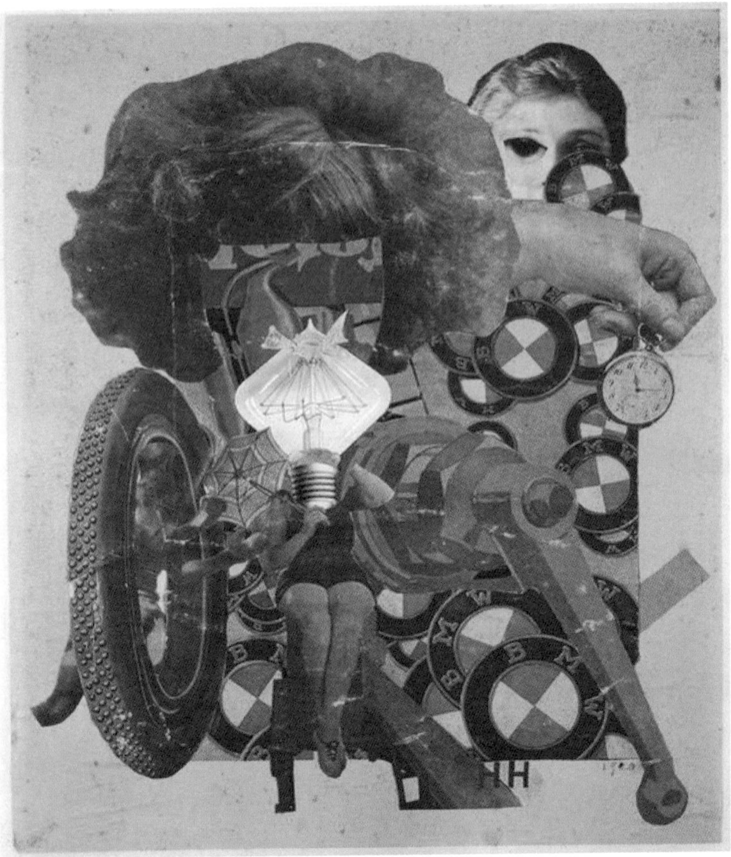

한나 회흐, 〈아름다운 여자〉
1920년, 콜라주, 89x74cm, 개인 소장

성들, 주체적 자의식을 가진 여성들이 속속 등장했다. 그러나 실상은 어떠했을까?

표면적으로는 여권이 신장된 것 같이 보였으나 현실은 이를 따라가지 못했다. 여성은 대체로 저임금, 비숙련 노동의 틀에 갇혀 있었고, 의회에도 진출하지 못해 자신들의 권익을 위한 법을 만들 수도 없었다.

다시 그림을 보자. 작품 중앙에 수영복을 입고 파라솔을 든 여성이 앉아 있다. 그녀의 얼굴은 실종된 채 전구(현대 산업 사회의 상징)로 대체되어 있다. 주변에는 자동차 기계 부품과 타이어, BMW 로고 등 산업 사회의 이미지가 그녀를 둘러싸고 있다. 특히 자동차는 산업 사회에서 기득권을 차지한 남성을 이미지화한 것이다. 앉아 있는 여자의 윗부분에는 신여성의 상징인 짧은 헤어스타일이 두둥실 떠 있는데 얼굴은 역시 제거되었다. 그런가 하면 오른쪽 위 아름다운 금발 백인 여성의 한쪽 눈에는 뜬금없이 타인의 눈이 큼지막하게 붙어 있다. 회흐는 왜 얼굴과 눈을 지운 걸까?

얼굴과 눈은 인간의 감정과 영혼을 보여주는 거울이다. 따라서 개인을 명확히 구별할 수 있는 얼굴과 눈의 제거는 여성의 정체성 혼란, 자아의식의 부재를 나타낸 것이다.

이 모든 이미지들은 아름다운 여성의 모습을 제시한 신문과 잡지에서 오려낸 것이지만, 회흐의 손에 의해 전혀 아름답지 않게 왜곡되었으며 공허하기조차 한 모습으로 변형되었다. 당시 독일 여성의 진짜 현실은 미디어가 제시한 당당하고 멋진 신여성이 아니라 여전히 왜곡되고 억압받는 존재라는 것을 보여주려고 한 것이다.

한나 회흐의 정신은 아직 진행 중이다

20세기 초는 야수파, 입체파, 다다이즘, 미래파, 초현실주의 등 다양한 현대 미술 운동이 일어났던, 실로 미술사의 대변혁기이자 예술적 에너지가 넘치던 시기였다. 그러나 이 예술적 폭풍의 중심에는 남자들이 있었고, 여자들은 남성 예술가의 보조적 역할이나 아마추어쯤으로 인식되었다.

한나 회흐 역시 베를린 다다 운동에서 남성 다다이스트들과 함께 중추적 역할을 했지만, 다다이즘 창시자 리하르트 휠젠베크Richard Hülsenbeck가 쓴 베를린 다다의 역사에서 이름이 누락되었으며, 수많은 다다 전시회에서도 배제되었다. 그녀의 작품은 연인 라울 하우스만의 작품보다 여러 가지 면에서 더 독창적이었으나, 그룹 내에서 그다지 인정받지 못했다. 다다이즘은 기존 사회의 체제와 가치에 저항하며 출발한 혁명적인 운동이었지만, 남성 다다이스트들은 유독 젠더 문제에 있어서는 여전히 기존의 가부장적 가치관에 머물러 있었다.

주요 멤버인 한스 리히터Hans Richter 역시 회흐를 "돈이 부족한데도 (다다 예술가들을 위해) 어떻게든 샌드위치, 맥주, 커피를 마련해준 좋은 여자"로만 기억하고 있다. 이것은 남자들이 그녀를 예술적 동지가 아니라 먹을 것이나 챙겨주는 심성 좋은 여자 정도로 생각했다는 것을 말해준다.

회흐는 라울 하우스만하고도 갈등을 겪어야 했다. 그는 회흐와 내연 관계로만 지내고 싶어 했다. 말로는 여성의 성 해방을 주장하면서 가정을 깨지 않고 결혼 제도 안에 머물려 한 그의 이기심 때문에, 회흐는 여러 차례 낙태 시술을 받아야만 했다. 자신이 그의 성적 만족을 위한 정부, 그리고 보조자의 역할에 지나지 않았음을 알게 된 회흐는 그를 떠나기로 결심했다. 여성의 정체성에 대해 깊이 고민했던 회흐로서는 이러한 위선을 견딜 수 없었을 것이다.

최근 잊혔던 여성 미술가들을 재조명하기 시작하면서 한나 회흐도 다시 주목받고 있다. 남성 동료에게 치이고 미술사에서도 사라진 회흐는 1976년 파리와 베를린에서 열린 전시회를 계기로 20세기 미술에 대한 공헌을 뒤늦게 인정받았다. 그녀는 이렇게 회고했다.

> "남성 미술가들은 여성을 매력적이고 재능 있는 아마추어로 보았지 진정한 프로로 보지 않았습니다. 30년 전 여성은 독일에서 현대 미술가로 인정받기 어려웠습니다."

이제 21세기다. 이쯤이면, 여성 미술가를 얕보고 비우호적으로 대우했던 과거 성차별을 인식하고 수정해야 할 시기가 되지 않았을까? 그리고 무엇보다 이러한 시도는 여성이 주체가 되어야 한다. 인간 사회의 부조리와 불평등을 혁신하려고 했던 어떤 급진적인 정치·사회적 운동도 남성들이 주도하는 한, 여성 문제에 관해서는 위선적이고 이중적인 잣대에서 벗어나지 못했기 때문이다. 한나 회흐가 작품에 담은 메시지가 의미 있는 까닭도 여기에 있다. 회흐는 작품을 통해 사회에 만연한 성차별을 고발하고 여성의 권리를 되찾기 위해 애썼다. 미술계, 그리고 모든 분야의 성차별은 비단 여성만의 문제는 아니다. 성평등을 비롯한 인간 평등은 문명 사회로 나아가기 위한 인류의 보편적인 가치이기 때문이다. 여성이 사회에서 차별받지 않고 동등한 권리를 누릴 때, 남성 역시 진정한 해방과 자유를 얻을 수 있지 않을까?

Joanna Koerten
Anna Maria Garthwaite
Rose Bertin
Karin Larsson
Gertrude Jekyll

3부

경계를 넘어
새로운 세계를 창조하다

렘브란트 그림보다 비싼
종이오리기 작품

●

요아나 쿠르턴

17세기에 엄청난 인기를 누리며 렘브란트의 〈야경〉보다 비싼 가격에 팔린 미술 공예품이 있다. 바로 종이를 정교하게 오려 만든 공예품인데, 이 종이 오리기 작품의 대가는 요아나 쿠르턴Joanna Koerten, 1650~1715이다. 그녀는 '종이 오리기 예술의 렘브란트'라고 불리었으며, 그녀의 작업장은 당대 유럽의 명사라면 빼놓지 않고 찾는 암스테르담의 랜드마크가 됐다.

요아나 쿠르턴은 어릴 때부터 주변의 살아 있는 것들, 혹은 무생물을 관찰하고 그리는 데 관심을 보였고 소질도 뛰어났다. 남편은 암스테르담에서 천을 파는 상인이었는데, 그녀는 남편의 가게 안 작업실에서 여러 가지 예술 작업을 하고 전시하면서 이름을 알렸다. 수채화, 드로잉, 자수, 유리 에칭 등 다양한 분야에서 재능을 보였지만, 그녀에게 명성을 가져다준 것은 종이 오리기 작품이었다.

그녀의 종이 오리기 작품은 러시아의 표트르 대제, 브란덴부르크의 프레데릭 3세, 영국의 윌리엄 3세, 독일의 여왕 등 왕실과 귀족이 앞다투어 사들일 정도로 인기 만점이었다. 종이

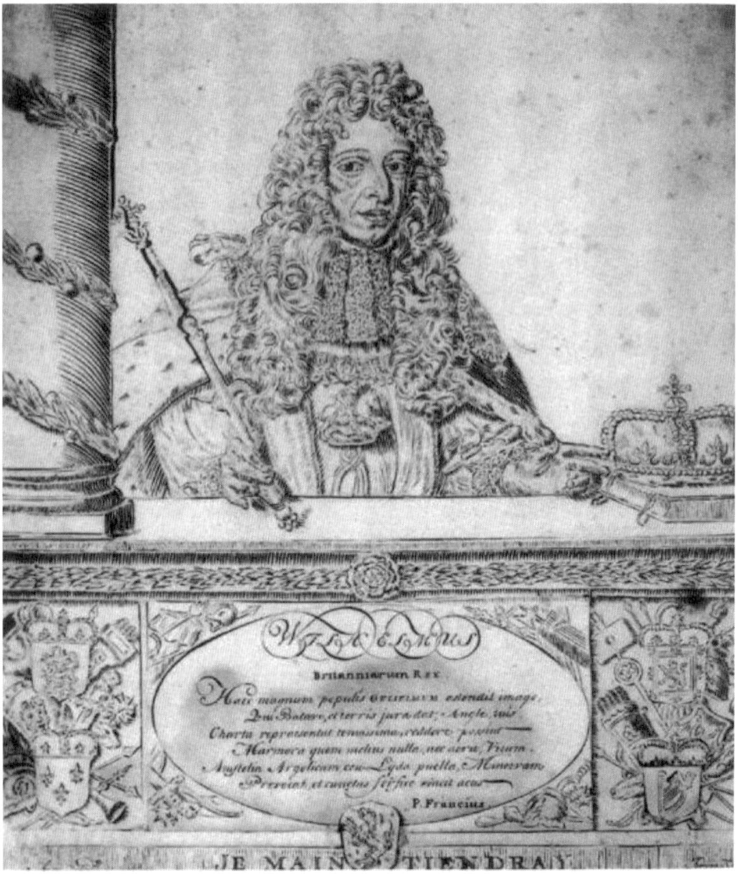

요아나 쿠르턴, 〈윌리엄 3세〉
1700년, 종이 오리기, 스테델릭 미술관, 암스테르담

오리기는 16세기 중국 무역상을 통해 유럽으로 전파돼 17세기 네덜란드에서 전통 공예로 자리 잡았다.

요아나 쿠르턴은 이 민속 공예를 자신의 독자적인 예술로 재창조했다. 그러나 미술사학자들은 종이 오리기를 그저 민속 예술로만 취급했다. 그녀의 작품이 결코 무시되어서는 안 될 걸작이었는데도, 종이를 오리는 데 요구되는 재능은 단순한 손기술뿐이라며 폄하한 것이다. 이 때문에 그녀는 뛰어난 걸작을 남기고도 미술사에 기록되지 못했다.

펜 그림같이 보이는 종이 오리기 작품

종이 오리기는 회화와 마찬가지로 이차원의 평면에서 탁월한 공간 효과를 창출했다. 세심하게 오린 종이는 완벽한 그림으로 변신했다. 그래서 실제로 작품을 본 사람들은 이것이 그림인지, 종이를 오린 것인지 구별하지 못할 정도였다. 요아나 쿠르턴은 종이가 만들어내는 입체감을 활용해 풍경, 바다, 꽃, 과일, 동물, 건축물, 초상화, 종교화에 이르기까지 모든 것을 그림 그리듯 재현했다.

종이 오리기는 정확한 세부 묘사를 위해 엄청난 인내심과 오랜 시간, 집중력이 필요한 작업이었다. 특히 그녀의 작품은 마치 펜 그림을 보는 것처럼 아주 세밀했다는 데 그 혁신성이 있다. 그녀가 작업대에 몸을 구부리고 얼마나 많은 시간을 종이와 씨름했는지, 이 과정에서 얼마나 숙련된 기술이 필요했을지 상상해보라. 때로는 밀려드는 주문을 소화하기 어려워, 값비싼 비용을 지불하는 왕실 주문도 거절할 지경이었다.

요아나 쿠르턴은 처음에는 풍경을 소재로 작품을 만들

다가 황제나 왕과 같은 유명인들의 초상화를 제작하기 시작했다. 종이를 정교하게 오려 만든 초상화는 여느 화가가 그린 초상화에 뒤지지 않았다. 실물과 닮은 사실적 묘사는 실로 놀랄만한 수준이어서 그녀의 작품을 한 번이라도 본 사람들은 감탄해마지 않았다. 입소문이 난 것은 당연한 결과였다. 암스테르담 작업실에는 유명 예술가와 시인들의 방문이 끊이질 않았고, 유럽 각국에서 열렬한 관심을 보였다. 국제적 미술가가 된 것이다. 당연히 가격 역시 엄청난 고가로 거래됐다. 어떤 외국인들은 암스테르담까지 와서 그녀의 작품을 사갈 정도였다.

그러나 종이는 손상되기 쉬운 유약한 재료였기 때문에 안타깝게도 그녀의 작품은 현재 겨우 15점만 남아 있다. 간혹 오래된 경매 카탈로그에서 이 15점 외에 개인이 소장한 작품을 엿볼 수는 있지만 그마저 흔치는 않다.

〈윌리엄 3세〉는 요아나 쿠르턴의 열혈팬이었던 영국 윌리엄 3세의 초상이다. 물결 모양 컬을 가진 머리칼이 한 올 한 올 섬세한 절개 기술로 묘사되었으며, 코트의 털도 꼼꼼하게 재현되어 있다.

그녀의 작품이 얼마나 정교했는지는 손바닥만 한 크기의 소형 작품들을 보면 알 수 있다. 엽서 크기의 작은 종이에 나무와 개, 토끼, 사냥꾼, 풀 등을 세밀하게 묘사한 〈사냥 장면〉 같은 작품이 있는가 하면, 〈성 요한과 함께 있는 성모자〉는 7센티 남짓한 종이에 사람이 직접 칼로 일일이 오려냈다고는 믿기지 않을 만큼 정교한 묘사가 펼쳐진다. 특히 〈성 요한과 함께 있는 성모자〉는 실물을 100배 크기로 확대해서 봐야 그 정밀하고 복잡한 세부 묘사가 눈에 들어올 정도다. 그녀가 얼마나 비범한 기술을 가졌는지 알 수 있지 않은가.

미술관 창고 속에서 잠자는 옛 영광

요아나 쿠르턴의 명성이 높아지자, 남편은 그들의 가게를 아예 살아 있는 박물관으로 만들어 수익성 좋은 사업으로 연결했다. 그녀의 작업은 당시 네덜란드의 사회적 가치였던 기술적 지식과 종교적 헌신에 대한 존중, 그리고 가정에서 여성들이 하던 전통공예와 연관되어 있다. 그녀는 네덜란드의 오랜 가내 수공예 전통을 이어받아 발전시켰고 그녀의 작업장이었던 집은 곧 박물관이 되었다.

특히 18세기는 화려하고 섬세한 궁정 취향의 로코코 양식이 유행했던 시기라 장식적이면서도 이국적인 특성을 가진 종이 오리기는 상류층의 구미에 부합했다. 그러나 그녀의 작품이 성공할 수 있었던 결정적 이유는 시대적 배경에 더해 여성적인 특징들, 바로 섬세함과 정교성, 인내심과 집중력에 기인한 것이다.

현재 요아나 쿠르턴의 작품은 아주 소수만 남아 있는 데다 그나마 일부는 전시실에 걸리지 못하고, 미술관 창고 서랍 속에서 수백 년간 잠자고 있다. 이는 여성 미술가로서의 핸디캡과 공예가라는 미술사에서의 위치가 그녀를 이중의 질곡에 꽁꽁 묶어 놓았기 때문이다. 이렇듯, 회화와 조각 등 미술의 주류 영역이 아닌 작업을 했던 여성 미술가들은 회화 분야에 뛰어든 여성 미술가보다 더 낮은 대접을 받아왔다. 다방면의 매체에 재능이 뛰어났던 그녀가 회화에 전념할 수 있었다면, 회화에서도 분명 놀라운 성과를 얻었을 것이다. 그러나 가위와 종이로 회화에 버금가는 초상화와 종교화를 창조해낸 것은 미술사에서 그녀의 이름을 거론하기에 충분한 성과이다. 요아나 쿠르턴은 공예를 예술로 격상시킨 위대한 여성 미술가다.

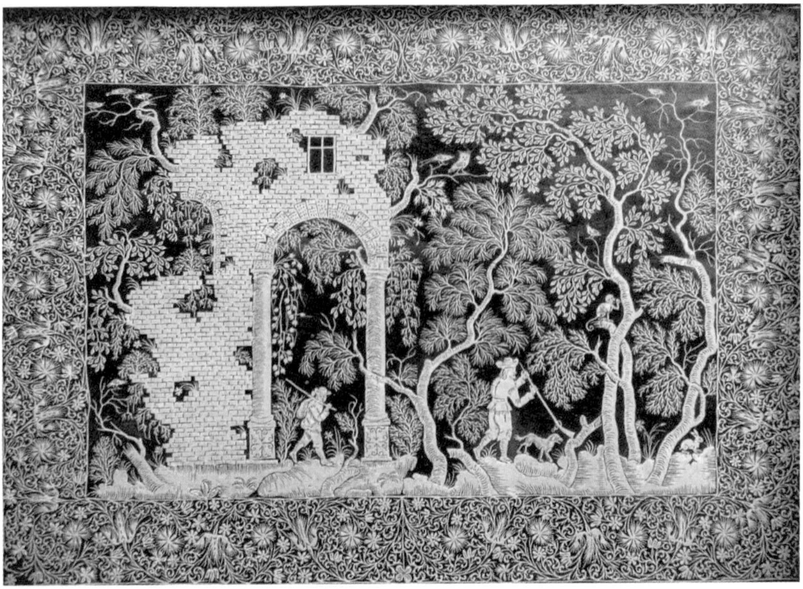

요아나 쿠르턴, 〈사냥 장면〉
1700년, 종이 오리기, 뮤지엄 빌렛 홀트하우젠, 암스테르담

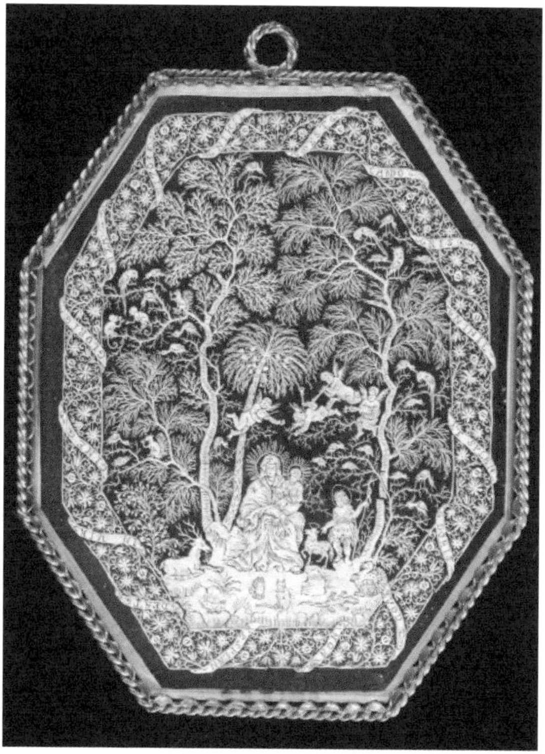

요아나 쿠르턴, 〈성 요한과 함께 있는 성모자〉
1703년, 종이와 수정, 높이 70mm, 빅토리아 앤드 앨버트 박물관, 런던

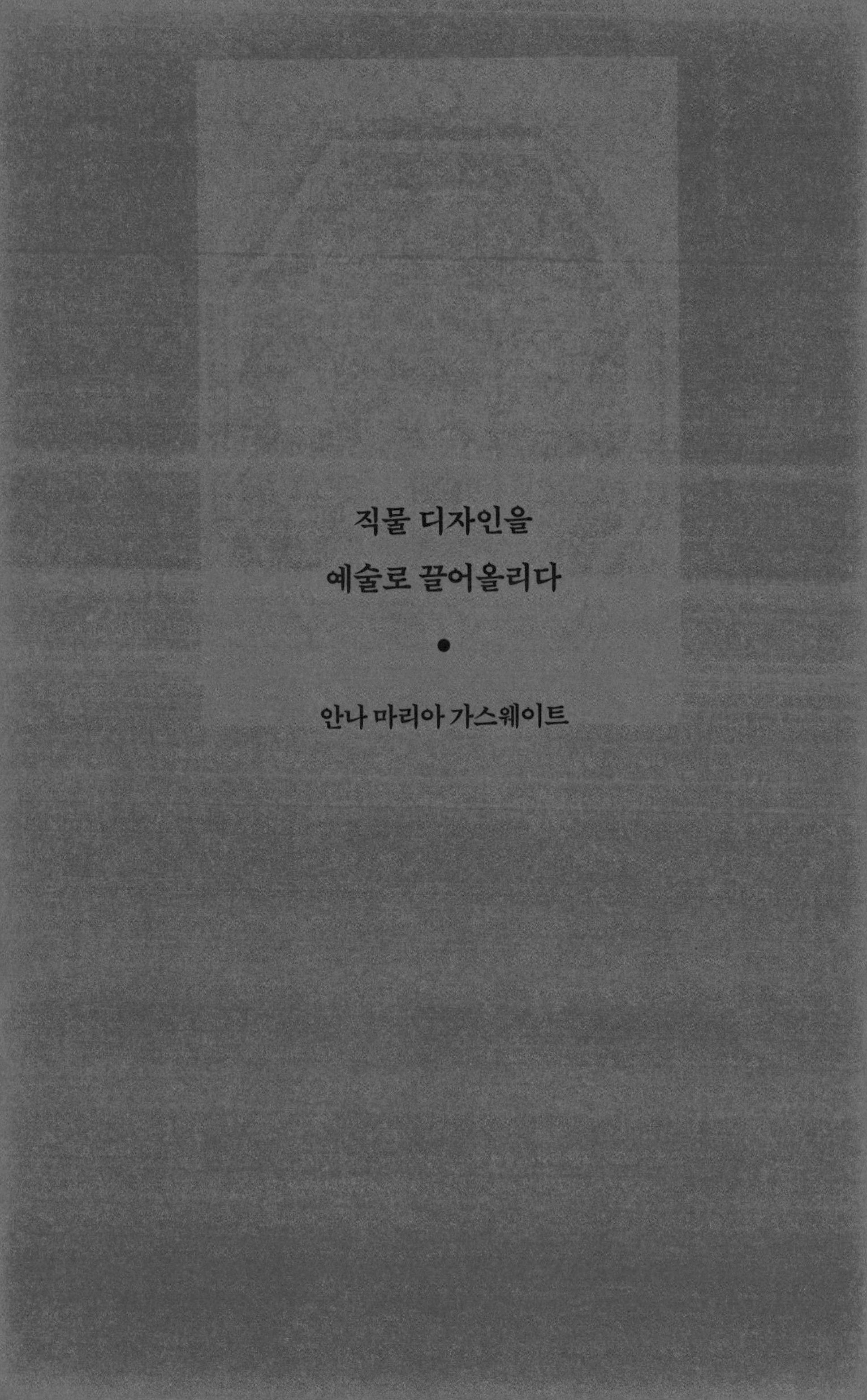

직물 디자인을 예술로 끌어올리다

안나 마리아 가스웨이트

2017년 미국에서 출간된《실크 위버》는 실제 인물의 드라마틱한 인생과 성공담을 다룬 소설이다. 이 매혹적인 소설의 주인공은 18세기 영국의 직물 디자이너 안나 마리아 가스웨이트Anna Maria Garthwaite, 1688~1763이다.

가스웨이트는 산업 혁명 전후 시기에 활동한 뛰어난 실크 직물 디자이너로서, 직물에 그림의 원리를 도입해 직물 디자인을 예술적으로 한 차원 더 끌어올렸다. 당시 그녀의 실크 디자인 드레스는 미국과 영국의 상류층 부인들에게 매우 인기가 많았다. 여성들의 예술적 능력이 자수와 바느질 같은 공예와 수채화로 제한되었던 시기, 가스웨이트는 바로 이 공예 분야에서 창의력을 꽃피운 여성 예술가였다.

여성들의 섬세한 공예 작업은 산업 혁명 덕분에 대량 생산될 수 있었는데, 가스웨이트의 꽃 수채화도 직물 디자인 견본으로 제작되어 대량 생산될 수 있었다. 증기기관과 방적기 등 과학 기술의 발명으로 촉진된 산업 혁명에서 가장 활발히 전개된 분야는 실크 산업이었다.

가스웨이트는 이 실크 산업의 중심에서 활동했다. 그러나 요아나 쿠르턴과 같이 엄청난 인기와 성공을 거두었음에도 불구하고, 그녀의 작품은 예술의 반열에 오르지 못했다. 직물 디자인 역시 예술이라기보다는 공예로 간주되었기 때문이었다.

가스웨이트는 당시 상류층에 속했던 성공회 목사의 딸로 태어났다. 따라서 노동 계층 여성들과는 다른 배경을 갖고 있었다. 전통적으로 영국 귀족 사회는 장자 상속제였다. 집안의 재산과 토지는 장남에게만 상속되고 차남 이하 아들들은 군인이나 목사가 되어 생계를 유지해야 했다. 딸들만 있는 집안은 재산을 친척의 장남에게 물려줬다. 가문의 재산이 사위, 즉 다른 집안으로 넘어가는 것을 방지하고자 한 처사인데, 실로 견고한 가부장 체제가 아닐 수 없다. 따라서 좋은 집안에서 태어난 여성일지라도 재산을 상속받을 수는 없었다. 그 시대의 선망받는 여성이란 부유한 남자와 결혼해 가정에 머물며 아이를 양육하는 것이었다. 그런 사회에서 미혼의 여성이 설 자리가 있었을까?

그런 점에서, 가스웨이트가 평생 결혼하지 않고, 실크 디자이너로서 일했다는 것은 그녀가 전통적 사고방식에 얽매이지 않은 독립적인 여성이었거나, 생계를 유지하기 위해 어쩔 수 없이 일해야 했거나 둘 중 하나라고 추측할 수 있다.

두 가지 중 어떤 경우이든, 가스웨이트의 인생은 당시 상류 계층 출신 여성으로서는 매우 독특한 것이었다. 더구나 그녀는 늦은 나이라고 할 수 있는 40대부터 디자이너로 일하기 시작한 대기만성형이었기 때문에 더욱더 특이하다고 할 수 있다.

마흔, 디자이너로서의 늦은 출발과 눈부신 성공

가스웨이트는 어릴 때부터 꽃을 그리면서 많은 시간을 보냈다. 그녀는 아버지의 서재에서 식물 삽화를 보며 식물의 형태에 대해 연구했고, 그 덕에 그녀의 그림들은 꽃잎, 줄기, 구불거리는 덩굴식물, 잔가지 등 식물의 세밀 묘사가 매우 훌륭했다. 훗날 그녀는 자신의 작품들을 런던의 스피탈필즈Spitalfields에 있는 위그노 실크 직물업자 단체에 보내기도 했다.

프랑스의 개신교도인 위그노Huguenot들은 16~18세기 사이에 종교 박해를 피해 영국으로 망명해 보금자리를 마련했다. 그들은 실크 직조, 은 세공, 보석 세공, 시계 제작, 가구 제작 등 기술 분야에서 전문성을 보유하고 있었고, 이러한 기술로 영국의 산업 발전에 상당한 공헌을 했다. 프랑스로서는 종교적 불관용 때문에 심각한 인재 유출 손실을 입은 것이다.

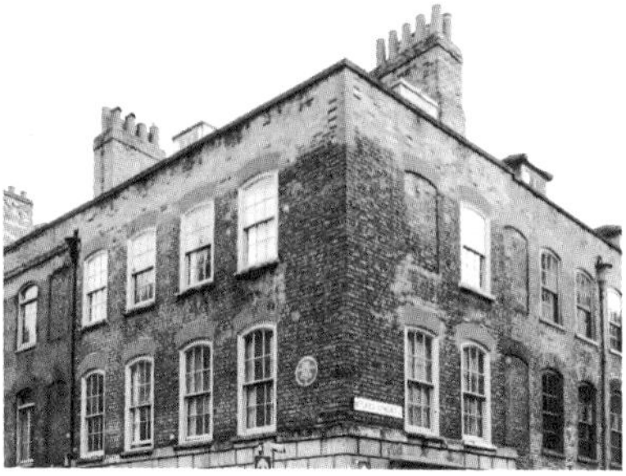
스피탈필즈에 있는 가스웨이트의 집이자 디자인 산실

위그노 실크 직물업자들이 정착한 런던의 스피탈필즈 지역은 곧 유행을 주도하는 실크 산업의 메카로 자리잡아 18세기 패션 산업의 원동력이 되었다. 당시에는 의복 형태나 실루엣보다는 새로운 직물 패턴이 패션 흐름을 이끌었다. 직물의 모티프나 색채 조합이 시대적 유행을 결정짓는 요소였던 것이다.

미혼이었던 가스웨이트는 1720년대 말 남편과 사별한 언니와 함께 스피탈필즈로 이주하기로 결심한다. 40대 초반의 나이에 거주지를 옮기는 것은 쉽지 않은 결정이었지만, 가스웨

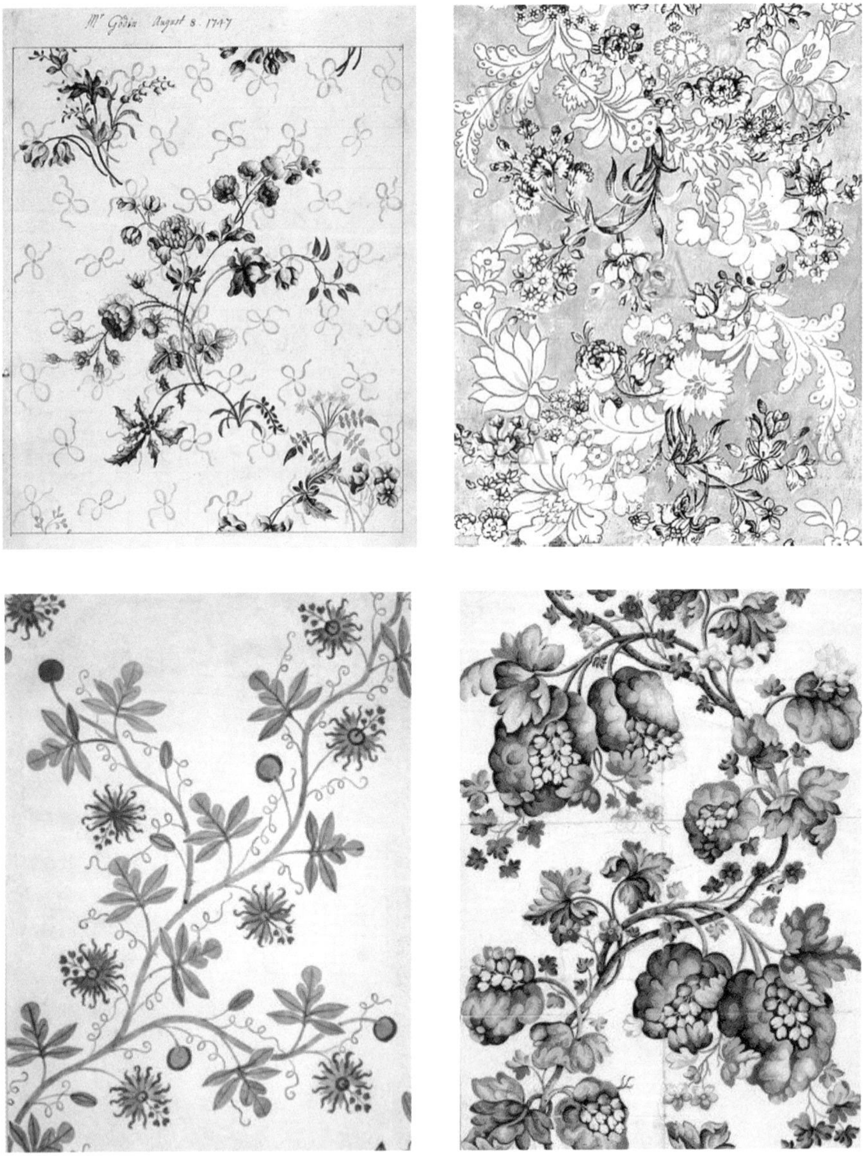

가스웨이트가 디자인한 꽃문양의 수채화 도면들

이트는 이곳에서 뒤늦게 실크 디자이너로서 경력을 쌓기 시작했고, 아주 매혹적인 디자인을 창작해 스피탈필즈의 직물 장인들에게 판매했다.

스피탈필즈는 직조 기술이 발달해 다양성과 참신성을 가진 수많은 디자인을 제작하고 실용화할 수 있었다. 그중 가장 인기 있었던 것은 꽃과 식물 문양이었다. 꽃과 식물 문양의 직물은 여성의 우아한 드레스와 페티코트, 남성의 코트 등 주로 의복에 사용되었다.

가스웨이트는 매우 다작하는 디자이너였는데, 사실적인 꽃문양에서 양식화된 패턴에 이르기까지 작업의 스펙트럼이 매우 넓고 다양했다. 당시 유럽과 미국에서는 여자, 남자, 어린이 할 것 없이 모두 그녀가 디자인한 패턴의 옷을 입고 거리를 다녔다.

사실, 그녀의 성공은 기적에 가까운 것이었다. 18세기 런던에서 활동한 직물 디자이너들이 대부분 프랑스 위그노의 후손이었던 것과 달리 그녀는 영국인이었다. 또한, 런던 실크 산업계에서 일하는 여성들은 직조공이었을 뿐 디자이너로 활동했던 여성은 가스웨이트 외에는 거의 없었다. 여성이 한 디자인이 살아남은 것도 가스웨이트가 유일했다. 다른 여성들은 아버지나 남편이 직조 일을 했기에 그들의 작업장에서 숙련된 기술을 배웠지만, 가스웨이트는 직물업에 종사하는 어떤 남자 친척도 없었다. 복잡한 패턴을 디자인하는 데 필요한 기술적 지식을 배우지도 못했을 뿐더러 늦은 나이에 디자인 일에 입문했다.

그녀는 대체 어떻게 런던 디자인 업계에서 성공할 수 있었던 걸까? 이 모든 의문은 수수께끼로 남아 있다. 그녀는 상류계층 출신의 교육받은 여성이었음에도 불구하고 편지나 일기,

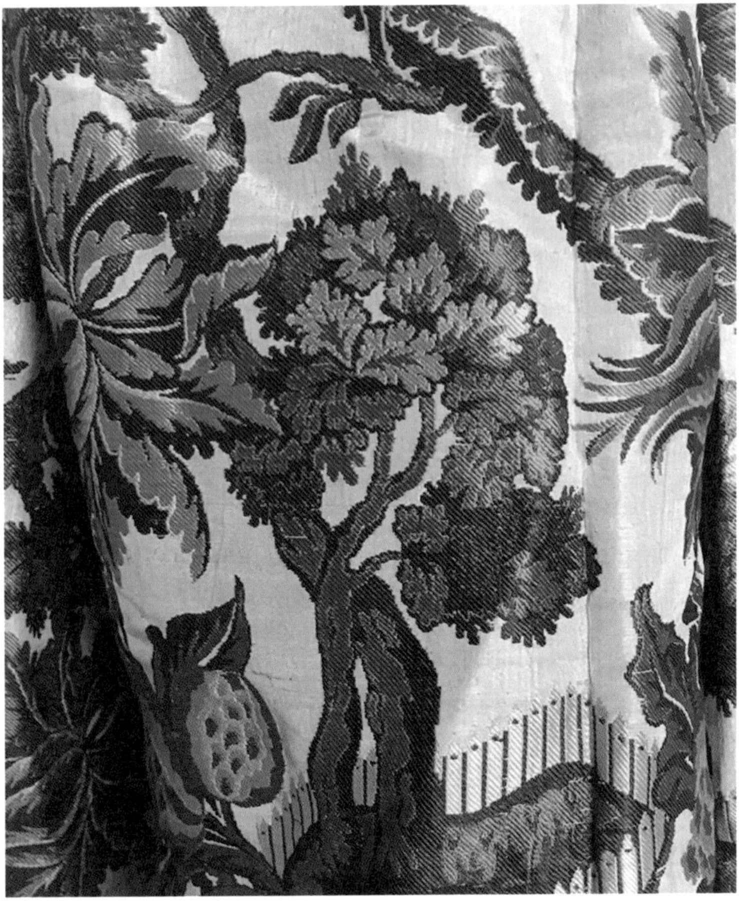

가스웨이트가 디자인한 직물

사업 일지 등 자신에 대한 일체의 기록을 남기지 않았기 때문이다.

가스웨이트의 직물 패턴은 세계의 식물원

그러나 가스웨이트는 사적 기록 대신 수많은 작품들을 남겼다. 스피탈필즈에 있는 그녀의 집에는 실크 제품을 비롯해 800개가 넘는 수채화 도면이 남아 있고, 영국과 해외의 초상화 속 여인들이 입은 실크 드레스에서도 그녀가 디자인한 직물 패턴이 자주 발견된다. 이것들은 그녀의 삶에 대해 조용히 목소리를 낸다.

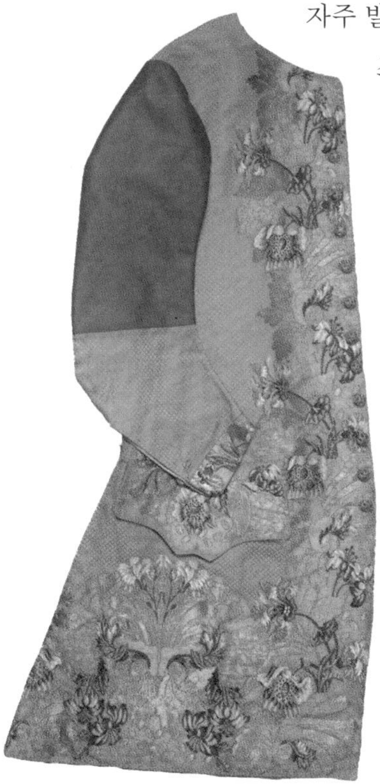
가스웨이트가 디자인한 직물로 만든 조끼

가스웨이트의 직물 디자인은 생생한 색채의 꽃무늬 패턴이 가장 큰 특징이다. 그녀는 무려 천 개가 넘는 디자인을 창작했는데 그중 수채화로 제작된 874개가 빅토리아 앤드 앨버트 박물관에 보관돼 있다. 이 디자인 수채화에는 제작한 날짜와 그것을 산 직물 제조자, 그리고 짜는 방식 지침까지 상세히 기록되어 있다.

가스웨이트의 작품은 비대칭적 구조, 구불구불한 C형과 S형 곡선을 강조한 18세기 로코코 양식의 꽃무늬 패턴을 사용했다. 또한 그녀는 회화를 모방하여 음영이 살아

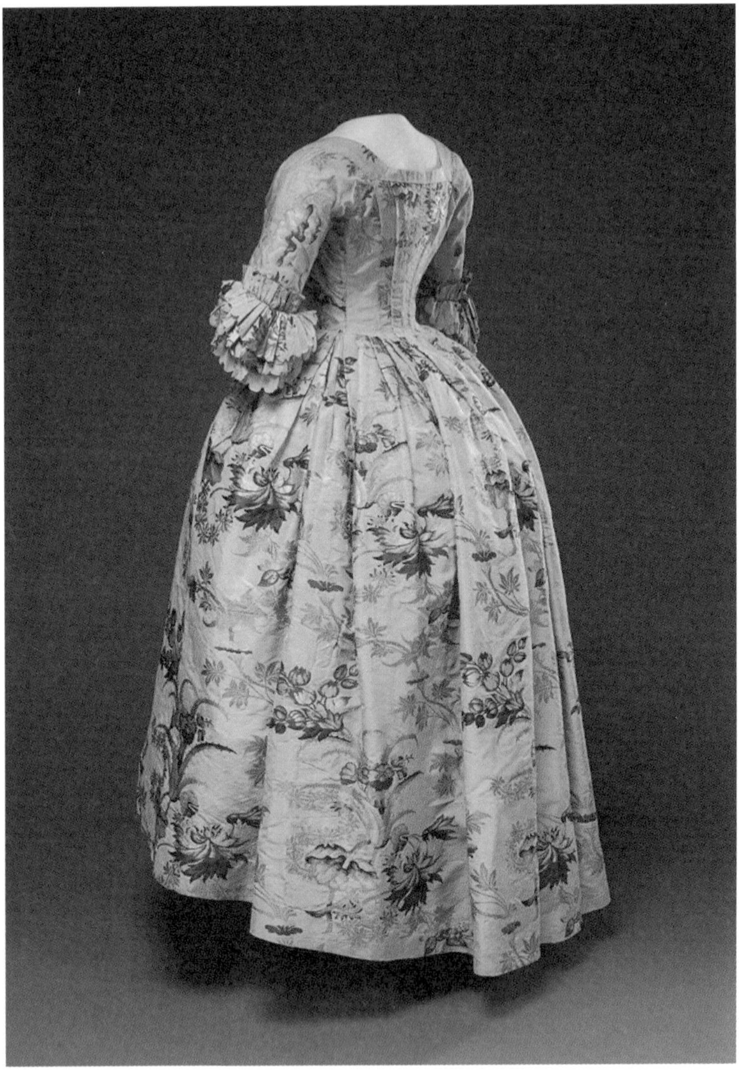

가스웨이트가 디자인한 직물로 만든 드레스들

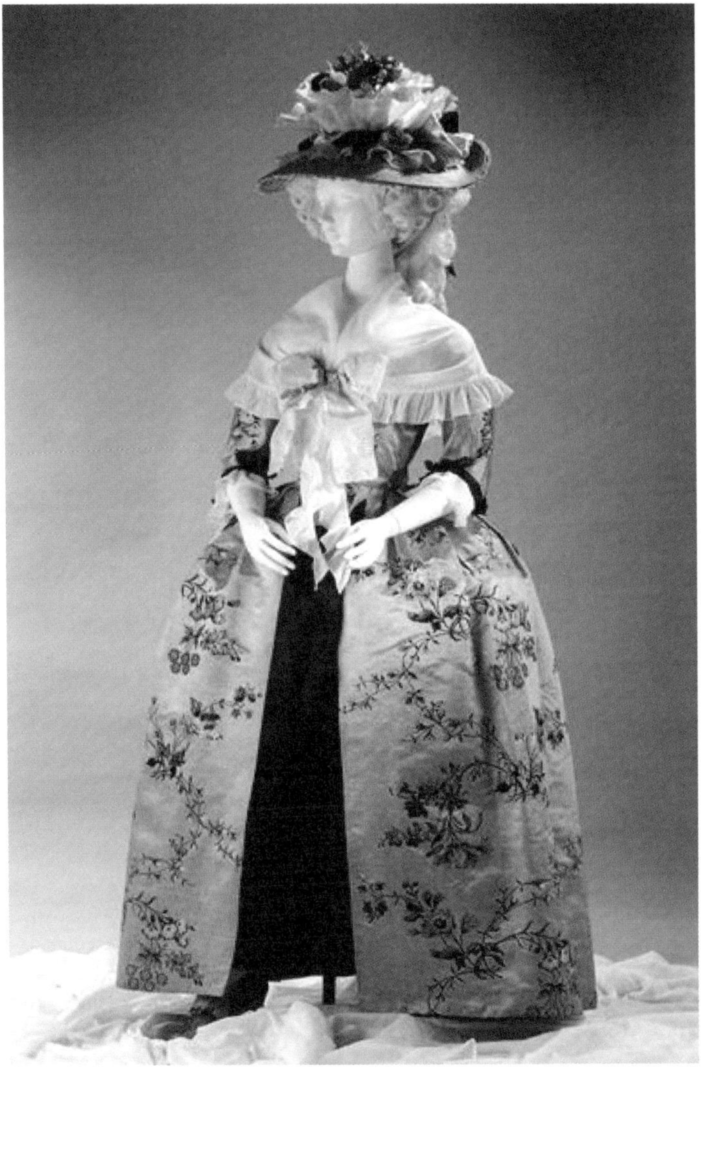

있는 입체적인 꽃 패턴을 만들어냈다.

1742년경부터는 밝은 색채의 작고 사실적인 꽃송이를 선호하는 프랑스 스타일에서 벗어나 영국 식물학 삽화에서 본 새로운 꽃문양을 시도했다. 그녀의 새 패턴은 소용돌이치는 작은 꽃들과 큰 꽃, 과일, 섬 위의 나무 등 이국적인 디자인에 초록, 연두, 빨강, 분홍, 파랑 등 뚜렷한 원색 사용이 특징이었다. 이 새로운 디자인은 19세기 말, 미술 공예 운동Art & Craft movement과 아르 누보Art Nouveau♦ 직물에도 영향을 미쳤다.

가스웨이트는 그녀의 친척인 약종상 길드의 회원이자 영국 학술원의 회원인 빈센트 베이컨VIncent Bacon과의 관계 덕분에 첼시 약초 재배원에 드나들 수 있었다. 이곳은 영국에서 가장 큰 식물원이었고, 아메리카와 아프리카에서 온 이국적인 꽃과 식물로 가득 차 있었다. 가스웨이트는 이 식물원을 드나들며 원 없이 식물들을 관찰하고 연구하며 스케치했고, 디자인에 적극적으로 반영했다.

가스웨이트의 가장 주목할 만한 디자인은 '알로에'를 소재로 한 것이다. 알로에는 당시 정원사들에게 아주 매혹적인 식물이었다. 의학적 효용이 뛰어난 데다 다양한 외양들을 갖고 있어 기존 꽃문양과 차별화되었기 때문이다. 가스웨이트는 알로에를 활용해 수많은 패턴을 창조해냈다.

그녀는 특히 평범한 꽃들을 이국적인 식물과 결합해 하

♦ 19세기 말에서 20세기 초에 걸쳐 유럽 및 미국에서 유행한 장식 양식. '아르 누보'는 영국과 미국에서 부른 호칭이고, 독일에서는 '유겐트 양식Jugendstil', 프랑스에서는 '기마르 양식Style Guimard', 이탈리아에서는 '리버티 양식Stile Liberty'으로 불린다. 특히, 덩굴풀이나 담쟁이 등 식물의 형태를 연상하게 하는 유연하고 유동적인 선이 특징이다.

이브리드 식물 형태를 만들어내는 데 탁월한 재주를 가졌다. 잉글리시 로즈를 알로에와 혼합시킨 형태도 그중 하나이다. 이런 점에서, 가스웨이트의 꽃 디자인은 단순히 직물 위에 찍어내는 문양 그 이상이었다. 아프리카, 아메리카, 유럽의 식물종들에 대한 관찰과 지식이 실크 디자인을 통해 형상화되었기 때문이다. 따라서 그녀의 디자인은 세계의 식물들이 재현된, 일종의 세계 식물 지형도였다. 대체로 사람들은 책을 통해 식물과 씨앗 품종에 대해 과학적 지식을 습득했지만, 패션 역시 식물학 지식을 널리 알릴 수 있었던 징검다리였던 것이다. 이러한 패션 디자인을 통한 식물학 지식은 특히 왕립학술원 같은 단체로부터 배제된 일반 여성들에게는 아주 유용한 것이었다. 여성들은 가스웨이트가 디자인한 직물의 드레스를 보면서 이국적인 식물에 대한 지식을 대화에 활용했으며, 이국의 식물을 통해 유럽을 넘어 다른 대륙의 세상을 경험할 수 있었다.

세계 최초의 패션 디자이너가 된

가난한 소녀

•

로즈 베르탱

어느 날, 한 가난한 시골 소녀가 우연히 마을의 점쟁이를 만났다. 그녀는 손금을 봐준 점쟁이에게서 미래에 궁정에서 일하게 되며 큰돈을 벌 운명이라는 예언을 듣고, 희망에 부푼 채 파리로 상경했다. 그녀의 이름은 로즈 베르탱Rose Bertin, 1747~1813. 베르탱은 실제로 왕비의 옷을 만드는 프랑스 제일의 드레스 제작자가 되었다. 그녀는 또한 샤넬, 디올, 지방시, 고티에 등 유명한 프랑스 패션 디자이너들의 선발 주자이자 오트쿠튀르Haute couture♦의 창시자이기도 하다.

베르탱은 열여섯 살에 파리로 상경해 귀부인들을 고객으로 하는 모자 상점에서 견습생으로 일했다. 이때부터 탁월한 디자인 능력을 보여주어 사르트르 공작부인을 비롯해 영향력 있는 귀부인들의 옷을 만들기 시작했고, 그들과 좋은 관계를 맺게 되었

♦ 고급 맞춤 여성복. 또는 고도의 재단 기술과 봉재 기술을 사용하여 옷을 만드는 의상점을 부르는 말. 현재는 매년 파리에서 최고의 디자이너와 브랜드가 참가하는 오트쿠튀르 패션쇼가 열린다.

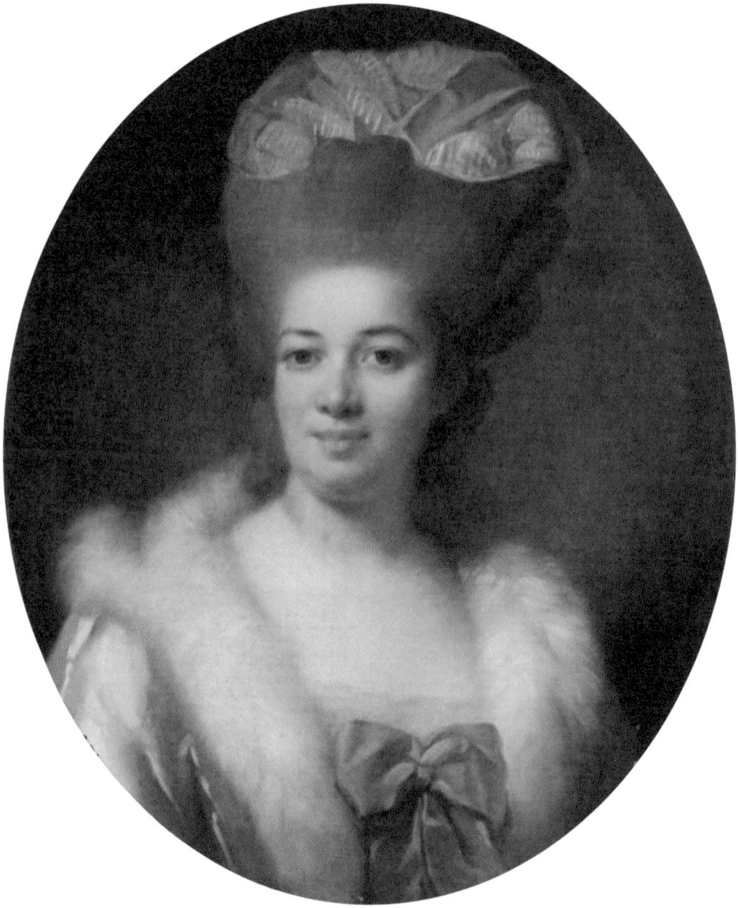

로즈 베르탱의 초상화

다. 당시 파리에는 상류층 귀부인들의 옷과 모자를 만드는 패션 상점이 더러 있었다.

베르탱은 사르트르 공작부인의 후원으로 고품격 옷가게인 '르 그랑 모골Le Grand Mogol'이란 상점을 차리는데, 오늘날의 명품 브랜드샵과 비슷한 것이다. 그녀의 상점은 귀부인들의 입소문을 타고 빠르게 핫플레이스가 되었고, 마침내 마리 앙투아네트에게도 알려졌다.

베르탱이 만든 드레스는 단박에 왕비의 마음을 사로잡았다. 마리 앙투아네트는 일주일에 두 번꼴로 베르탱을 궁정에 불러 새 드레스를 맞췄고, 머리 스타일에 대해서도 자문을 구했다. 세련된 패션 문화를 가진 프랑스 궁정 사교계에서 오스트리아 출신 마리 앙투아네트는 촌스러운 패션 감각 때문에 귀족들의 비웃음을 사고 있었다. 그러나 베르탱의 조언대로 드레스를 입은 후부터 마리 앙투아네트는 일약 베르사유 궁의 패셔니스타로 등극했다. 궁정 패션의 선두주자인 마담 퐁파두르Madame Pompadure에 이어 궁정 패션의 2세대 리더가 된 셈이다.

마리 앙투아네트는 베르탱의 드레스를 통해 오스트리아의 여인에서 세련된 프랑스의 여인으로 다시 태어났다. 베르탱은 이 기회를 놓치지 않고 왕비의 패션을 따라 하고 싶어 안달난 궁정의 귀부인들에게 슬그머니 드레스 디자인을 흘렸다. 귀부인들은 뒤질세라 왕비의 패션을 모방했고, 자기와 비슷한 옷을 입은 귀부인들을 보는 게 마뜩치 않았던 마리 앙투아네트는 끝없이 새 드레스를 주문했다. 베르탱은 그 사이에서 막대한 이익을 챙겼다. 점쟁이의 예언이 현실이 된 순간이었다.

마리 앙투아네트의 '패션 장관'

왕비는 베르탱을 단순한 패션 자문이 아닌 사적 비밀까지 털어놓는 절친한 친구로 생각했다. 프랑스 귀부인들로부터 촌티 나는 오스트리아 여자라고 따돌림을 당했던 왕비니 오죽했을까. 베르탱은 뛰어난 패션 감각과 타고난 수완으로 왕비의 절대적 총애를 받았고 귀족들에게도 강력한 영향력을 행사했다. 사람들은 막강한 권력을 거머쥔 베르탱을 '패션 장관'이라며 수군거렸다. 엄격한 신분제 사회에서 왕비가 하류 계급 출신의 디자이너를 이렇게 극진히 대우했다는 사실은 그녀가 얼마나 뛰어난 패션 센스로 왕비와 귀부인들의 허영을 만족시켰는지 증명하는 것이다.

마리 앙투아네트는 매년 약 300벌의 드레스를 주문했고, 한 번 입은 옷은 두 번 다시 입지 않았다. 1785년 한 해에 왕비가 로즈 베르탱에게 지불한 돈만 약 9만 파운드(한화 1억 3천만 원)였다.

프랑스 궁정에서 마리 앙투아네트를 통해 개화된 베르탱의 패션은 런던, 베니스, 비엔나, 상트페테르부르크, 콘스탄티노플 등 전 유럽 도시로 퍼져나가 유행을 선도했고, 결과적으로 프랑스를 패션 산업의 탄생지이자 중심지로 만들었다.

베르탱의 사업 관련 기록들을 보면, 그녀는 당시 1500명 이상의 고객을 갖고 있었다. 스페인과 스웨덴, 포르투갈의 왕비뿐만 아니라 러시아 공작부인을 비롯한 수많은 유럽의 귀부인들, 무대와 일상에서 최신 유행을 이끈 여배우와 무희들의 옷까지 제작했다.

당시 앙시앙 레짐Ancien Régime♦에서 베르탱처럼 미천한 출신의 미혼 여성이 신분 상승을 한다는 것은 현실적으로 거의 불가능했다. 따라서 그녀의 출세는 패션의 역사에서 변화의 움직임이 나타나기 시작했다는 것을 보여주는 지표이기도 하다.

우선, 패션계에서 베르탱과 같이 성공한 여성의 등장은 여성 재봉사가 남성 재봉사를 앞서기 시작했다는 역사적 사실을 말해준다. 또한 전문적인 옷 상점이 본격적으로 등장하기 시작했음을 보여준다. 이는 프랑스 유명 패션 디자이너들의 명품 브랜드샵의 시초이며, 패션 역사에서 오트쿠튀르의 등장을 의미하는 것이기도 하다.

단순한 재봉사에서 창조적인 예술가로

베르탱은 재능과 야망, 그리고 사람의 마음을 얻는 뛰어난 사교술로 출신의 한계를 극복했고 프랑스를 넘어 전 유럽에 명성을 떨쳤다. 궁정인들은 평민이었던 그녀가 자신들의 귀족 집단에서 특별한 위치를 차지하는 것을 몹시 불쾌해했다. 베르탱이 왕비의 총애를 뒷배로 마치 왕족의 일원인 듯 거만하게 행동했고, 드레스에 천문학적인 옷값을 매겼기 때문이다.

전에는 옷을 만드는 데 들어간 노동의 가치가 옷값의 일정 부분만 차지했는데, 베르탱 이후부터는 노동 가치가 매우 높은 수준으로 책정되었고 결국 비싼 옷값으로 청구되었다. 이는 놀랍게도, 베르탱이 패션을 '노동적 작업'에서 '예술'로, 디자이너를 '단순한 장인'에서 '창조하는 예술가'로 끌어올리고 스스로 가치를 부여했음을 뜻한다.

베르탱은 옷을 파는 상인을 단순히 재봉사나 기술자가

♦ 프랑스 혁명 때 타도의 대상이 되었던 절대 왕정 체세

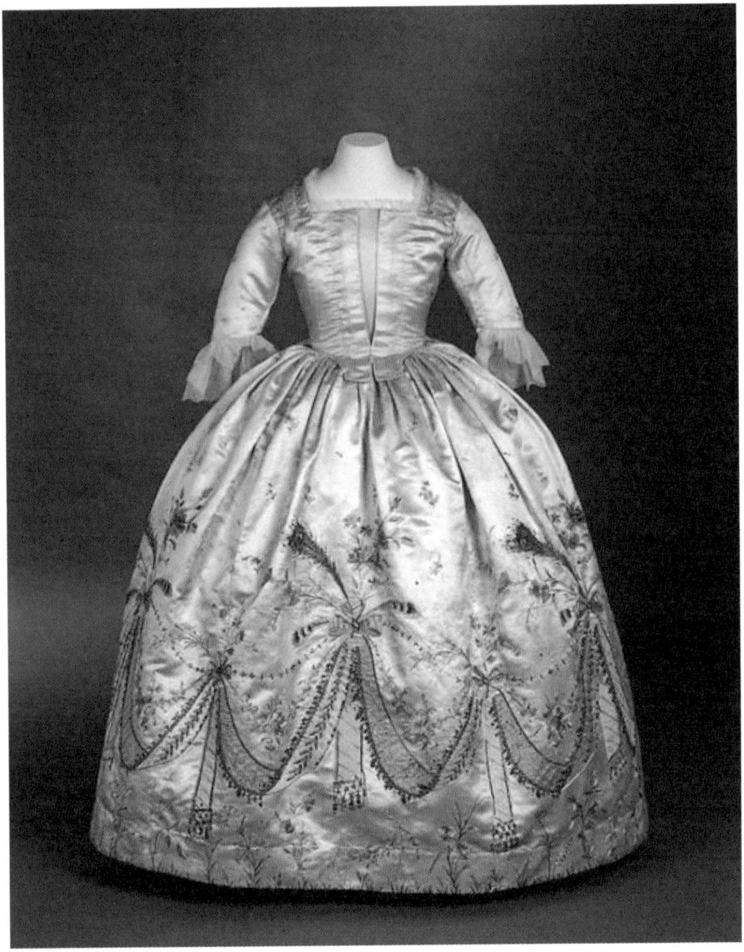

베르탱이 만든 마리 앙투아네트의 실크 드레스들

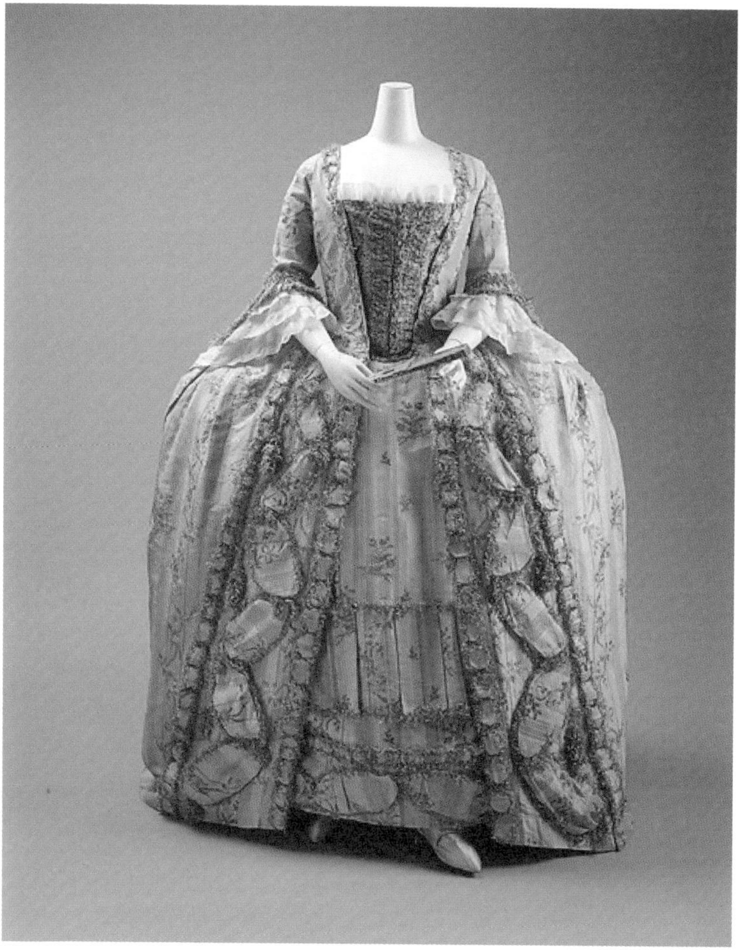

아닌 그 이상의 창의성을 가진 전문적 집단으로 격상시켰으며, 예술가 정신으로 무장하고 최신 유행을 창조했다. 드레스에 자수와 레이스, 리본 등 화려한 장식을 덧붙이고, 모자에는 깃털, 과일, 꽃 등 독창적인 장식을 첨가했다.

가장 독특한 것은 베르탱의 푸프pouf 디자인이었는데, 푸프는 머리카락을 30~60센티미터까지 높이고 풍선같이 부풀려 꽃, 깃털, 과일과 채소, 리본 및 다양한 액세서리로 장식해 스타일링한 것이다. 머리 위에 얇은 철사와 쿠션으로 프레임과 받침대를 만들고, 그것에 가발과 실제 머리카락을 채운 후 밀, 옥수수 가루로 만든 파우더를 뿌려 장식물들을 얹었다. 마리 앙투아네트의 푸프 중 가장 놀랍고 기발한 것은 '아름다운 암탉 머리'로서, 당시 영불 해전에서 프랑스 군함 '아름다운 암탉'이 영국군을 대파한 것을 기념한 것이다. 베르탱은 왕비의 미용사이자 푸프의 창시자인 레오나르 오티에와 협력해 최대 120센티미터 높이, 5킬로그램 무게의 푸프까지 만들었다.

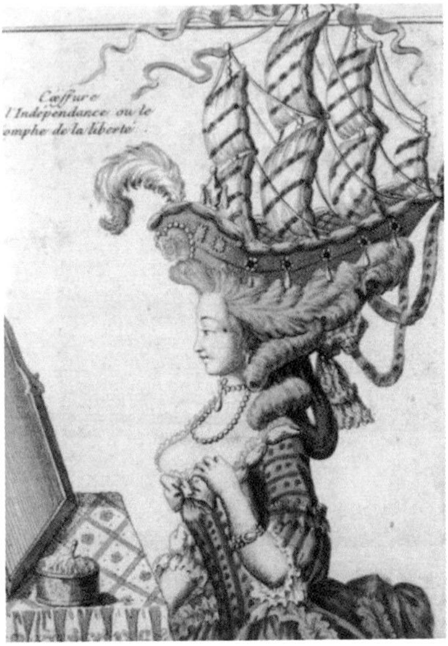

마리 앙투아네트의 푸프 '아름다운 암탉 머리'

그러나 이러한 사치스러운 패션은 일반 대중에게는 국가 재정 낭비와 방탕의 상징이 되어 도도히 밀려오는 시민 사회의 가치와 반목을 일으켰고, 결국 왕정 몰락의 신호탄이 되었다.

　1793년 마리 앙투아네트는 성난 시민들 손에 이끌려 단두대에서 처형되었고, 베르탱도 공포 정치 기간 내내 프랑스를 떠나야 했다. 그녀는 1794년 테르미도르의 반동♦으로 파리로 돌아오지만, 옛 영광을 되찾지 못한 채 생을 마쳤다.

혁신적 패션의 창조자

한편, 마리 앙투아네트는 호사스럽지만 불편한 궁정 드레스 외에도 일상에서 편하게 입을 수 있는 베르탱의 모슬린 드레스를 매우 좋아했다. 마리 앙투아네트는 베르사유 궁의 별궁 근처에 시골풍의 오두막집과 물방앗간, 양과 가축을 기르는 외양간과 밭으로 이루어진 '왕비의 마을'을 만들고 호화로운 궁정 생활에 지칠 때마다 이곳에서 소박한 전원생활을 즐겼다.

　베르탱은 왕비의 시골 생활을 위해 얇은 면직물인 모슬린 드레스와 햇빛 가리개 모자를 제작했다. 왕비는 무겁고 화려한 비단옷 대신 가볍고 단순한 면직물 드레스를 입을 수 있게 되었지만, 베르탱은 제작의 어려움을 토로하며 비단 드레스보다 더 비싸게 옷값을 받아냈다.

　마리 앙투아네트가 사랑한 여성 화가 엘리자베스 비제르 브룅Elisabeth Vigee Le Brun이 그린 〈슈미즈 드레스의 마리 앙투아네트〉에서, 모슬린 드레스를 입은 왕비의 모습을 볼 수 있다. 당시 이런 얇은 면직물 드레스에 익숙지 않은 사람들은 처음에는 왕비가 속옷을 입었다고 비난했으나 금세 유행 아이템이 되

♦ 1794년 7월 27일(혁명력으로 테르미도르 9일)에 국민 공회 안의 온건파가 일으킨 쿠데타. 이들이 공포 정치를 시행한 산악당의 혁명 정부를 무너뜨림으로써 프랑스 혁명의 과정이 보수화되었다.

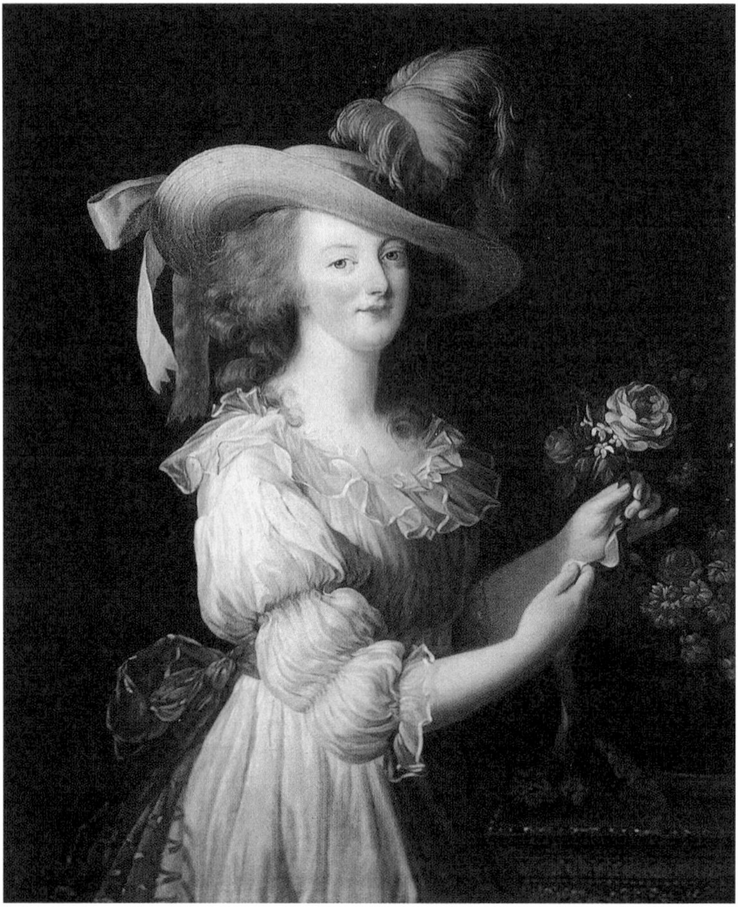

엘리자베스 비제 르 브룅, 〈슈미즈 드레스의 마리 앙투아네트〉
1783년, 캔버스에 유채, 92.7x73.1cm, 워싱턴 국립 미술관, 워싱턴 D.C

었다. 물론 그 뒤에는 혁신적인 패션 창조자 베르탱이 있었다.

프랑스 왕정과 함께 몰락하다

1789년, 프랑스 혁명이 일어나자 왕비는 감옥에 갇히고, 베르탱도 사치를 조장해 적폐를 만든 부패자 리스트에 올라 런던으로 망명해야 했다. 혁명은 점점 더 폭력적 성향을 띠었고, 많은 패션업계 종사자들이 목숨을 부지하기 위해 프랑스를 떠났다. 특히 베르탱은 마리 앙투아네트와의 친밀한 관계 때문에 심각한 생명의 위협을 받았다.

당시 프랑스는 미국 독립 전쟁 원조로 인해 재정 파탄에 이르렀고, 생산 감소로 식품 가격이 폭등해 많은 사람들이 굶주리고 있었다. 빈곤에 지친 대중의 눈에, 베르탱은 국민을 먹여 살리는 대신 방종과 사치를 일삼는 왕실 배후에서 자기 배만 불리는 부도덕한 여자였다. 귀족들도 일찍이 그녀를 벼락출세한 건방진 여자라며 싫어했고, 공화파 역시 귀족과 다를 것 없는 청산 대상이며 썩어빠진 사치품의 제조자라고 비난했다. 이렇듯 베르탱은 혁명파와 왕당파 양쪽 진영으로부터 모두 미움을 받는 처지였다.

그러나 베르탱은 다행히 망명지 런던에서 외국인과 프랑스 망명 귀족을 대상으로 패션 사업을 이어나갈 수 있었고 국제적 디자이너로 발돋움했다. 베르사유 궁정에서의 명성은 브뤼셀, 베니스, 비엔나, 런던, 상트페테르부르크 등 세계 각지로 이어졌고 여러 나라의 고객들도 갖게 됐다.

그러나 프랑스 혁명은 그녀가 최고의 전성기에 있을 때 그녀의 날개를 꺾었다. 목숨을 잃을 위험이 사라져 파리에 돌아

온 후에는 패션의 중심에서 멀어져버렸으며, 재정적으로도 결코 옛날의 영광을 되찾지 못했다. 그녀의 많은 귀족 고객들은 단두대의 이슬로 사라졌고, 지불되지 않은 청구서만 수북이 남아 있었다.

마리 앙투아네트 역시 머리칼을 짧게 깎이고 두 손이 뒤로 묶인 채 촌부 같은 옷차림새로 단두대에서 최후를 마쳤다. 혁명 분자들은 그녀를 죽일 명분을 얻기 위해 어린 아들 루이 샤를을 협박해 어머니와 근친상간을 했다는 증언까지 받아냈다. 베르탱과 마리 앙투아네트 두 사람의 화려했던 인생은 그렇게 끝이 났다.

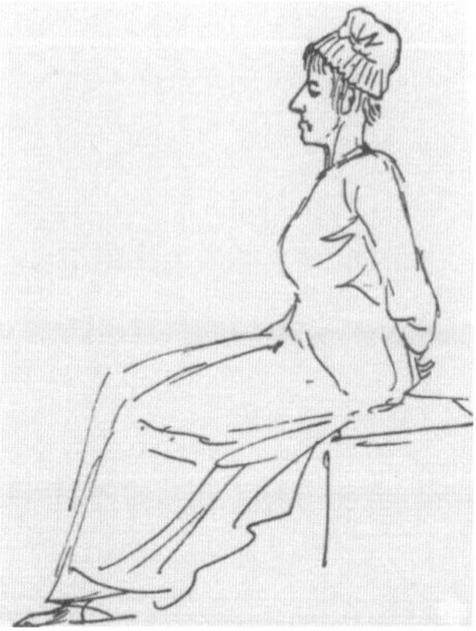
단두대로 끌려간 마리 앙투아네트의 최후의 모습

베르탱은 예리한 비즈니스 감각과 공격적인 마케팅 전략을 구사할 줄 알았다는 점에서 시대를 앞서간 여성이었다. 집에서 옷을 만들어 입는 게 일반적이었던 시대에 베르탱은 모자, 리본 등 패션 소품까지 파는 전문 옷 상점의 탄생, 새로운 소비 형태를 이끄는 패션 디자이너의 등장을 알리는 신호탄이었다. 그녀는 전통적인 복식에서 벗어나 보닛, 짧은 망토, 여성용 외투, 주름 잡힌 베일 등 갖가지 패션 아이템을 만들었고, 드레스에 다양한 장식을 첨가한다든지 모자를 코디한다든지 하는 방식으로 개별 복식이 아닌 하나의 스타일로 완성한 새로운 패션 개념을 도입했다.

그뿐 아니라 그녀는 여성의 경제적 독립이 불가능했던 시대에 자신의 능력만으로 성공한 비즈니스 우먼이었다. 그녀가 왕실 및 귀족과 쌓은 인맥을 토대로 이윤을 얻은 것은 오늘날 할리우드의 유명 패션 디자이너나 스타일리스트가 스타들의 사치를 부추기고 그들을 통해 상품 가치를 끌어올리는 것과 다르지 않다. 어느 시대나 유행을 좇는 사람들이 있고, 베르탱과 같은 패션 전문가들이 존재한다. 이런 면에서 베르탱은 18세기에 등장한 최초의 여성 사업가였다고 볼 수 있다.

세상에서 제일 예쁜 집을
만든 여자

•

카린 라르손

오늘날 실용적이면서 세련된 북유럽풍 인테리어는 전 세계 사람들의 사랑을 한몸에 받고 있다. 핀란드, 노르웨이, 스웨덴 등 스칸디나비아 반도에 있는 북유럽 국가들은 길고 추운 겨울 때문에 차가운 풍경과 대조되는 밝고 포근한 실내 인테리어를 추구했다. 그래서 자연을 소재로 실용적이면서도 간결하고, 채광과 에너지를 강조한 디자인을 발전시켰다.

이 스칸디나비아 디자인의 원형을 만들고 전 세계에 널리 알린 부부가 있다. 바로 칼 라르손Karl Larsson, 1853~1919과 카린 라르손Karin Larsson 1859~1928이다. 칼과 카린의 새로운 디자인은 그들의 유명한 집 '칼 라르손 고덴Carl Rarsson gåden'을 수리하고 집 내부를 꾸미는 과정에서 이루어졌다. 원목을 잘라 직접 디자인하고 제작한 가구, 손으로 한 땀 한 땀 만든 패브릭 제품이 조화를 이룬 실내 공간은 사람들이 열광하는 스칸디나비아 모던 인테리어의 기초가 됐다.

스칸디나비아 디자인은 단순하고 기능적인 원목 가구, 밝은 색상에 따뜻한 느낌을 주는 패브릭 소재 소파, 쿠션, 커튼,

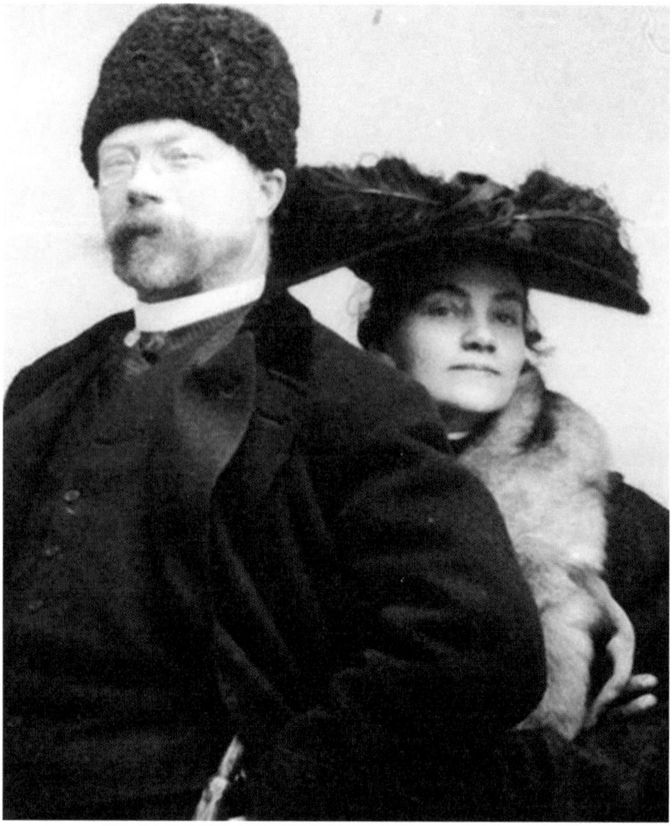

칼 라르손과 카린 라르손

그리고 자연광에 가까운 조명이 특징이며, 전체적으로 현대적인 분위기를 자아낸다. 칼과 카린은 유럽 실내 공간의 트렌드를 바꾸었을 뿐만 아니라 전 세계 인테리어 디자인에 큰 영향을 미쳤다.

북유럽 현대 인테리어 디자인의 개척자

북유럽 디자인 가구와 소품을 판매하는 이케아는 칼과 카린을 정신적 지주로 생각한다. 이케아는 두 사람의 집 '칼 라르손 고덴'을 영감의 원천으로 삼아 칼과 카린의 디자인을 모방한 제품들을 대량 생산하기 시작했다. 일부에서는 라르손 스타일을 값싸게 대량 생산하는 이케아 시스템에 대해 부정적인 시각도 있지만, 어쨌든 이케아가 북유럽 디자인 가구와 생활 소품을 전 세계에 널리 알린 것은 사실이다.

칼 라르손은이 스칸디나비아 디자인의 창시자로 추앙받고 있는 반면, 카린 라르손은 스웨덴 이외의 나라에서는 잘 알려지지 않았다. 사람들은 카린을 그저 칼 라르손의 아내로만 알고 있다. 어쩌면 칼보다도 카린이 스칸디나비아 디자인의 개척자였는지도 모르는데 말이다.

사실 칼은 모던 아트를 싫어했다. 카린은 칼의 무관심에도 불구하고 조금씩 집 안을 모더니즘 취향으로 바꾸었다. 가구와 꽃의 배치, 색채와 패턴의 적절한 조합을 찾아 스타일링하는 카린의 재능은 집을 통해 시각적으로 표현되었다. '칼 라르손 고덴'의 독창적인 실내 인테리어는 사실상 많은 부분 카린 라르손의 솜씨였던 것이다. 그런데 왜 칼 라르손만 조명을 받은 것일까?

칼 라르손은 스웨덴의 국민 화가이며 미술 공예 운동의 대표자로 알려져 있다. 그의 어린 시절은 매우 불우했는데, 일용직 노동자였던 아버지는 술주정뱅이였고 어머니 혼자 세탁부로 일하며 그를 뒷바라지했다. 칼은 헌신적인 어머니 덕에 겨우 학교에 갈 수 있었다. 스웨덴 왕립 아카데미에서 미술을 공부하고 스웨덴과 파리를 오가며 창작 활동에 매진했던 그는, 그 무렵 화가 지망생 카린 라르손을 만나 사랑에 빠졌다.

결혼은 그의 삶을 축복으로 만든 전환점이 되었다. 카린은 좋은 아내이자 뮤즈가 되어주었고, 때로는 그의 작품의 비평가가 되기도 했다. 결혼 후, 그는 생활이 안정되면서 독자적인 예술을 확립하게 되었다. 미술계에서 큰 주목을 받지 않았던 수채화라는 장르가 대중적으로 성공을 거두면서 화가로서도 탄탄대로를 걸었다.

반면, 카린은 결혼과 동시에 화가의 꿈을 접었다. 그녀는 19세기 중반 중산층 가정에서 태어났다. 다행히 그녀의 부모는 여성이 남편이나 아버지로부터 보호와 통제를 받아야 한다는 가부장제 가치를 따르지 않았다. 그래서 카린이 자신의 재능을 개발하도록 격려했고, 스톡홀름의 미술 아카데미와 파리의 유명 미술 학교인 아카데미 콜라로시에서 공부할 수 있도록 전폭 지원했다.

그러나 이런 지원도 결혼 앞에는 무색해졌다. 결혼 후 칼이 화가로 성공해 스포트라이트를 받을 때 카린은 좋아하던 그림을 더는 그릴 수 없었다. 물론 그녀가 미술 작업을 모두 포기한 것은 아니었다. 그림 대신 패브릭 제품과 실내 가구에 관심을 돌려 자신의 예술적 재능을 쏟아부었다. 붓은 바늘로, 물감은 실크와 실로 대체되었다.

그녀는 아스파라거스, 토마토, 시금치 등 채소를 기르고 푸른 백합 같은 이국적인 식물도 키워 집 안팎을 생기 있게 꾸몄다. 직접 재배한 꽃들은 집 안의 가구, 패브릭과 어울리도록 인테리어했으며 집 안에서 사용하는 직물(앞치마, 침대 및 베개 커버, 식탁보, 커튼, 테이블 러너, 키친 리넨 등)을 비롯해 자신과 아이들의 옷, 가구도 직접 만들었다.

그녀가 디자인한 밝고 대담한 색채의 직물은 모던한 가구들과 절묘한 조화를 이뤘다. 여성의 사회 활동이 힘들었던 시대, 기혼자였던 카린은 직업 화가가 되는 대신 섬유 예술 및 실내 가구, 실내 장식에 예술성을 쏟는 현실적 타협을 한 것이다.

만약 카린이 없었다면 '칼 라르손 고덴'이 탄생할 수 있었을까? 그러나 여성에 대한 사회적 인식의 한계 속에서 이 놀라운 집을 만든 카린의 역할은 작게 취급되었다. 카린의 예술적 공헌은 남편의 이름 뒤에 가려졌다. 최근 현대 디자인에 미친 카린의 영향이 점차 비중 있게 다뤄지고 있지만, 아직도 미술사에서는 칼 라르손이 스칸디나비아 디자인의 단독 개척자라고 소개하는 일이 더러 있다.

실용성을 기본으로 한 소박함과 안락함

카린의 부모는 그녀에게 스웨덴 북부 달라르나Dalarna 지방의 작은 마을에 있는 별장을 선물로 주었고, 그녀는 아름다운 시골 풍경을 가진 이 집을 디자인 실험의 장으로 만들기 시작했다. 세계에서 가장 유명한 집 '칼 라르손 고덴'은 이렇게 탄생했다.

칼은 가구, 생활용품, 패브릭 등 집 안의 모든 것을 그리기 시작했고, 자연환경 속에서 평화로운 나날을 보내는 가족의

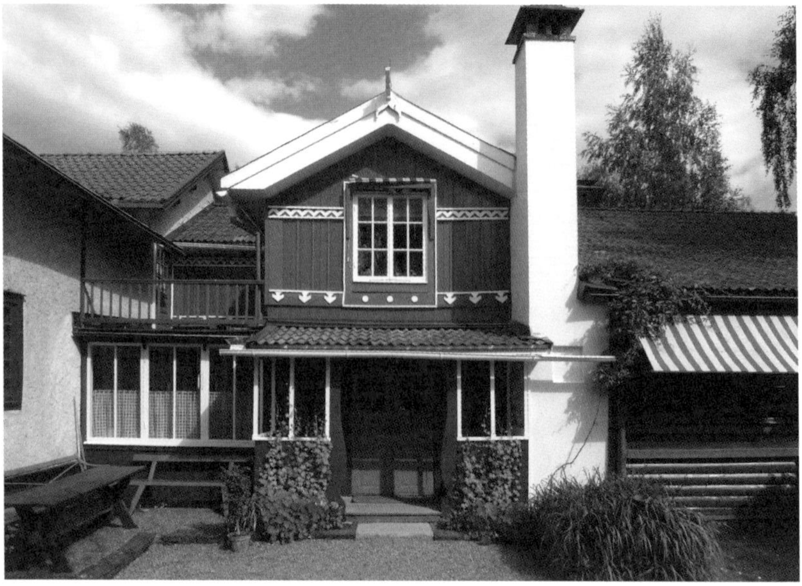

칼 라르손 고덴

일상을 자신의 수채화에 담았다. 그리고 1899년, 마침내 그는 수채화 모음 중 24점을 뽑아 책으로 출간했는데 그 유명한《우리 집Ett Hem》이다. 칼 라르손은 빅토리아 앤드 앨버트 박물관에서 이 그림을 전시해 스타 화가가 됐다.

칼 라르손 고덴은 '릴라 히트나스Lilla Hyttnäs'라는 별명으로도 불리었는데, 스웨덴어로 '작은 부뚜막'이라는 뜻이다. 당시 스웨덴은 많은 이들이 복잡하고 시끄러운 도시에 살고 있었고, 도시의 열악한 환경에 지쳐가고 있었다. 이런 사람들에게 부부의 아름다운 시골집은 단지 새로운 양식의 실내 인테리어를 제시하는 것을 넘어서, 조용한 자연 속 행복한 가정의 모습, 그리고 아동 친화적이고 비위계적이며 따뜻한 현대 가정의 새로운 라이프스타일을 보여주는 아주 매혹적인 것이었다.

칼 라르손 고덴의 옛 부르주아 취향의 칙칙한 실내 장식은 빠르게 철거되었고, 집은 산뜻하고 밝은 색채로 단장되었다. 부부는 작업실 같은 몇몇 장소를 제외한 모든 공간을 동등하게 취급했고, 아이들이 어느 곳이든 마음껏 드나들도록 허용했다. '닫힌 구조'가 일반적이었던 당시 집에 이런 '열린 구조'의 공간 개념을 시도한 것은 매우 신선한 것이었다. 커튼으로 드리워진 빅토리아풍의 어둡고 무거운 실내와 완전히 다른 밝고 아늑한 거실은 칼 라르손의 수채화와 책을 통해 스웨덴뿐 아니라 전 유럽에 알려져 큰 주목을 받았다. 사람들은 사랑스럽고 편안해 보이는 실내 공간, 카린이 디자인한 옷을 입은 일곱 아이들의 피크닉 장면, 그림 같은 시골집의 평화롭고 행복한 모습에 열광했다.

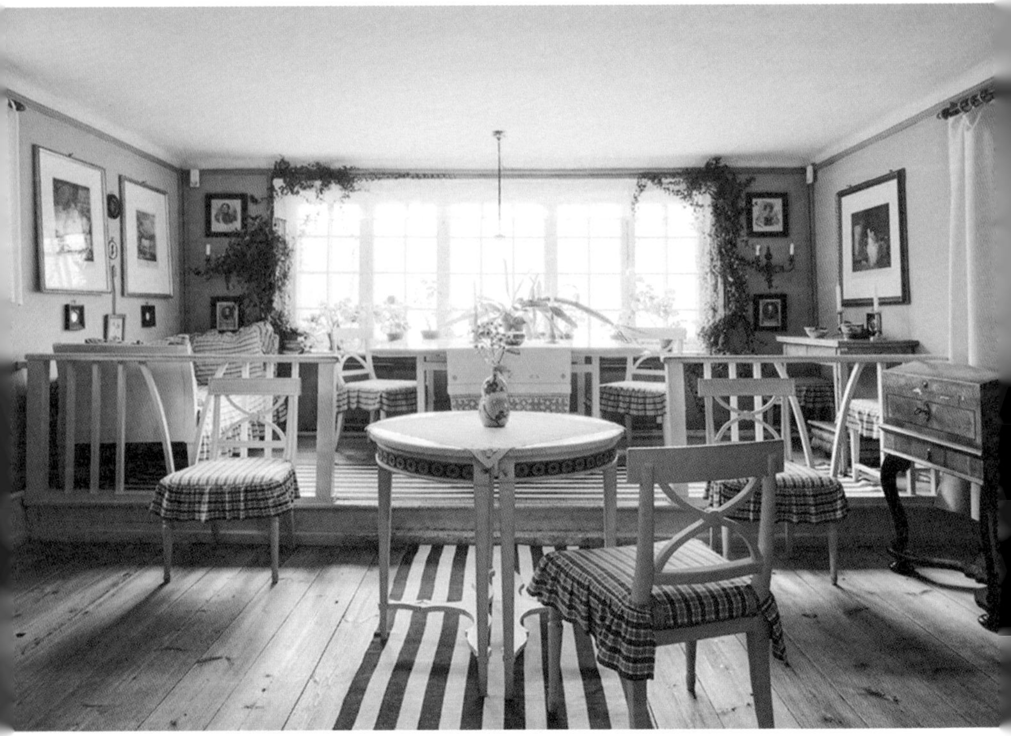

칼 라르손 고덴의 거실

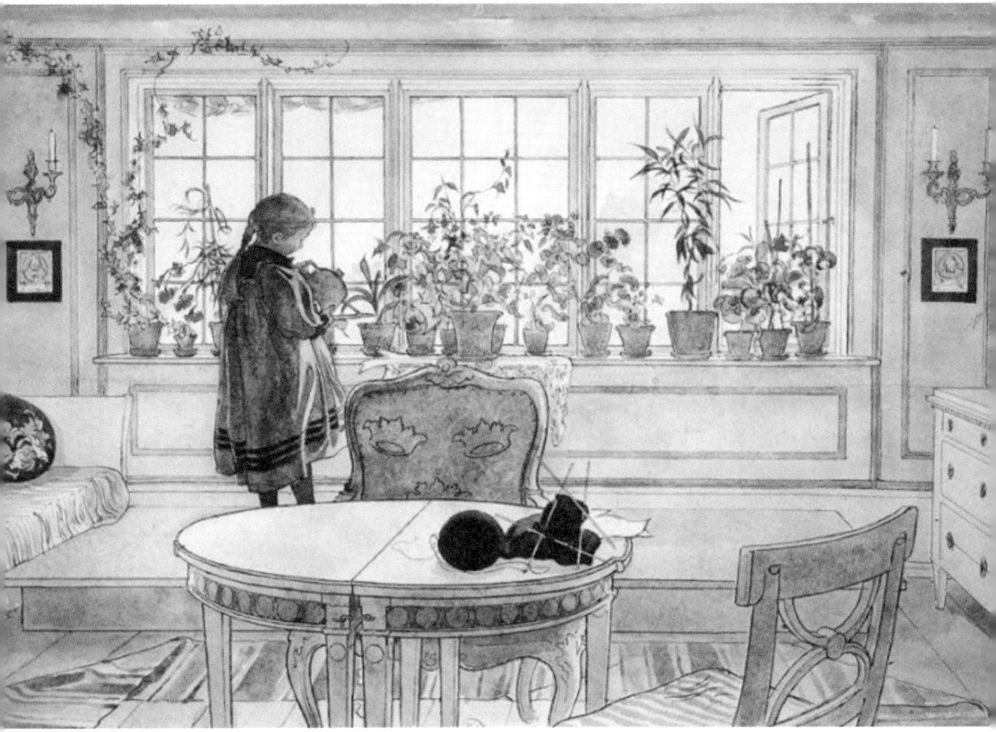

칼의 수채화 〈창가의 꽃들〉 속의 거실

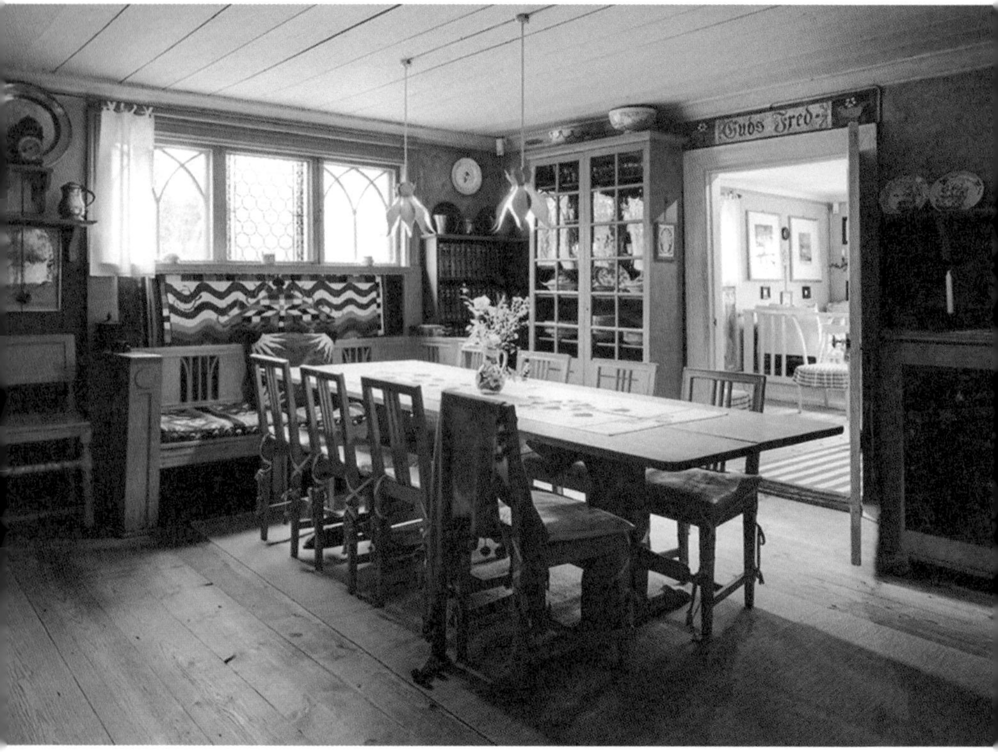

칼 라르손 고덴의 식당

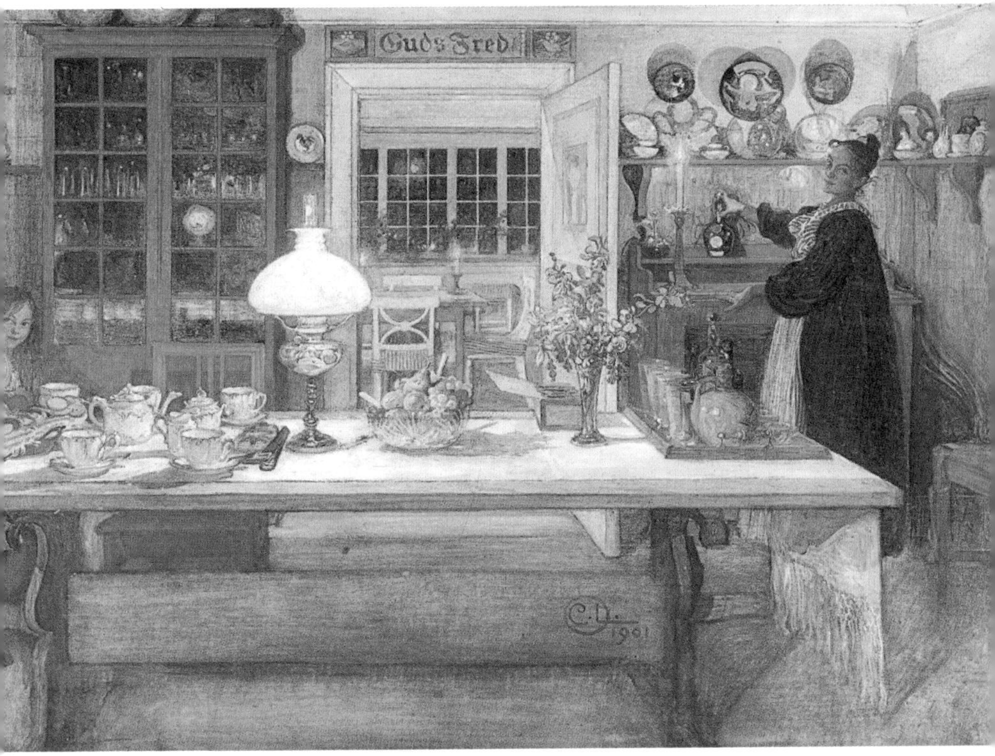

칼의 수채화 〈아이들이 잠자리에 든 후〉에서 식당에 있는 카린과 아이들

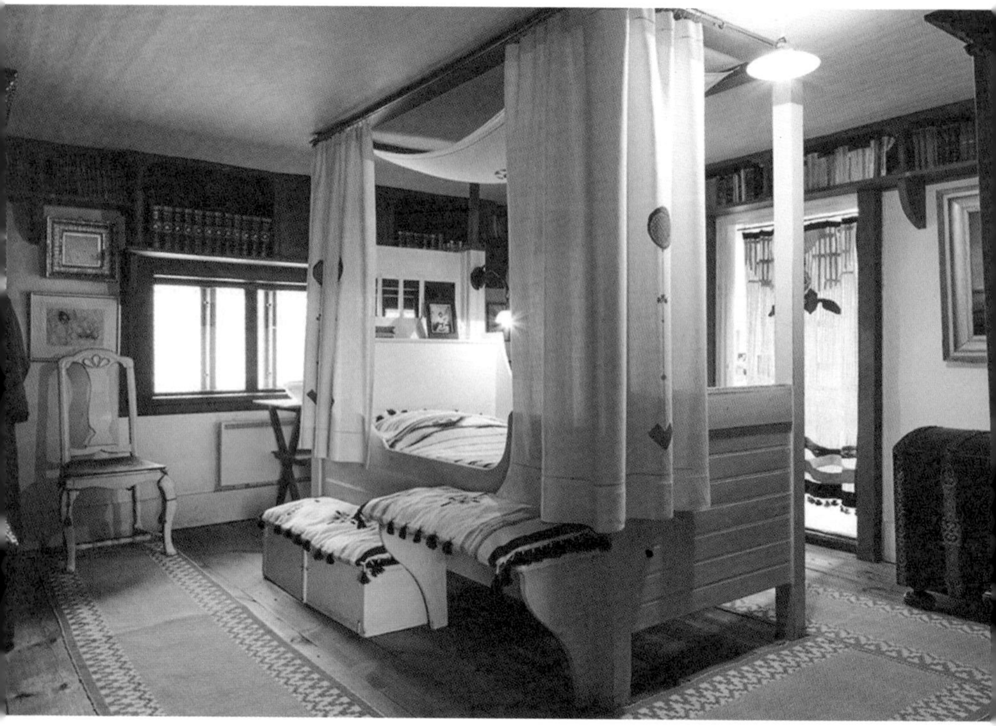

칼 라르손 고덴의 침실

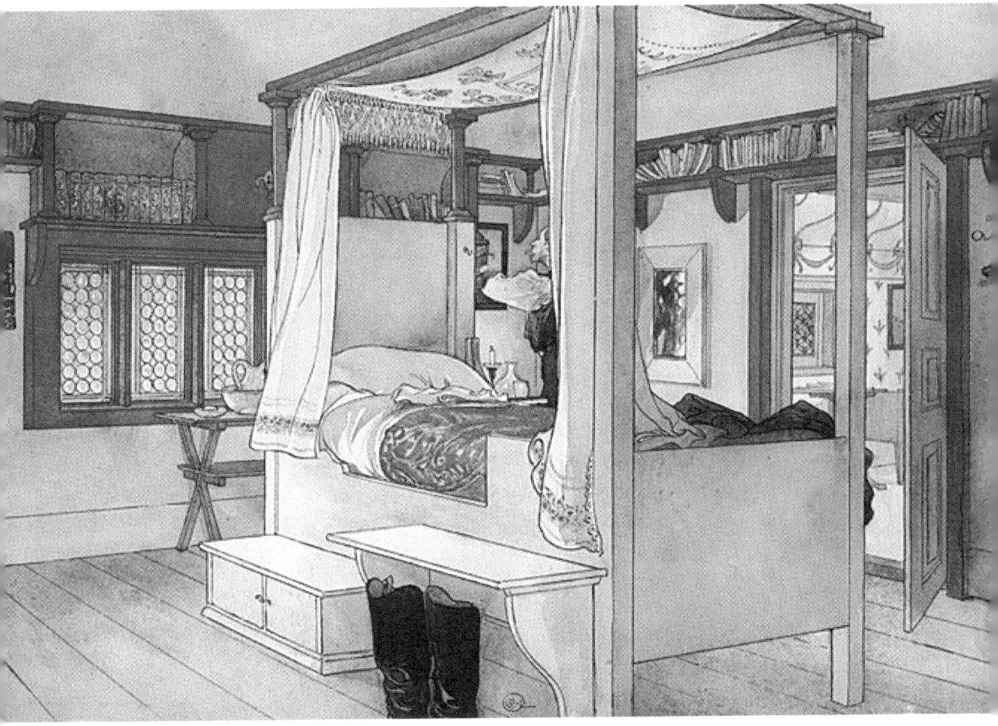

칼의 수채화 〈아빠의 방〉의 침실

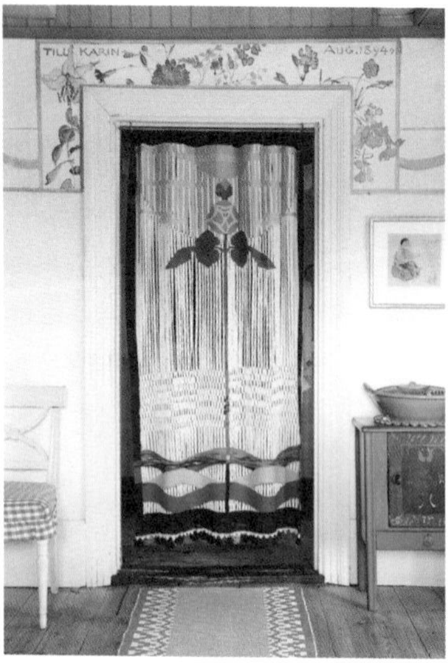

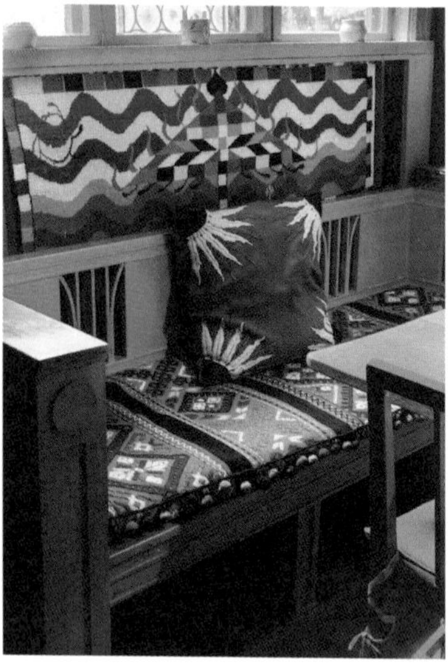

카린 라르손이 디자인한 〈사랑의 장미〉 커튼과 〈해바라기 쿠션〉
그리고 의자 위 공간을 장식한 〈4요소〉

직물 디자인에 현대적 추상성을 도입하다

카린은 직물 제작의 황금기에 살았다. 당시 스웨덴에는 수공예조합과 직물예술조합 같은 단체들이 설립되었고, 직물업계에는 새로운 패턴과 아이디어가 쏟아졌다. 특히 카린은 달라르나 지방의 전통 예술에서 많은 영감을 받았다. 달라르나의 집들은 밝은 색채로 가득했고 찬장, 벽, 문에 장식적인 그림들을 걸어 두었는데, 이는 고스란히 부부의 집에 차용되었다. 카린은 또한 달라르나의 한 작은 마을에서 술 장식이 달린 직물 제품을 제작하는 기술을 배우기도 했다.

그러나 여전히 직물 작품은 진정한 예술로 받아들여지지 않았다. 직물이 그림이나 조각과 같은 예술로서의 지위를 갖게 된 건 최근에 와서이고, 그것도 예술가와 직조가의 협업을 통해서였다. 카린은 1900년대 초, 직물예술조합과 연계해 다양한 직물 작품들을 제작했다.

카린이 만든 최초의 직물 작품은 식당의 의자 위 공간을 장식한 〈4요소〉라는 작품인데 추상적인 패턴과 생생한 색감, 독창적인 아이디어가 돋보인다. 4요소란 땅, 불, 물, 공기를 의미하며 중심 모티프는 십자가 혹은 메이폴이다. 〈4요소〉와 함께 식당 인테리어의 핵심 아이템인 〈해바라기 쿠션〉에서는 해바라기 문양이 푸른색 리넨 네 귀퉁이에 배치되었는데, 직물예술조합 회원들이 한창 꽃 패턴 작업을 하고 있을 때 이런 추상적 패턴과 단순한 색채 조합을 과감하게 시도한 것은 매우 이례적인 것이었다.

특히 카린의 초기 직물 작품은 일상생활에서 모티프를 얻곤 했는데 이 역시 당시로서는 평범하지 않은 것이었다. 예를 들면, 아이가 먹다 남은 배를 수놓아 달라고 부탁하면 테이블

크로스에 배를 수놓는 식이었다.

점차 카린은 추상적 모티프들로 작업의 방향을 옮겼다. 그녀는 미술 잡지를 섭렵하면서 미술의 최신 트렌드가 추상적 형태로 흘러가고 있다는 걸 민감하게 포착했다.

그녀는 기하학적 형태들을 자연의 식물 형태와 대조시키고, 현대적 패턴을 부드러운 곡선과 융합시켜서 작품에 움직이는 듯한 생동감을 부여했다. 그리고 밝고 강렬한 색채를 사용했다. 추상성, 단순성, 대범성으로 요약할 수 있는 카린의 직물 작품은 집 안 곳곳에 장식되었다.

카린의 디자이너로서의 재능은 직물 디자인이나 자수뿐 아니라 가구 제작에서도 발휘되었다. 식물 거치대, 어린이 침대, 흔들의자, 작업실의 사각 탁자, 샹들리에 그리고 그 밖의 여러 가지 가구들은 실제 집 안에서 사용하기 위해 기능에 초점을 맞춰 제작되었다. 지역의 목수는 카린이 제시한 디자인 가이드에 따라 가구를 제작했는데, 그녀가 디자인한 흔들의자가 괴상하고 보기 흉하다며 투덜거렸다. 그만큼 카린의 디자인은 당시로서는 아주 혁신적인 것이었다. 특히 흔들의자는 스웨덴이나 유럽에서 제작되고 있었던 최신 트렌드를 발 빠르게 반영한, 새롭고 기능적이며 모던한 작품이었다.

스웨덴 최초의 모더니즘 디자이너

카린의 예술 활동은 정작 그녀가 살아 있을 때는 잘 알려지지 않았다. 그러나 그녀가 만든 작품들이 칼의 수채화와 집에 고스란히 남아 있어, 여성 미술가치고는 가장 기록이 많이 남은 미술가가 되었다. 그녀는 사후 40년이나 지난 1960년대 말부터 주목을 받게 되었는데, 여성 미술가들을 새롭게 조명하는 페미니즘 운동 덕분에 이루어진 결과였다. 그리고 1997년, 빅토리아 앤드 앨버트 박물관에서 열린 전시회 '스웨덴 양식의 창조자 칼과 카린 라르손'을 통해 본격적으로 대중에게 소개되었다. 이때 카린은 처음으로 '칼 라르손 고덴'의 공동 작업자로서 인정받게 되었다.

이 전시회를 계기로 사람들은 카린이 칼 라르손 고덴을 창조하는 데 지대한 역할을 했으며 개성 있는 가구와 소품들도 카린 손에서 탄생했음을 알게 되었다. 카린의 직물 디자인 역시 새로운 시각으로 읽혔고, 그녀는 최초의 직물 디자이너로 자리매김했다.

카린은 또한 세계 디자인계에도 적지 않은 영향을 미쳤다. 그녀는 민속적인 요소와 기하학적 형태, 강렬하고 대담한 색감, 국제적 예술 트렌드 등 다양한 요소를 결합해 단지 조그만 집을 꾸미는 것을 넘어서서 현대 디자인에 큰 영향을 주었다. 전기 작가 레나 라이든이 말했듯이 카린 라르손이 만든 스칸디나비안 디자인은 하비타트Habitat에서 이케아에 이르기까지 많은 곳에서 계승되고 있다.

페미니즘 시각으로 보면, 그녀는 결혼 후 자신의 꿈이었던 화가의 길을 포기한 결혼 제도의 희생자였다. 또한 르네상스 시대 많은 여성 미술가들의 그림이 남성 화가의 것으로 알려졌듯 그녀 역시 남편의 그림자에 내내 가려져 있었다. 그러나 그녀는 결코 예술에 대한 열정을 포기한 적이 없었다. 카린의 예술 활동은 남편의 그림을 통해 기록되고, 작업장이기도 했던 칼 라르손 고덴에 고스란히 남아 여느 여성 미술가들보다 더 널리 알려지게 되었다.

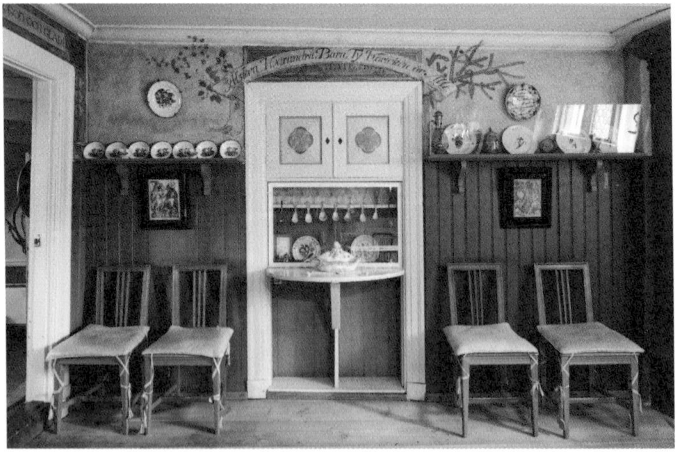

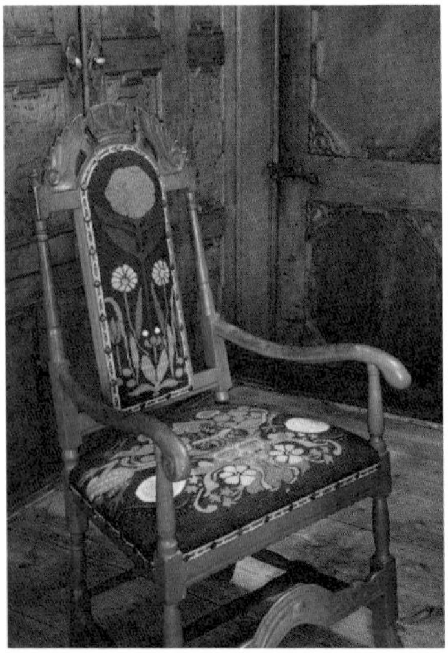

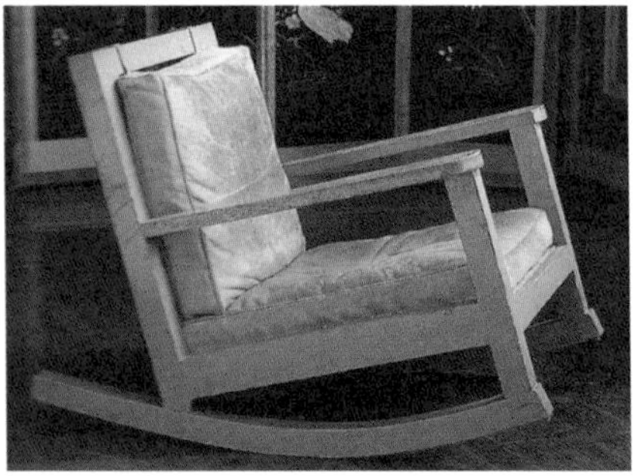

카린 라르손이 만든 수제 가구와 의자들

칼과 카린 부부 사후, 그들의 자손은 여전히 칼 라르손 고덴에서 정기적인 가족 행사를 하고 있다. 후손들은 가족의 소중한 추억이 담긴 아름다운 집이 단순히 박물관으로 전락해서는 안 된다고 주장한다. 그 때문에 현재 칼 라르손 고덴을 두고 두 가지 상반된 입장이 맞서고 있다. 예술사적 중요성을 갖는 만큼 국가 유산으로서 보존해야 한다는 입장과 가족이 행복을 누렸던 집의 정신을 지키는 게 더 중요하다는 라르손 일가의 입장이 대립하고 있는 것이다. 매년 약 6만 명이 방문하는 이곳은 라르손의 후손들이 행복했던 기억을 되새기는 집으로서 기능해야 하는 것일까, 아니면 살아 있는 박물관으로 보존되어야 하는 걸까?

녹색 정원의

작은 신

●

거트루드 지킬

사람들은 정원이 마치 갖가지 색채로 그림을 그리듯 만들어졌다는 생각을 해본 적이 없을 것이다. 그러나 여기 자연을 캔버스 삼아 그림을 그린 '정원의 화가'가 있다. 바로 거트루드 지킬Gertrude Jekyll, 1843~1932. 지킬은 영국의 원예사이자 정원 디자이너이다. 그녀는 영국을 비롯해 유럽, 미국 등 세계 곳곳에 400여 개가 넘는 정원을 디자인하고 만들었으며, 원예 잡지에 100편이 넘는 글을 쓰기도 했다.

그런데 '지킬'이라는 이름이 왠지 낯익지 않은가? 그녀의 남동생인 성공회 신부 월터 지킬이 작가 로버트 루이스 스티븐슨Robert Louis Stevenson과 친구였는데, 스티븐슨이 자신의 소설 《지킬 박사와 하이드》에서 월터 지킬의 이름을 빌렸다. 물론 지킬 가족은 자신들의 성이 소설의 주인공인 이중인격자 지킬 박사의 이름으로 쓰인 것을 매우 싫어했다고 한다.

화가에서 정원 디자이너로

거트루드 지킬은 원래 화가였다. 그녀는 열여덟 살에 런던의 사우스 켄싱턴 미술 학교에 입학했는데 최초의 여학생 입학생이었다. 그녀는 그곳에서 식물학, 해부학, 광학, 색채 이론을 배운 후 그림과 자수, 공예 작품의 전시회를 여는 등 다방면으로 예술 활동을 했고, 최종적으로 화가의 길을 선택했다. 그러나 시력이 실명에 이를 정도로 손상되어 더 이상 섬세한 그림 작업을 할 수 없었다. 화가의 직업을 포기한 그녀는 그림처럼 색과 형태, 질감을 표현할 수 있는 새로운 매체를 찾았는데, 그게 바로 정원 디자인이었다. 그녀는 정원을 캔버스 삼아 그림 그리듯 식물과 꽃을 심고 가꿨다.

지킬은 저명한 미술비평가인 존 러스킨John Ruskin 밑에서 공부하면서 인상주의 화가들의 작품에 특별한 관심을 가졌다. 학교를 졸업할 때쯤 지킬은 훌륭한 미학적 감각을 습득했고, 인상주의 작품의 색채와 붓터치, 질감에 대한 공부는 훗날 정원 디자인의 기초가 되었다. 그녀는 단순히 식물을 가꾸는 원예사가 아니라, 미술가의 감각으로 정원에 그림을 그린다는 자세로 작업했다.

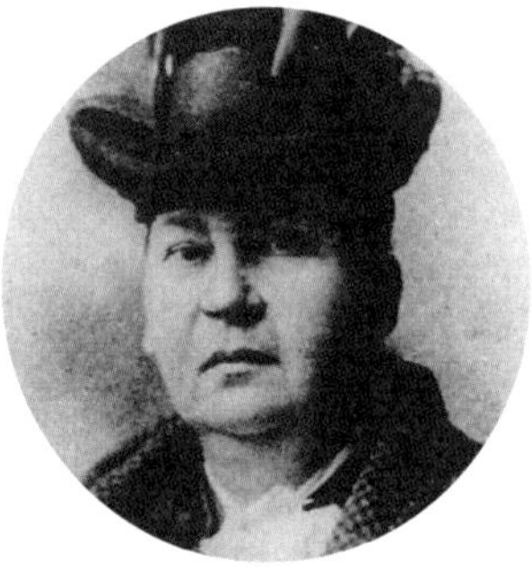

거트루드 지킬

그녀의 작업을 규정짓는 또 한 가지 특징은 지킬이 정원 기술자를 넘어 정원에 대한 깊은 철학을 갖고 있었다는 점이다. 지킬은 자연이야말로 사람들에게 기쁨과 여유를 주고 감사의 마음을 갖게 한다며, 자연의 힘을 오롯이 느끼도록 전달

하는 것이 자신의 소명이라고 말했다. 복잡하고 시끄러운 현대 도시 생활에서 마음을 쉬게 할 수 있는 자연의 치료 효과를 주장한 것이다. 지킬의 남다른 신념은 그녀의 말에서도 그대로 드러난다.

> "정원은 위대한 스승이다. 인내와 신중함, 근면과 검소, 그리고 무엇보다도 전적인 신뢰를 가르친다"

새로운 개념의 녹색 정원

지킬은 정원 디자인에 중요한 혁신을 가져왔다. 기존의 정원에서는 조각물, 파빌리온, 분수 등이 중심이었고 나무와 식물은 오히려 보조적 역할에 머물렀다. 프랑스식 정원은 식물을 인위적으로 다듬어 식물 고유의 자연스러운 아름다움을 소홀히 취급했고, 반면 영국식 정원은 관목과 교목이 자유롭게 어우러져 정원이라기보다는 숲에 가까웠다.

그런데 지킬의 새로운 정원은 프랑스식 정원처럼 완전히 인위적으로 통제되지도, 영국식 정원처럼 방만한 자연스러움을 추구하지도 않았다. 두 정원의 특징을 모두 살려 어떤 형식 안에서 식물이 자연스럽게 어우러지도록 했다.

무엇보다 중요한 혁신은 건축물이나 조각, 나무 중심의 정원에서 초본 식물, 꽃 중심의 화단 정원으로 정원의 개념을 완전히 바꾸었다는 것이다.

그녀는 오랫동안 건축가 에드윈 루티엔스Edwin Lutyens와 함께 공동 프로젝트를 진행했다. 그는 정원 내 건축물을 담당했고, 지킬은 정원 디자인을 맡는 방식으로 집과 정원, 풍경의 조화를 꾀하는 환상적 협업을 했다. 건물과 담장, 파빌리온, 계단 등 루티엔스가 지은 딱딱하고 무거운 건축물은 지킬의 식물로 부드럽고 우아하게 재탄생했다.

루티엔스는 지킬의 주문에 따라 정원을 직선, 원, 삼각형으로 형태를 만들어 정원의 틀을 잡아주었다. 지킬은 이 기하학적인 틀 안에 식물을 심고 자연스럽게 커나갈 수 있게 가꿔 건축과 식물의 멋진 조화를 창출했다. 구획된 화단은 딱딱하고 정형화된 느낌을 줄 수 있었지만, 그녀는 화려한 꽃들을 흐드러지게 심어 구획선을 부드럽게 뭉개지게 만들어 딱딱한 느낌을 없앴다. 헤스터콤 정원은 두 사람의 멋진 협동 작업의 결과물이다.

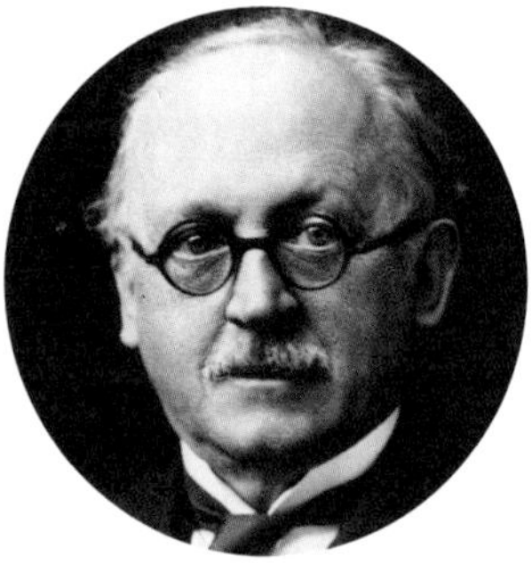
에드윈 루티엔스

특히 당시 유럽에서는 산업 혁명 이후 대량 생산 체제가 보편화되면서 제품의 획일성이라는 새로운 시대적 특성이 나타났다. 사람들은 똑같이 찍혀 나오는 제품들에 회의감을 느끼고 옛날의 소량 생산 체제를 그리워했다. 결국 대량 생산에 반대하고, 모든 생활품을 수공예품으로 만들던 중세 장인 정신을 회복하자는 미술 공예 운동이 일어났다. 정교하고 아름다운 기술이 살아 있는 제품들을 생산하자는 것이다.

지킬은 이 운동에 깊이 호응했다. 루티엔스가 만든 건축적 틀 속에 아주 섬세하고 꼼꼼하게 초본 식물들을 심고 가꾸었다. 설계부터 올바른 재료 선택과 사용, 식물에 대한 이해, 식물 심기 계획까지 정원을 만드는 전 과정에서 그녀의 장인 정신은 빛을 발했다.

화단에 그린 색색의 꽃 그림

화가가 될 수 없었던 지킬은 캔버스 대신 '화단'에 갖가지 식물의 색으로 그림을 그리려 했다. 특히 그녀가 권장한 화단의 크기는 길이 60미터, 폭 4.2미터의 길쭉한 직사각형이었는데, 훗날 모네도 지킬의 화단 디자인에 영향을 받아 그 유명한 지베르니 정원을 가꾸었고, 이 정원을 화폭에 담았다.

지킬식 화단 디자인의 특징은 '색의 연출'이다. '블루 가든', '골든 가든', '그레이 가든', '그린 가든' 등 각각의 테마에 따라 독특한 색의 정원이 만들어졌다. 그녀는 식물들이 가진 본래 색상의 시각적 효과를 연구해 가장 아름답게 보일 수 있는 방법으로 화단을 연출하려고 했다.

그 결과, 지킬은 연속되는 색 배열의 일정한 규칙을 만들어냈다. 화단에 연분홍, 파랑, 흰색, 연노랑의 차가운 색 식물을 심고 그 옆으로 갈수록 더 진한 노랑, 빨강, 주황색을 배치하고, 그 옆에 진빨강과 어두운 주황으로 하이라이트를 주고, 다시 그 옆에는 역 순서로 더 연한 노랑, 빨강, 주황, 다시 연분홍, 보라, 흰색 식물을 배열해 색상 변화를 주었다.

그리고 같은 색상이라도 다양한 톤에 주목해 마치 화가가 캔버스에 물감으로 미묘한 색채 차이를 표현하듯이, 꽃으로 색채의 향연을 펼쳤다. 교목과 관목 중심이 아닌 초본 식물로 구성된 지킬의 획기적인 정원은 이전의 나무 중심 정원을 대체하며 전 유럽과 미국에 센세이션을 불러일으켰다.

팔레트를 연상시키는 지킬의 화단 디자인 도면을 보자. 그녀는 식물의 크기, 성장 단계, 꽃을 피우는 시기, 식물 각각이 갖고 있는 색상 등을 상세히 연구해 식물 디자인 도면을 그렸다. 차가운 색의 꽃들과 따뜻한 색의 꽃들을 모아 화단에 미학

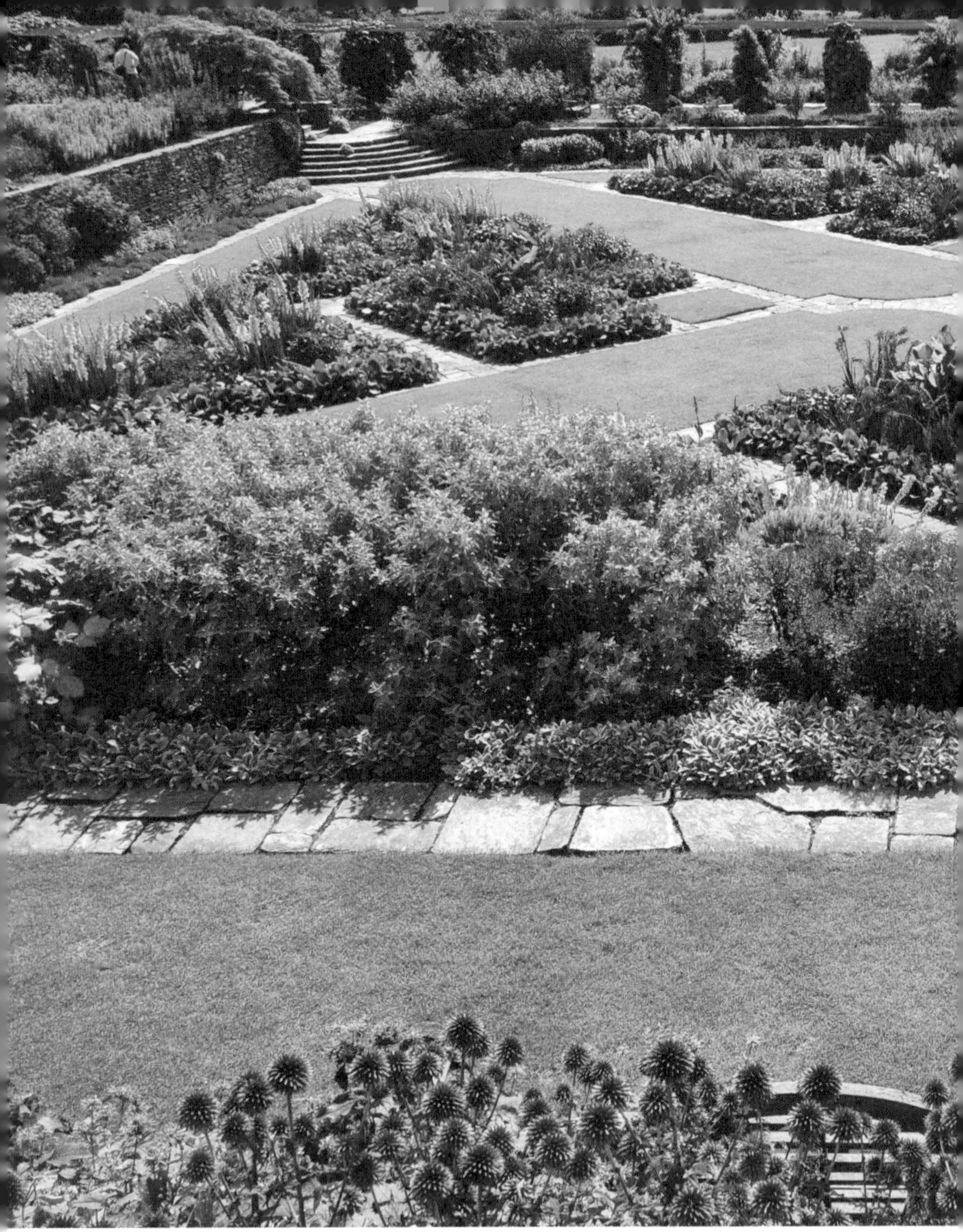

지킬과 루티엔스의 협업 작품인 헤스터콤 하우스와 정원

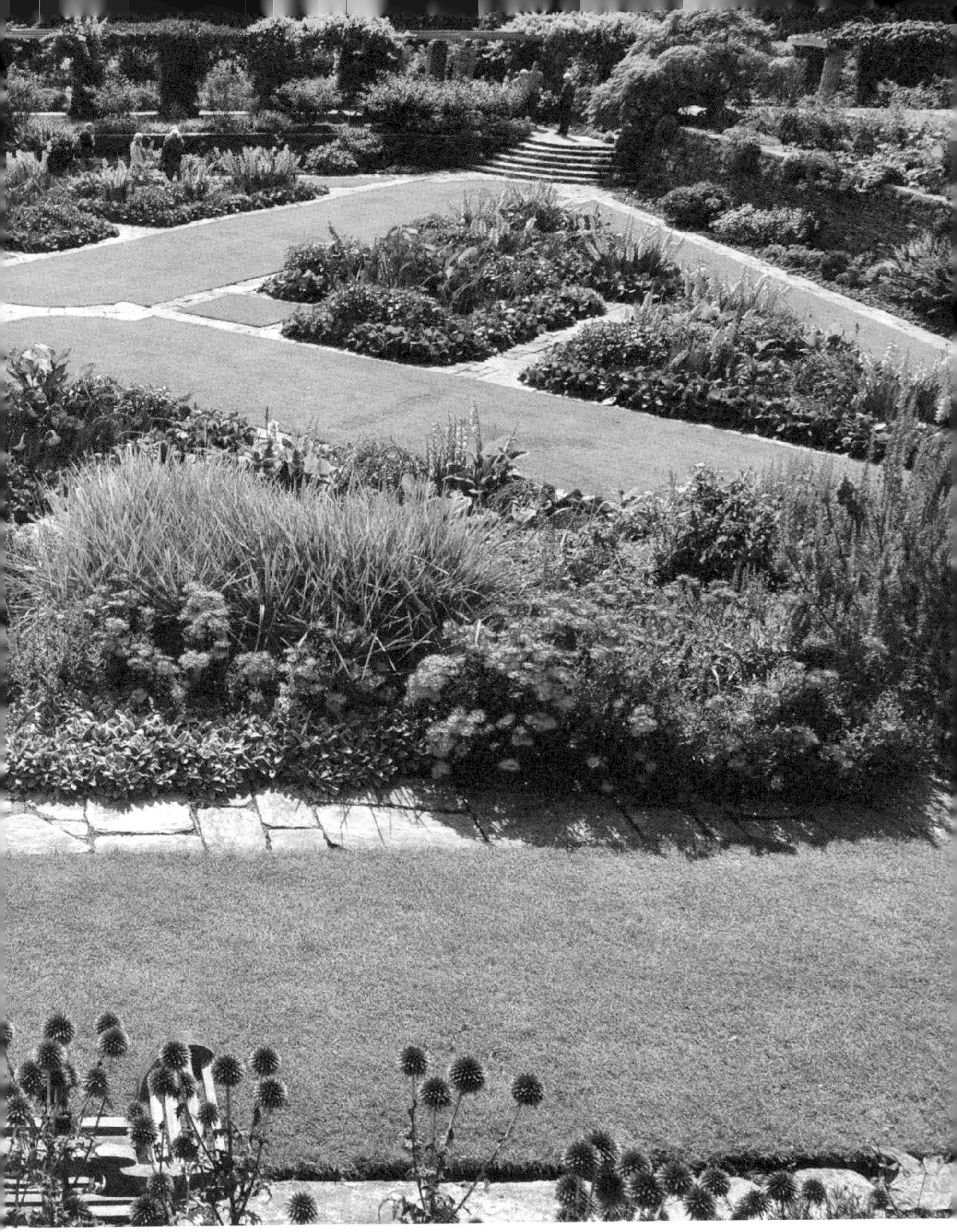

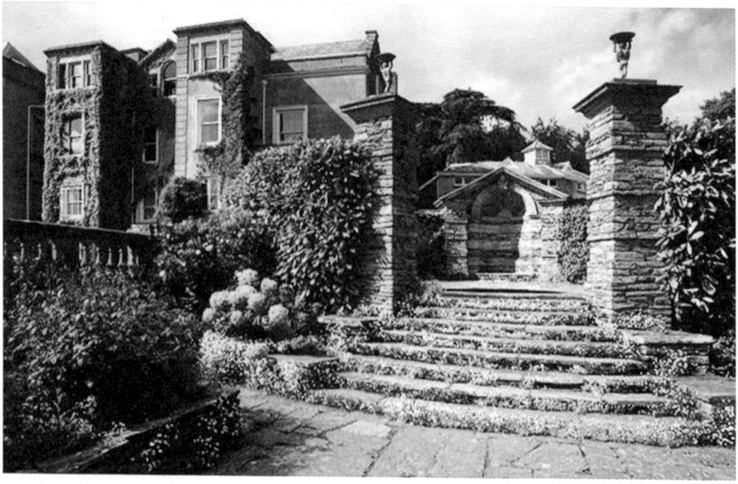

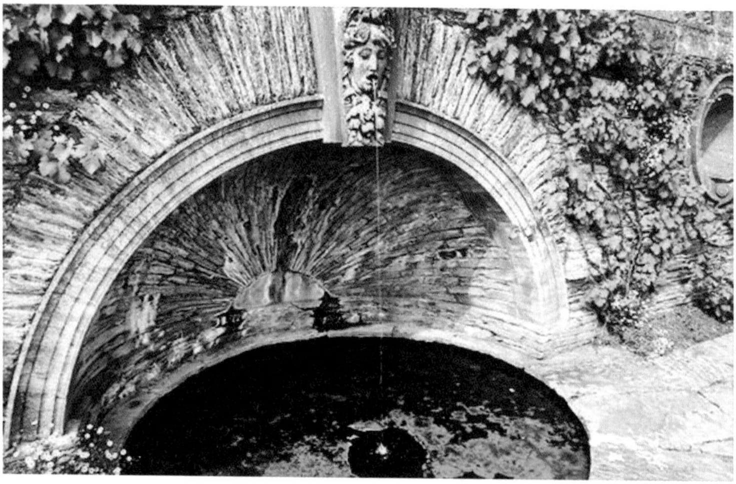

루티엔스가 만든 건물 외벽, 계단, 분수에 식물이 어우러져 딱딱한 건축물에 생기를 불어넣었다.

적으로 배열하여 드라마틱한 효과를 만들려 한 것이다. 지킬 이전에도 초본 식물이 정원에 쓰이기는 했으나 강렬한 색상의 꽃 위주로 정원을 가꾸었다면, 지킬은 다양한 색상의 꽃이 풍기는 분위기를 정원 디자인에 활용했다는 점에서 다르다.

또한, 지킬의 정원은 화가가 붓질로 질감을 표현하듯 식물을 이용해 특유의 질감을 표현했다. 작은 꽃과 잎의 식물을 한곳에 심으면 고운 면직물이나 비단의 섬유 조직 같은 섬세한 질감이 나타났고, 잎이 크고 넓은 식물들을 모아 심으면 시원시원하고 성긴 질감이 나타났다. 지킬은 이 두 가지 질감의 식물을 따로 심거나 같이 심어 대조적인 혹은 조화로운 효과를 만들어 냈다.

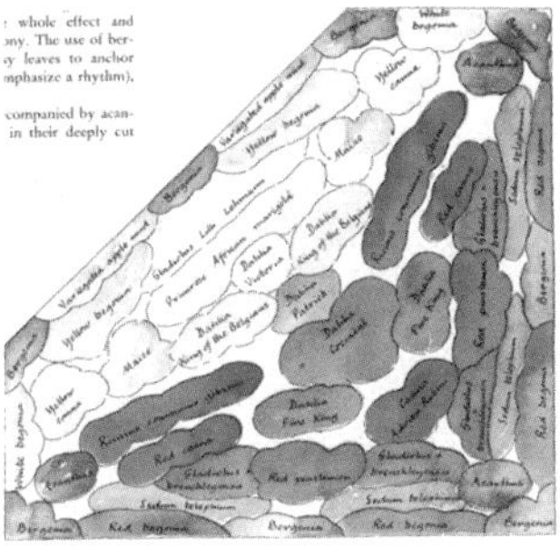

화가의 팔레트 같은 지킬의 정원 디자인 도면

녹색 정원의 작은 신

지킬이 없었다면 현대의 정원은 존재하지 않았을 것이다. 그녀는 녹색 정원의 세계에서 '작은 신'이었으며 원예사들에게는 전설이 되었다. 비록 그때 당시의 정원은 흑백사진으로만 남아 있어 진면목을 보기 힘들지만, 지킬이 디자인한 많은 정원들은 여전히 세계 곳곳에 보존되어 방문객들을 즐겁게 하고 있다.

그녀는 꽃과 식물을 관찰하고, 냄새를 맡고, 식물 저마다가 가진 고유의 개성들을 발견하려 노력하였고, 식물들의 친구가 됨으로써 자신의 삶을 충만한 기쁨으로 채웠다. 이런 태도는 그녀가 남긴 책에도 잘 나타나 있다.

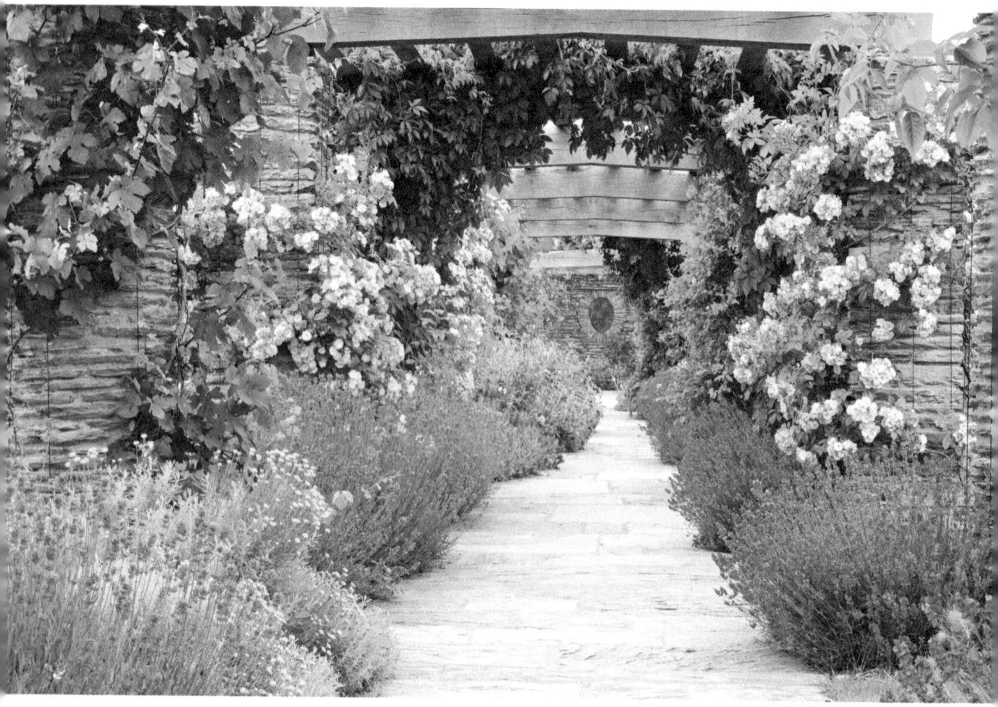

화려한 꽃들을 흐드러지게 심어 딱딱한 구획선을 부드럽게 만든 지킬의 정원

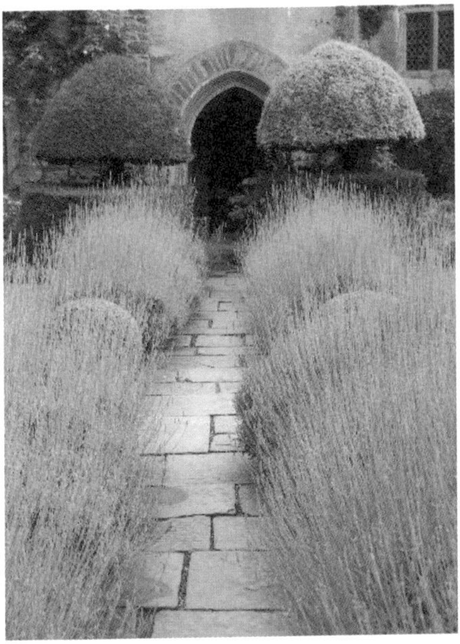

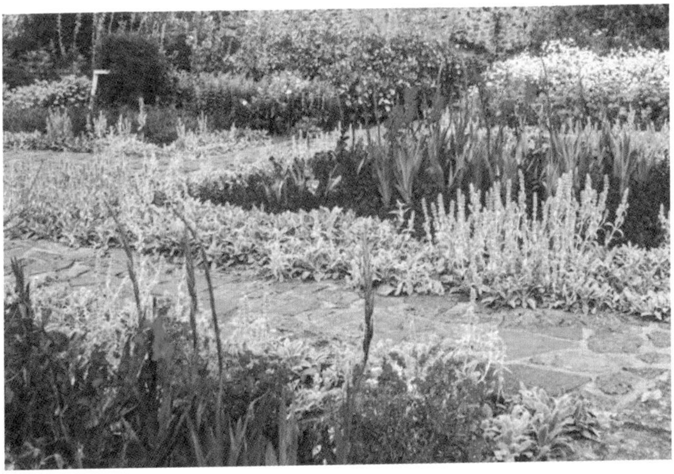

식물을 이용해 회화적 질감을 표현한 지킬의 정원

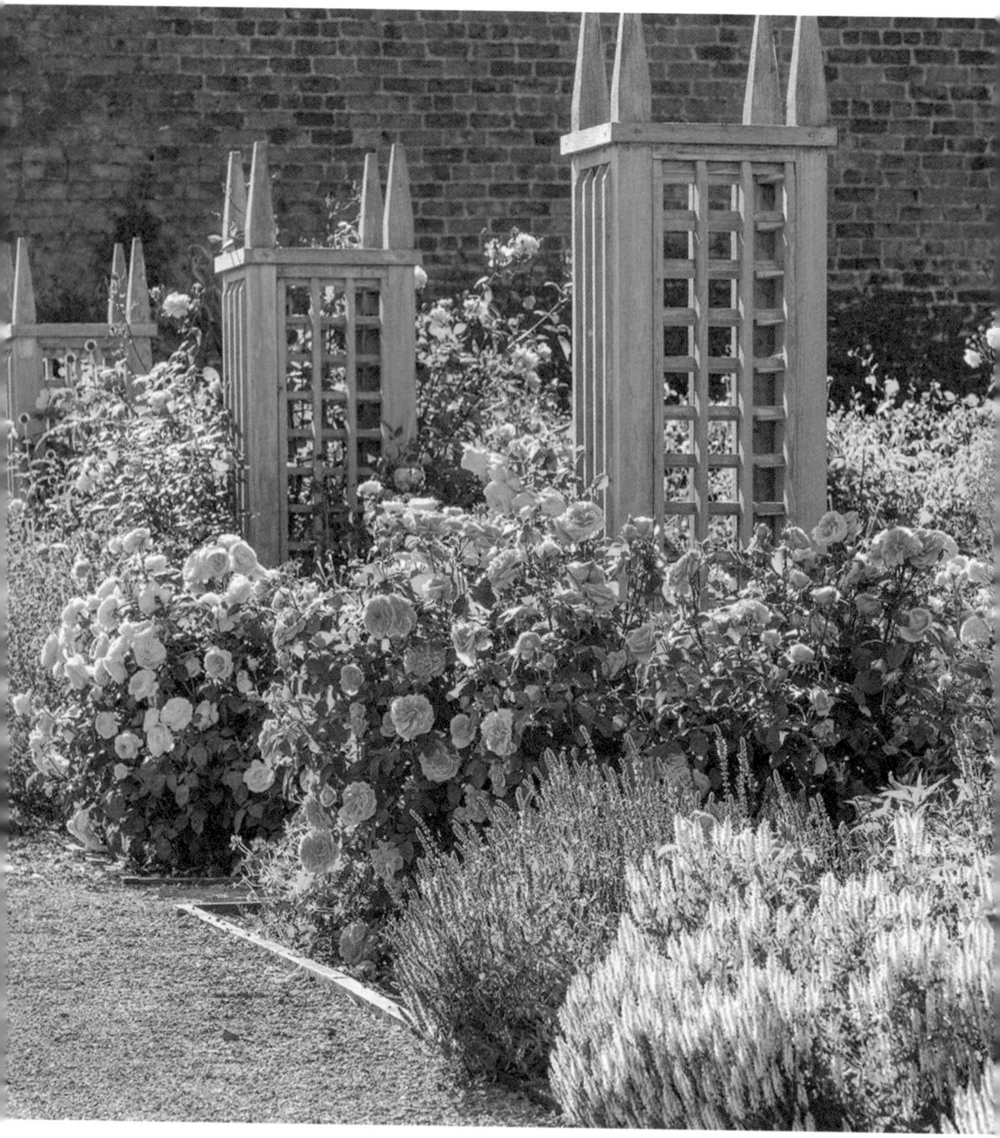

배링턴 코트 정원

"반평생을 넘게 살았지만, 봄마다 앵초 나무 사이를 따라 걸으며 앵초꽃을 보고 달콤한 향기를 맡노라면, 나는 잠시 일곱 살 어린아이가 되어버린다."

"농부와 정원사는 아마도 지구상에서 가장 겸손한 사람들일 것이다. 길들이기 힘든 자연을 상대로 뜨거운 햇빛 아래 몇 시간 동안이나 흙 위에 무릎을 꿇고 작업하기 때문이다."

그녀에게 정원 디자인은 열정을 바친 예술 작업이면서 노동의 고귀함을 확인시켜 주는 일이었고, 동시에 자연에 대한 경외심의 표현이었다.

이 도서는 한국출판문화산업진흥원의 '2020년 우수출판콘텐츠 제작 지원' 사업 선정작입니다.

싸우는 여성들의 미술사

1판 1쇄 발행 2020년 6월 17일
1판 2쇄 발행 2020년 8월 3일

지은이 · 김선지
펴낸이 · 주연선

총괄이사 · 이진희
편집 · 심하은 백다흠 허단 김서해 이우정 박연빈 허유민
디자인 · 손주영
책임마케팅 · 이선행
마케팅 · 장병수 김진겸 이한솔 강원모
관리 · 김두만 유효정 박초희

(주)은행나무
04035 서울특별시 마포구 양화로11길 54
전화 · 02)3143-0651~3 | 팩스 · 02)3143-0654
신고번호 · 제 1997—000168호(1997. 12. 12)
www.ehbook.co.kr
ehbook@ehbook.co.kr

잘못된 책은 바꿔드립니다.

ISBN 979-11-90492-76-8 03600